增強你的意志力

教你實現目標、抗拒誘惑的成功心理學

意志力研究權威
Roy
F. Baumeister
羅伊・鮑梅斯特
John
Tierney
約翰・堤爾尼——合著

劉復苓——譯

Rediscovering the
Greatest Human Strength

WILLPOWER

經營管理 108

增強你的意志力

教你實現目標、抗拒誘惑的成功心理學

作　　者　羅伊・鮑梅斯特（Roy F. Baumeister）、約翰・堤爾尼（John Tierney）
譯　　者　劉復苓
責任編輯　林博華
行銷業務　劉順眾、顏宏紋、李君宜

總 編 輯　林博華
發 行 人　凃玉雲
出　　版　經濟新潮社
104台北市中山區民生東路二段141號5樓
電話：(02) 2500-7696　傳真：(02) 2500-1955
經濟新潮社部落格：http://ecocite.pixnet.net
發　　行　英屬蓋曼群島商家庭傳媒股份有限公司城邦分公司
104台北市中山區民生東路二段141號11樓
客服服務專線：02-25007718；25007719
24小時傳真專線：02-25001990；25001991
服務時間：週一至週五上午09:30~12:00；下午13:30~17:00
劃撥帳號：19863813　戶名：書虫股份有限公司
讀者服務信箱：service@readingclub.com.tw
香港發行所　城邦（香港）出版集團有限公司
香港灣仔駱克道193號東超商業中心1樓
電話：(852) 25086231　傳真：(852) 25789337
E-mail: hkcite@biznetvigator.com
馬新發行所　城邦（馬新）出版集團 Cite (M) Sdn Bhd
41, Jalan Radin Anum, Bandar Baru Sri Petaling,
57000 Kuala Lumpur, Malaysia.
電話：(603) 90578822　傳真：(603) 90576622
E-mail: cite@cite.com.my
印　　刷　一展彩色製版有限公司
初版一刷　2013年7月18日
二版一刷　2020年1月13日

城邦讀書花園
www.cite.com.tw

ISBN：978-986-98680-0-6

定價：380元

Printed in Taiwan

〈出版緣起〉

我們在商業性、全球化的世界中生活

經濟新潮社編輯部

跨入二十一世紀，放眼這個世界，不能不感到這是「全球化」及「商業力量無遠弗屆」的時代。隨著資訊科技的進步、網路的普及，我們可以輕鬆地和認識或不認識的朋友交流；同時，企業巨人在我們日常生活中所扮演的角色，也是日益重要，甚至不可或缺。

在這樣的背景下，我們可以說，無論是企業或個人，都面臨了巨大的挑戰與無限的機會。

本著「以人為本位，在商業性、全球化的世界中生活」為宗旨，我們成立了「經濟新潮社」，以探索未來的經營管理、經濟趨勢、投資理財為目標，使讀者能更快掌握時代的脈動，抓住最新的趨勢，並在全球化的世界裏，過更人性的生活。

之所以選擇「**經營管理**—**經濟趨勢**—**投資理財**」為主要目標，其實包含了我們的關注：「經營管理」是企業體（或非營利組織）的成長與永續之道；「投資理財」是個人的安身之道；而「經濟趨勢」則是會影響這兩者的變數。綜合來看，可以涵蓋我們所關注的「個人生活」和「組織生活」這兩個面向。

這也可以說明我們命名為「經濟新潮」的緣由——因為經濟狀況變化萬千，最終還是群眾心理的反映，離不開「人」的因素；這也是我們「以人為本位」的初衷。

手機廣告裏有一句名言：「科技始終來自人性。」我們倒期待「商業始終來自人性」，並努力在往後的編輯與出版的過程中實踐。

目次

致謝

前言　意志力：人類最強大的力量

無論你對於成功的定義是什麼——家庭幸福、友誼長存、事業美滿、身體健康、金錢無虞、自由追求所愛——它往往有幾個不變的特質。心理學家研究導致人生「正向結果」的原因，將個人的性格抽離後，發現有兩大不變的特質：智慧和自制。研究人員至今還不知道如何長期增加智慧，但是他們已經發現了，如何提高自制力。

這就是我們寫這本書的原因。我們認為，研究意志力和自制力是心理學在增進人類福祉方面最能著力之處。意志力能讓我們從各方面改變自己，還有社會。誠如達爾文在《人類原始論》（*The Descent of Man*）書中寫道：「道德文化的至高階段，就是當我們領悟到應該要控制自己的思想。」❶後來，二十世紀的心理學家和哲學家開始懷疑意志力是否真的存在，這種維多利亞式的意志力定義便逐漸式微。本書作者之一，鮑梅斯特自己一開始也是半信半疑，後來他在實驗室裏觀察意志力：它如何賜予人們努力不懈的力量，人們在意志力漸失之後如何失去自制力，以及這種心理能量如何從人體血液中的葡萄糖而獲得補充。他們發現，

意志力就像肌肉一樣，會因為過度使用而疲乏，也能透過長期鍛鍊來強化。自從鮑梅斯特的實驗率先證明意志力的存在之後，它已成為社會科學中最廣為研究的議題之一（現在這些實驗也被心理學研究大量引用）。他和來自全球的研究夥伴證實，意志力能夠為我們創造更美好的生活。

他們發現，無論是個人或是社會上最嚴重的問題，都和喪失自制力脫不了關係：過度消費與借貸、暴力與衝動、學業表現不佳、工作拖拖拉拉、酗酒與藥物濫用、傷身的減肥方法、缺乏運動、慢性焦慮、脾氣暴躁。幾乎每一種個人創傷都和自制力不足有關：朋友遠離、被炒魷魚、離婚、犯罪入獄。所付出的代價之慘重，絕不亞於網球好手小威廉絲（Serena Williams）在二〇〇九年美國公開賽上大發雷霆的後果；它還可能就此毀了你的一生，和那些發生婚外情的政客落得一樣的下場。自制力不足也造成了高風險借貸與投資的盛行，壓垮了金融系統，讓許多人的財務狀況雪上加霜。

如果詢問人們他們最大的個性優點是什麼，答案不外乎是誠實、親切、幽默、創意、勇敢等等，甚至還有謙虛，可是卻很少人提到自制力。事實上，研究人員調查全球一百多萬人發現，自制力在所有個人優點中敬陪末座。❷研究人員在問卷中列出二十四項「人格優點」，其中，人們最不認為自己具備的，就是自制力。反之，當被問到有哪些缺點時，自制力便名列前茅。

人們之所以無法自制，是因為現在的誘惑實在太多了。你的身體也許準時上班，但只要點一下滑鼠、或打個電話，你的心思便立刻飛到別的地方去。查看電子郵件、上臉書、去聊天室逛逛、或打線上遊戲，工作就因而拖延。一般電腦使用者一天檢查電子郵件的次數多達三十幾次。上網路商店血拼十分鐘，就可能把你一整年的預算花個精光。誘惑永無止盡。我們多半以為意志力是危急時才會發揮的超能力，但鮑梅斯特和他的同事最近研究德國中部的兩百多位男女，卻有截然不同的發現。他們讓這些人攜帶呼叫器，每個人每天被隨機呼叫七次，報告他們當下是否正擁有某種欲望、或者之前才剛感覺到某種欲望。這份煞費苦心的研究是由威廉．霍夫曼（Wilhelm Hoffman）所主持，像這樣從日出到午夜的隨叩報告，他們總共蒐集到一萬多份。❸

結果發現，欲望是常態，而非例外。有一半的機率，當呼叫器響的時候人們正感受到欲望，另外有四分之一則是幾分鐘前曾感覺到欲望。這些欲望當中，大多數都是他們想要抗拒的。研究人員推斷，人們醒著的時候，約有四分之一的時間忙著抗拒欲望——相當於一天至少有四個小時如此。換句話說，如果你一天隨機問四個人，其中就有一人正在用意志力在抗拒欲望。而且還不止如此，因為人們還會把意志力用在其他事情上，像是做決策等等。

在上述的呼叫器研究當中，人們最常抗拒的欲望是想吃東西，其次是想睡覺，想休閒，以及工作中想休息、放下報告去玩個遊戲。接下來則是性欲望，然後是其他想要與人互動的欲望，像是檢查電子郵件和社群網站、上網、聽音樂或看電視等等。受試者表示，他們會利用各種策略來抵擋欲望，最受歡迎的方法就是用其他事情來讓自己分心、或進行某個新活動，不過，他們有時也會試著直接壓抑、或乾脆忍過去。抗拒的成果各不相同。在壓抑睡覺、性愛和花錢的欲望方面，成效還不錯，但是看電視、上網或逃避工作的各種休息藉口就比較難抗拒。一般來說，受試者利用意志力來抗拒欲望時，成功的機率大約是一半。

高達五成的失敗率很令人洩氣，如果和歷史相比，也是很糟糕。古時候沒有呼叫器受試者和實驗心理學家，我們無法得知祖先們運用意志力的狀況，但他們所承受的壓力很可能比較小。中古世紀，人們多半務農，會在田裏度過冗長枯燥的一天，還喝大量的酒。他們不用汲汲營營求取工作升遷，也不用在社會階級中努力爬升，所以不需要努力過頭（或維持頭腦清醒）。除了酒精、性愛或偷懶之外，村裏沒有太多的誘惑。維繫道德的力量來自於不想當眾出醜，而不是追求完美的人性。在中古世紀的天主教教堂裏，只要成為其中的一員，努力跟上道德標準，就可以獲得救贖，並不需要靠意志力做出什麼壯舉。

然而，到了十九世紀，農人遷入工業城市後，不再受到地方教會、社會和統一信仰的壓力。新教改革讓宗教更具有個人主義色彩，啟蒙運動削弱了人們對任何教義的信仰程度。維多利亞時代（一八三七～一九〇一）的人們自詡生在轉變期，中古歐洲的道德必然性和嚴格規範正逐漸式微，他們最愛爭辯道德是否能在無宗教的情況下單獨存在。❹許多人開始質疑宗教教義的基本原則，但他們還是繼續佯裝虔誠，因為他們認為維繫道德是公民的義務。要是在今日社會，我們大可嘲笑他們的虛偽和假道學，例如，他們認為露出腳踝不禮貌，甚至會幫桌腳套上小裙子！可不能讓人抓到小辮子！如果你看到他們對於上帝和義務的佈道內容、或是對於性愛的古怪理論，你就會了解那個時代的人為什麼會訴諸王爾德（Oscar Wilde）的哲學：「除了誘惑，我能抗拒任何事。」由於當時新出現的各式各樣的誘惑，使得尋求新的力量變得勢在必行。維多利亞時代的人們苦於城市裏道德淪喪和種種社會病態，轉而求助於比神性更有形的力量，那是一種連無神論者也可以受到保護的內在力量。

那時，他們開始使用意志力（willpower）一詞，因為民間相信這當中有某種力量存在——這種內在力量如同啟動工業革命的蒸汽動力一樣。人們想盡辦法增加這種力量的儲存，因而遵從英國人山謬爾．斯邁爾斯（Samuel Smiles）在《自助論》（*Self-Help*）中的告誡，使得這本書成了十九世紀歐美最受歡迎的著作之一。[5]他提醒讀者：「天才即耐心」，並說明從牛頓到史東沃．傑克遜（Stonewall Jackson），每個人的成功都是「自制」和「努力不懈」的結果。另一位維多利亞時代的思想領袖是美國牧師弗蘭克．哈達克（Frank Channing Haddock），他寫了一本馳名國際的暢銷書，書名就叫做《意志的力量》（*The Power of Will*）。[6]他用科學的方式來定義：「一種量可以增加，質可以提升的能量」，但他不知道，也無法證明那是什麼。另一位重量級人物也提出類似想法——佛洛依德（Sigmund Freud）

說，人類會依賴於一種能量轉移的心理活動。

可是，佛洛依德的能量模型後來並未受到學者的重視。一直到最近，鮑梅斯特實驗室的科學家開始有系統地尋找這種能量來源。在此之前，幾乎在整個二十世紀，心理學家、教育專家和一般大眾總是認為，這種能量並不存在。

意志的式微

無論你查閱學術記載、還是書店裏的自助類書籍，都會發現十九世紀的「品德教育」理論已經不再流行。二十世紀意志力的風潮退燒，一方面是因為它在維多利亞時代實在是風靡過頭，另一方面則是因為經濟狀況改變以及世界大戰。殘酷的一次世界大戰的肇因似乎是太多頑固的人謹遵冷酷送死的「義務」。後來在戰後休養生息的期間，美國和西歐的知識分子崇尚享樂的生活——然而不幸的是，德國卻發展出一種「意志心理學」。這種學說被納粹所奉行，他們在一九三四年的誓師活動，由萊妮・雷芬斯坦（Leni Riefenstahl）拍成了知名的紀錄片《意志的勝利》（*The Triumph of the Will*）。納粹這種群眾一致服從一種反社會道路的做法，和維多利亞時代的個人道德力量絕不相同，但是卻沒有人去區分這兩者。如果納粹代表意志的勝利……那麼，這真的是一件很諷刺的事。

意志力的衰退，於二次大戰之後還有另一個推波助瀾的因素。科技發展讓商品更便宜，郊區家庭更富裕，刺激消費者需求成為經濟發展的關鍵，高明的廣告商催促大眾趕快購買。社會學家發現一個叫做「被人牽著鼻子走」的新世代，這些人的內在道德信念不夠強，寧願聽信鄰居的意見。維多利亞時代嚴苛的自助書籍此時被認為是太以自我為中心。而二十世紀的暢銷書都是樂觀激勵的內容，[7]像是戴爾・卡內基（Dale Carnegie）的《卡內基溝通與人際關係》（*How to Win Friends and Influence People*）、以及諾曼・皮爾（Norman Vincent Peale）的《積極思考的力量》（*The Power of Positive Thinking*）等等。卡內基花了八頁的篇幅來教導讀者如何微笑。他說，正確的笑容能讓別人喜歡你，如果人們相信你，成功便手到擒來。[8]

皮爾和其他作者還提出了更容易的方法。「心理學的基本要素是可實現的願望，」[9]皮爾寫道。「認為會成功，往往就會成功。」拿破崙・希爾（Napoleon Hill）在暢銷數百萬本的《思考致富》（*Think and Grow Rich*）一書裏，要讀者先決定好要賺多少錢，把數字寫在一張紙上，並且「相信你自己已經擁有這筆錢」。[10]這些大師的著作在本世紀還會繼續暢銷下去，這種自我感覺良好的哲學可以精簡成一句口號：「相信，就能達成。」

心理分析學家艾倫・威利斯（Allen Wheelis）注意到這種人格傾向上的轉變，於是在一九五〇年代末期揭露了他這一行業當中的一個小祕密：佛洛依德療法不像以前那麼有效了。

威利斯在他的指標性著作《追尋自我》（*The Quest for Identity*）中提到自佛洛依德以降，人格結構的改變。⓫佛洛依德的病患多半是維多利亞時代的中產階級，他們有非常強大的意志，一般治療師很難突破他們鋼鐵一般的心防和是非觀念。所以佛洛依德的療法專注在突破心防，讓他們看清自己神經質和痛苦的原因，因為，唯有他們能夠洞察內心，才能夠做出改變。不過，到了二十世紀中期，人們的性格防護有了變化。威利斯和研究夥伴們發現人們要比佛洛依德時代更容易打開心房，於是佛洛依德療法反而效果不佳。此時人們不再像維多利亞時代的人那麼堅強，沒有勇氣聽從心底的聲音而改變人生。威利斯沿用佛洛依德的術語來描述西方世界超我（superego）的式微，但其實他說的就是意志力的退燒——這些都還是一九六〇年代以前的事情。緊接著，在反文化的宣言「感覺對了，就去做吧！」的聲浪之下，嬰兒潮世代開始當家。

在一九七〇年代，流行文化不斷頌揚自我放縱，社會科學家提出新論點來反駁意志力，並在二十世紀末期達到顛峰。這些社會科學家多半是從個體之外尋找行為失當的原因：貧窮、相對剝奪感、壓迫、或其他環境問題和經濟與政治體系。大多數人會覺得從外在因素下手比較安心，尤其是，如果說問題是出自於人們的內在，許多學界人士擔心會被貼上「責怪受害者」的政治不正確標籤。社會問題看起來要比人格缺點更容易「修正」，至少，可以提出一些新政策和計畫加以因應。

人們可以有意識地控制自己嗎？心理學家對此觀念一直心存懷疑。佛洛依德學派聲稱成人的行為多半是無意識的力量和過程作用而來。史金納（B. F. Skinner）[12]也不重視意識和其他心理過程的價值，除非是為了強化後效（reinforcement contingencies）的緣故。他在《超越自由與尊嚴》（*Beyond Freedom and Dignity*）一書中指出，要了解人類天性，就得超脫書名中提到的兩種過時的價值。雖然史金納提出的許多具體理論都已經被摒棄，但心理學家卻將他的研究方法賦予新生命，堅信意識心聽從無意識心的論點。如今意志似乎是無足輕重，現代人格理論很少提到它，或者去衡量它。有神經學家宣稱已經證明它不存在，許多哲學家也拒絕使用「意志」一詞。若他們想要探討「自由意志」這個經典的哲學問題，他們寧願只談自由，不談意志，因為他們懷疑後者根本不存在。有些人態度輕蔑地指稱「所謂的意志」。最近有學者甚至開始建議修改法律，移除過時的自由意志和責任概念。

鮑梅斯特於一九七〇年代開始在普林斯頓從事社會心理學的研究時，對於意志力也抱持普遍的懷疑態度。當時他的夥伴們將研究重點放在自尊，而非自我控制，而鮑梅斯特也成為這方面的先驅，證實人們對自己的能力越有自信，自我價值感越高，就越快樂、越成功。只要設法增進人們的信心，就可以幫助他們成功，這不是很簡單嗎？對於心理學家和社會大眾來說，這似乎是個很合理的目標，畢竟，人們會爭相購買像是《我好你也好》（*I'm OK — You're OK*）和《喚醒心中的巨人》（*Awaken the Giant Within*）這類暢銷書，而其實這些書就是自尊和「賦權」的流行版。可是，無論實驗室內外，最後的結果都令人失望。全球性的問卷調查顯示美國八年級生在數學能力的自信遠高於其他國家，但他們的測驗成績卻落後給韓國、日本和其他自尊較低的學生。[13]

同時，在一九八〇年代，一批研究人員開始對自我規範（self-regulation）產生興趣，也就是俗稱的自我控制（self-control）。自我控制的風潮再度興起和學者專家無關，因為他們依舊認為意志力只是維多利亞時代的古怪神話。不過，心理學家卻在實驗室和實地研究當中，不斷發現非常像是意志力的東西。

意志的復甦，與棉花糖實驗

心理學上的傑出理論並不罕見。人們以為實地研究有所進展要拜某個專家震驚世人的新見解之賜，但情況通常不是如此。想出新概念並不難。每個人對於自己的行為動機都有一套理論，正因如此，心理學家很受不了別人對他的研究成果吐槽說：「哦，我奶奶也知道這一點。」一門學問的進展並非來自於理論，而是有人找到測試理論的好方法，就像瓦特・米歇爾（Walter Mischel）一樣。他和研究夥伴們並沒有建構自我規範的理論——事實上，在剛開始的幾年，他們甚至沒有提到他們的研究在自制力或意志力方面的結果。

當時他們研究四歲兒童如何壓抑立即享樂的誘惑，用的是一種全新的研究方法。這也就是知名的「棉花糖實驗」。他們每次帶一位兒童進房間，給他一顆棉花糖，然後留下他一個人。他隨時可以吃掉這顆棉花糖，但是如果他能等到研究人員再回來時才吃，就可以獲得第二顆棉花糖。有些兒童在棉花糖一到手，就急著吃掉；有些則努力抗拒誘惑，但最後還是忍不住；但還是有人成功忍耐了十五分鐘，最後獲得第二顆棉花糖。成功忍耐的兒童多半是讓自己分心才控制住誘惑的，這在實驗進行的一九六〇年代是非常有趣的發現。⓮

不過，多年以後，米歇爾意外有了新發現。他的三個女兒恰巧也進入當年進行棉花糖實驗的史丹福大學就讀。米歇爾的這項實驗已結束，他早就開始忙於其他實驗，但他常常聽到女兒們談論她們的同學。他注意到，當年等不到第二顆棉花糖的兒童們，無論在校外或是校內，似乎都比較會惹出麻煩。為了解這當中的相關性，米歇爾和夥伴們追蹤幾百位當年參與實驗的兒童。他們發現，四歲時便能展現強大意志力的兒童，後來的學業表現和考試成績比較傑出。成功忍耐十五分鐘的兒童，後來在大學入學測驗（ＳＡＴ）的平均得分，要比忍不到半分鐘就把棉花糖吃掉的兒童多出兩百一十分。意志力較強的兒童後來較受到同儕和老師的喜愛。他們的薪水較高，而且體脂肪較低，表示中年發胖的機率較小。他們比較不會有藥物濫用的問題。

這是很了不起的發現，因為很少有具統計意義的研究，能從幼兒行為預測成年後的表現。事實上，佛洛依德的精神分析心理學雖然強調幼兒經驗是成人性格的基礎，就因為缺乏這樣具體的結果而無法得到證明。一九九〇年代時，馬丁・賽利格曼（Martin Seligman）研究佛洛依德的文獻之後說，除了嚴重創傷或營養不良之外，並沒有足夠的證據證明兒時經驗對成人性格具有決定性的影響。[15]對於極少數幼兒和成人表現有強烈相關性的情況，他以反射基因（天生的）傾向來說明，像是有人天性樂觀、有人天性孤僻等等。抗拒吃掉棉花糖的意志力可能也有基因的成分在內，可是，它似乎可以經由培養而來，在孩提時代就培養出這樣的優勢，將會一輩子受用。如果考量自制力的整體好處的話，則其優勢更是顯而易見，鮑梅斯特在他的學術著作《失控》（*Losing Control*）當中，就清楚點出這一點。值得一提的是，該書的另外兩位共同作者分別是他的妻子——在凱斯西儲大學任教的戴安・堤斯（Dianne Tice），以及哈佛大學的教授陶德・海塞頓（Todd Heatherton）。[16]

他們的結論是，「自我規範的失敗是我們這個時代重大的社會病徵，」並指出這是高離婚率、暴力、犯罪、和種種問題的原因。該書激發了更多的實驗和研究，還因此在人格測驗中，開發出關於自制力的量表。[17]研究人員比較學生成績和三十多種個性特質的關聯，發現自制力是唯一能預測大學生學業平均成績的因素。他們還證實，自制力要比智商或SAT分數更能準確預測大學成績。[18]雖然智力明顯是一個優勢，但研究顯示，自制力更為重要，因為它讓學生更受到同學信賴、及早動手寫作業、花更多時間念書，而且較少看電視。

在職場上，自制力強的主管比較受下屬和同儕喜愛。擁有良好自制力的人似乎非常善於創造與維繫安全感，以及與他人之間的關係。從他們的表現可看出，他們重視他人感受，會幫別人著想。他們的情緒較穩定，不容易緊張、沮喪、偏執，也較不會出現精神病兆、強迫行為、飲食失調、酗酒等問題。他們較少生氣，即便是生氣，在言語和肢體上也比較不具侵略性。另一方面，自制力不佳者可能會對另一半動粗並且犯罪——而且死性不改。瓊・譚尼（June Tangney）和鮑梅斯特共同開發的人格測驗自制力量表就得到類似的結果。她先測試囚犯，並在他們出獄後持續追蹤數年，發現自制力較差者最有可能故態復萌，再度入獄。[19]

最有力的證據於西元二〇一〇年發表。一個國際研究團隊追蹤一千名紐西蘭孩童從出生到三十二歲的表現，這是一項非常費工夫、大規模且更為徹底的研究。[20]他們用許多方式來記錄每位孩童的自制力（除了研究人員觀察之外，父母、老師和孩童自己也做評量報告）。因此，孩童的自制力評估結果相當可靠，讓研究人員能夠拿來和青少年及成年後的各種行為結果做比較。自制力高的孩童成年後健康狀況較佳：肥胖率較低、染上性傳染病的案例較少、甚至連牙齒都比較健康（顯然，良好的自制力也包括了刷牙和使用牙線）。自制力和成年沮喪無關，但缺乏自制力者比較容易染上酗酒和藥物濫用的問題。自制力較差的孩童成年後財務狀況不佳，他們普遍從事低薪工作、銀行存款不多、而且較少購買房屋或儲存退休金。他們成年後，生養的子女數較多，而且很多是單親家庭，這可能是因為他們較難維持長期關係所需的紀律。自制力較佳的孩童成年後婚姻比較幸福，少有單親家庭的情形。最後還有一個重點，自制力差的孩童比較容易犯罪。那些自制力最低的受試者當中，有四成以上的人在三十二歲之前就有前科，而小時候自制力最高的族群，成年後有前科的比例只有百分之十二。

這些差異有的和智商、社會階級以及種族有關，這一點並不令人意外，可是，即使把這些因素抽離，結果還是具有顯著性。研究者在追蹤研究中觀察之前受試者的親兄弟姊妹，以比較在同一個家庭長大的小孩表現有何不同。一樣的，他們一再證實，自制力較差的孩童的兄弟姊妹，成年後境況一樣較差。他們長大後身體較不健康，手頭不寬裕，甚至比較可能入獄。結論實在很清楚：**自制力是重要的優勢，也是人生成功的關鍵**。

大腦的演化

心理學家發現了自制力的好處，而人類學家和神經科學家則想要了解它的演化方式。人的大腦最不同於其他動物之處，就是大片又複雜的額葉（frontal lobe），它在人類的演化上非常重要——使人類具有解決周遭問題的智能。可是，大腦的體積較大，表示所需的能量也多。成人的大腦只占人體的百分之二，卻消耗了百分之二十的精力。至於額外的灰質，也需要充足的卡路里才能發揮作用，而科學家還不了解大腦是如何自給自足的。人類的大腦究竟是如何將它威力強大的額葉作用到整個基因庫當中？

早期對於較大的大腦有一種解釋，是說香蕉和其他富含熱量的水果有助於大腦的生長。只吃草的動物不太需要思考下一餐的著落；但是，對於仰賴樹上的水果為食的動物就不同了，樹上成熟的香蕉可能在一個星期之內就被吃光光，只剩下黏呼呼的咖啡色爛蕉。食蕉的動物需要較大的大腦來記住成熟香蕉的地點，而香蕉的熱量能夠增進大腦功能，因此這種「尋果大腦理論」很有道理——不過只限於理論。人類學家羅賓．鄧巴（Robin Dunbar）研究各種動物的大腦和其食物後，卻找不到證據來支持這一點。最後，鄧巴斷定，大型大腦的演化並非為了應付生活環境，而是為了應付另一個更重要的生存條件：社交生活。大腦較大的動物擁有更大、更複雜的社會網絡。這提供了一種新方式來了解人類。人類是靈長類動物當中大腦額葉最大的，這是因為我們有最大的社會族群，也是我們最需要自我控制的原因。我們往往將意志力視為個體進步的力量——謹守健康飲食、準時完成工作、慢跑健身、戒菸等——但是這可能不是我們人類之所以進化至今的主要原因。靈長類動物是群居的動物，必須控制自己才能與同類相處。他們彼此合作而獲得食物，因而得以生存。分享食物時，通常由最大、最強壯的雄性先吃，其他人再依照社會地位先後進食。在這樣的團體中，想要安穩度日、不被海扁，就得壓抑想要馬上吃到食物的欲望。如果黑猩猩和猴子的大腦和松鼠的一

樣小，就無法和平地吃完一餐。他們打架消耗的熱量可能超過吃完這一餐所獲得的熱量。㉑

雖然其他靈長類動物也擁有一些心理力量，以形成基本的用餐規矩，但牠們的自制力遠遠不及人類。專家推測，人類以外最聰明的靈長類動物可以設想未來二十分鐘的情形——足夠讓雄性領導者用餐完畢，但還無法預想飯後的情況。（有些動物，像是松鼠，本能地會將食物埋起來，之後再挖出來，但是這屬於制式行為，並非有意識的儲存計畫。）有一項實驗是，每天中午餵食猴子一次，一天就這一次，結果牠們永遠學不會為未來儲存食物。中午餵食期間，牠們想吃多少就吃多少，吃飽之後把剩下的食物放著不管，或者拿來和其他猴子打鬧。每天早上醒來，肚子總是餓得咕嚕叫，因為牠們從來沒有想到要留一點食物當消夜或隔天早餐。㉒

人類的祖先早在兩百萬年前就已經發展出較大的大腦，因此智力比較高。自制力多半是在無意識之下進行的。商業午餐時，你不需要刻意約束自己，就知道不能去吃老闆盤裏的肉。你的無意識的大腦其實不斷在幫助你遠離人際關係的災難，而且，它的運作十分巧妙，有些心理學家甚至認為它才是真正掌握全局的老大。許多人之所以著迷於鑽研無意識的過程，都是因為一些研究人員犯了基本的錯誤，他們不斷切割人類行為，讓它越切越細、越分越小，著重於那些太快發生、意識還來不及主導的反應。如果你以毫秒為單位，來檢視人類動作的根源，應該是來自於連接大腦與肌肉的神經元的啟動。這個過程當中還沒有意識的介入。沒有人知道自己的神經元啟動了。可是如果把時間拉長，則可以看到意志的作用。意志的作用方式是把眼前的情況看成是普遍模式的一部分。抽一根菸不會對健康有害。吸一次毒不會讓你上癮。吃一塊蛋糕不會因此肥胖，上班偶爾偷懶一下不會毀了你一輩子的事業。可是，為了維持健康、保住工作，你必須將（幾乎）每一次單一情況視為普遍需求，來抗拒這些誘惑。這就是有意識的自制力發揮的時候，也是人生每個層面的成敗關鍵。[23]

你為什麼要讀這本書？

自我控制的第一步是訂定目標，因此我們也應該先告訴你這本書的目標。我們希望將維多利亞時代的實用知識，與傑出的現代社會科學相結合。我們想要解釋，擁有意志力如何讓我們的生活變得更美好。我們會說明，為什麼有企業老闆願意一天付兩萬美元給一位前空手道教練，以學習如何擬定待辦事項的祕訣；為什麼矽谷的創業家要創造數位工具來宣導十九世紀的價值觀。我們會看到英國保姆是如何把密蘇里州一對頑皮的三胞胎教養得服服貼貼；還有美國女歌手亞曼達・帕默（Amanda Palmer）、知名主持人歐普拉（Oprah Winfrey）、吉他之神艾瑞克・克萊普頓（Eric Clapton）和喜劇演員杜魯・凱瑞（Drew Carey）等名人是如何在日常生活中運用意志力。我們會介紹魔術師大衛・布蘭恩（David Blaine）如何不吃東西撐過四十四天，以及探險家亨利・莫頓・史丹利（Henry Morton Stanley）如何在非洲荒野生存好幾年。我們會說明科學家重新發現自制力的過程，以及如何將它應用在現實生活中。

自從心理學家開始觀察到自我控制的好處時，他們也面臨一個新謎團：究竟什麼是意志力？要如何才能拒絕棉花糖的誘惑？鮑梅斯特開始探究這些問題時，他對於自我的了解只限於當時的傳統觀念，也就是所謂的資訊處理模式。他和研究夥伴們把人類的心智當作一台小型電腦來研究。這種人類心智的資訊模式通常不考慮力量或能量的概念，因為覺得那早已過時了，研究人員甚至懶得反駁。鮑梅斯特也完全沒想到他對自我的概念會突然轉變，別人就更不用說了。但是，當他和夥伴們一開始進行實驗，就發現以前的概念似乎沒那麼陳舊。

等到鮑梅斯特在實驗室和其他許許多多地方進行了幾十次實驗後，對於意志力和自我開始有了新的體認。這本書將呈現我們對於人類行為的新發現，並說明如何利用它讓每個人更進步。培養自制力不像坊間的自助類書籍說的那麼簡單，可是也不像維多利亞時代的訓誡那麼嚴格。到最後，自制力反而能讓你放鬆，因為它移除了壓力，讓你保有意志力來應付重要的挑戰。我們深信書中的道理不僅能讓你的人生更豐富、更充實，還能更輕鬆、更快樂。我們可以保證，你完全不用忍受任何冗長的說教。

註釋

❶ **達爾文**：*The Descent of Man* (New York: American Home Library, 1902), 166.

❷ **人格優點全球調查**：Values in Action project (見C. Peterson and M. Seligman, eds., *Character Strengths and Virtues* [Washington, DC: American Psychological Association, 2004]); 統計工作由Neal Mayerson專為本研究計畫所做。

❸ **德國呼叫器研究**：W. Hoffman, K. Vohs, G. Forster, and R. Baumeister (completed in 2010 and to be submitted for scientific publication in 2011). Hoffman目前任教於芝加哥大學。

❹ **維多利亞時代與道德**：關於維多利亞時代對道德和宗教的看法，請見W. E. Houghton, *The Victorian Frame of Mind, 1830–1870* (New Haven, CT: Yale University Press, 1957). 另可參考P. Gay, *Bourgeois Experience: Education of the Senses* (New York: Oxford University Press, 1984).

❺ **《自助論》**：Samuel Smiles, *Self-Help: with illustrations of Character, Conduct, and Perseverance* (London: John Murray, 1866), 104.

❻ **《意志的力量》**：Frank Channing Haddock, *Power of Will* (Meriden, CT: Pelton, 1916), 7.

❼ **新的自助類暢銷書**：見C. B. Whelan, "Self-Help Books and the Quest for Self-Control in the United States, 1950–2000" (Ph.D. dissertation, University of Oxford, 2004), http://christinewhelan.com/wp-content/uploads/Self-Help_Long_Abstract.pdf; 還有P. Carlson, "Let a Thousand Gurus Bloom," *Washington Post Magazine,*

February 12, 1995, W12.

8 戴爾・卡內基：*How to Win Friends and Influence People* (New York: Gallery Books, 1998), 63-70.

9 「可實現的願望」：Norman Vincent Peale, *The Power of Positive Thinking* (New York: Simon & Schuster, 2003), 46.

10 「相信你自己已經擁有這筆錢」：N. Hill, *Think and Grow Rich* (Radford, VA: Wilder Publications, 2008), 27.

11 艾倫・威利斯：*The Quest for Identity* (New York: Norton, 1958).

12 史金納：*Beyond Freedom & Dignity* (New York: Knopf, 1971).

13 美國學生的數學：J. Mathews, "For Math Students, Self-Esteem Might Not Equal High Scores," *Washington Post,* October 18, 2006, http://www.washingtonpost.com/wp-dyn/content/article/2006/10/17/AR2006101701298.html.

14 米歇爾的延遲享樂研究：包括著名的「棉花糖測驗」（marshmallow test），米歇爾的研究內容請見 W. Mischel and O. Ayduk, "Willpower in a Cognitive-Affective Processing System: The Dynamics of Delay of Gratification," in R. Baumeister and K. Vohs, eds., *Handbook of Self-Regulation: Research, Theory, and Applications* (New York: Guilford, 2004), 99–129. 早期的文獻也許更廣泛、更接近原始研究內容，請見 W. Mischel, "Processes in Delay of Gratification," in L. Berkowitz, ed., *Advances in Experimental Social Psychology* (San Diego, CA: Academic Press, 1974), 7:249–92. 至於從兒時表現預測成人表現的後續追蹤，見 W. Mischel, Y. Shoda, and P. Peake, "The Nature of Adolescent Competencies Predicted by Preschool Delay

of Gratification," *Journal of Personality and Social Psychology* 54 (1988): 687–96; 以及, Y. Shoda, W. Mischel, and P. K. Peake, "Predicting Adolescent Cognitive and Self-Regulatory Competencies from Preschool Delay of Gratification: Identifying Diagnostic Conditions," *Developmental Psychology* 26 (1990): 978–86.

⓯ **孩提經驗與成年個性**：M. E. P. Seligman, *What You Can Change and What You Can't: The Complete Guide to Successful Self-Improvement* (New York: Alfred A. Knopf, 1993).

⓰ **《失控》**：R. F. Baumeister, T. F. Heatherton, and D. M. Tice, *Losing Control: How and Why People Fail at Self-Regulation* (San Diego, CA: Academic Press, 1994).

⓱ **自制力的量表**：自我控制量表（與發現）發表於J. P. Tangney, R. F. Baumeister, and A. L. Boone, "High Self-Control Predicts Good Adjustment, Less Pathology, Better Grades, and Interpersonal Success," *Journal of Personality* 72 (2004): 271–322.

⓲ **從自制力預測大學成績**：R. N. Wolfe and S. D. Johnson, "Personality as a Predictor of College Performance," *Educational and Psychological Measurement* 55 (1995): 177–85. 另見A. L. Duckworth and M. E. P. Seligman, "Self-Discipline Outdoes IQ in Predicting Academic Performance of Adolescents," *Psychological Science* 16 (2005): 939–44.

⓳ **自我控制與囚犯**：J. Mathews, K. Youman, J. Stuewig, and J. Tangney, "Reliability and Validity of the Brief Self-Control Scale among Incarcerated Offenders" (presented at the annual meeting of the American Society of Criminology, Atlanta, Georgia, November 2007).

❿ **紐西蘭研究**：T. Moffitt and twelve other authors, "A Gradient of Self-Control Predicts Health, Wealth, and Public Safety," *Proceedings of the National Academy of Sciences* (January 24, 2011), http://www.pnas.org/content/early/2011/01/20/1010076108.

㉑ **大腦自我控制的演化**：鄧巴的研究將社交大腦理論和找水果的大腦等理論相提並論，主要資料來源請見R. I. M. Dunbar, "The Social Brain Hypothesis," *Evolutionary Anthropology* 6 (1998): 178–90.

㉒ **動物無法放眼未來**：W. A. Roberts, "Are Animals Stuck in Time?" *Psychological Bulletin* 128 (2002): 473–89.

㉓ **如果把時間拉長**：見M. Donald, *A Mind So Rare: The Evolution of Human Consciousness* (New York: Norton, 2002); 應用在意志上，見G. Ainslie, *Breakdown of Will* (New York: Cambridge University Press, 2001).

第1章

意志力不只是一種比喻

我們有時受心魔桎梏，
不顧自己心力軟弱，
以為會有神來之力。

——特洛伊羅斯，莎士比亞
《特洛伊羅斯與克瑞西達》（*Troilus and Cressida*）

如果你聽過搖滾女星亞曼達・帕默（Amanda Palmer）的音樂，如果你知道她在倫敦被禁的墮胎歌曲，或看過她在「暗箭射手」（Backstabber）音樂錄影帶中手舉小刀、裸體跑過廳堂，追殺才剛跟他上床、一樣裸體、還塗著口紅的男子，你可能不會覺得她是自我控制的典範。

人們對她有許多形容——銳利版的女神卡卡、搞笑版的瑪丹娜、雌雄莫辨的教唆者、「布萊希特式龐克酒館風」女祭司——可是，通常不會出現維多利亞風和受壓抑等等字眼。她是酒神的化身。當她答應英國奇幻小說家尼爾・蓋曼（Neil Gaiman）的求婚時，她想到的公告世人的方式是在推特上寫著她可能訂婚了，「但也可能是喝醉了。」

可是，一個散漫的藝術家絕對寫不出那麼多音樂，全球巡迴演唱會的門票也不會銷售一空。亞曼達不可能完全不排練就匆忙上場演出。她這種不受控制的角色得要透過自我控制才能創造出來，而她將自己的成功部分歸功於她所謂的「終極禪宗訓練場」：扮演活雕像。她在街頭表演了六年，還成立公司專門出借活雕像供企業活動使用，像是「全食」（Whole Foods）超市開幕時，在門口端著有機農產品幫忙造勢等等。❶

亞曼達於一九九八年開始追逐音樂夢想，當時她二十二歲，還住在家鄉波士頓。她自製錄影帶，將自己形容成「有抱負有理想的搖滾之星」，可是這樣無法維生，於是她來到哈佛廣場，表演她在德國看過的一種戲劇形式。她稱自己為「八腳新娘」。她把臉塗白、穿上正式的婚紗、戴上白手套、捧著一束花、站在箱子上。如果有人在小費籃裏丟錢，她就會送上一朵花，否則她就一直保持不動。

有些人辱罵她、或拿東西丟她，想辦法讓她笑出來，甚至還抓她。有些人對她吼叫，要她好好找份工作，還威脅要偷她的錢。醉鬼企圖拉她下來，或把她絆倒。

「往事不堪回味，」亞曼達說。「有一次，一個喝醉酒的流氓用頭磨蹭我的胯下，我仰望天空，心想，老天爺啊！我是造了什麼孽，要承受這樣的苦果？可是這六年當中，我扮活雕像大概只失敗了兩次。你完全不能做出任何反應。你絕不能退縮。讓這些鳥事過了就好了。」

觀眾讚嘆於她的耐力，人們總是以為身體長時間維持不動一定很累。可是亞曼達完全不覺得肌肉疲累，但她了解到還是要注意身體——例如，她發現她不能喝咖啡，因為咖啡會使她的身體不由自主地微微顫抖。不過，最大的挑戰還是來自於意志。

「站立不動其實沒那麼難，」她說。「要成功扮演活雕像，祕訣在於不能有反應。我不能移動雙眼，因此我不能看周遭有趣奇怪的事情。我不能回應人們的挑逗。我不能笑。就算鼻涕已經流到上嘴唇，我也不能抹鼻子。耳朵癢不能抓，蚊子停在我臉上也不能驅趕。這些才是真正的挑戰。」

儘管最大的挑戰在心理層面，但她也注意到這是很傷身的工作。雖然她想賺錢，一小時通常能進帳五十美元，但她的身體沒辦法支撐太久。她通常做九十分鐘，休息一個小時，然後回到箱子上再站九十分鐘，這就是一天的工作量。旅遊季節高峰期，她會趁週六扮成仙女，到文藝復興慶典站上好幾個小時，但離開時總是筋疲力盡。

「每次回到家都累個半死，感覺整個身體都不是自己的，」她說。「我會泡在浴缸裏，腦中一片空白。」

為什麼呢？一整天下來，她沒有費力去移動肌肉、沒有用力呼吸、心臟也不曾加速跳動。什麼都不做有什麼難呢？她會說，她運用意志力來抗拒誘惑。可是，這種從十九世紀流傳下來的民間觀念早已被現代專家所摒棄。運用意志力到底是什麼意思？要如何證明它是事實，而不是一種比喻呢？

答案是，先來一片剛烤好的餅乾。

生蘿蔔實驗

社會科學家有時得讓實驗殘忍一點。那些大學生走進鮑梅斯特的實驗室時，都已經因為禁食了一陣子而飢腸轆轆，現在，他們聞到了剛烤好的巧克力碎片餅乾的香味。受試者坐下來，面前有好幾樣美食：溫熱的餅乾、幾片巧克力、還有一碗生蘿蔔。實驗人員請幾位學生享用巧克力和餅乾。運氣不好的人則被分配到「生蘿蔔組」：沒有美味的甜食，只有生蘿

蔔。❷

為了讓誘惑增到最強，研究人員離開現場，然後從隱藏的小窗戶觀察學生們吃餅乾和生蘿蔔的情況。生蘿蔔組顯然受到誘惑所擾。很多人渴望地盯著餅乾看，最後才心不甘情不願地開始啃蘿蔔。有些人則拿起餅乾聞一聞，嗅著餅乾剛出爐的香氣。有幾個人不小心把餅乾掉到地上，他們趕緊把它撿起來放回碗裏，以免讓別人發現他們的罪惡欲望。不過，沒有人偷吃不該吃的食物。雖然有上述這些情況，但所有受試者都成功拒絕誘惑。這對於實驗本身是件好事，顯示餅乾的誘惑真的很大，讓人必須鼓起意志力來抗拒它。

接著，學生們被帶到另一個房間，被要求解一些幾何問題。受試者以為實驗的主旨是要測試他們的聰明度，事實上，這些問題全都無解，目的是觀察他們會努力解題多久才放棄。這是研究壓力的標準技巧，已經沿用了好幾十年，是觀察人們毅力的可靠指標。（已有研究顯示，那些持續不懈想要解出無解問題的人，在解有解問題時也會努力得比較久。）

那些吃過巧克力餅乾和糖果的學生，平均解題二十分鐘，和同樣飢餓、但完全沒被分配任何食物的對照組的表現差不多。至於那些只吃生蘿蔔、食欲未得到滿足的學生，平均只解題八分鐘就放棄了——這和實驗標準非常不同。他們成功地拒絕了巧克力和餅乾的誘惑之後，已經沒有太多精力來解題。結果證明關於意志力的民間智慧是正確的，而自我這個較新、較炫的心理學理論反而相形失色。

意志力絕對不只是比喻，它比較像肌肉，用久了會疲累，莎士比亞在《特洛伊羅斯與克瑞西達》裏也有類似的見解。特洛伊的武士特洛伊羅斯認為，克瑞西達會受到迷人的希臘求婚者「最狡詐」的誘惑，因此告訴她，他相信她一片貞節之心，但擔心她會受不了誘惑。他對她說，不要愚蠢地以為我們的毅力能夠持續，並警告她意志薄弱的下場：「會發生我們所不樂見的事情。」果然，後來克瑞西達愛上了一名希臘武士。

特洛伊羅斯提到意志力的「神來一筆」，正是研究人員在學生身上觀察到他們受到餅乾誘惑時的動搖狀況。這個概念透過生蘿蔔實驗和其他實驗獲得證實後，北卡州教堂山專攻婚姻諮詢的臨床心理學家唐·包康（Don Baucom）立刻理解到箇中道理。他說他執業多年，一直隱約感覺到什麼，但又無法理解，而鮑梅斯特的研究終於讓他的感受具體成形。他看過太多不幸的婚姻，都是因為白天夫妻倆都在上班，而每晚就為了一點小事爭吵。他有時會建議他們偶爾早點下班回家，這聽來也許奇怪——早回家豈不增加兩人爭吵的時間？不過，他懷疑是因為長時間工作讓夫妻兩人心力交瘁。累了一整天回到家，他們再也沒有力氣對於另一半討人厭的習慣視而不見，沒有力氣去刻意體貼，或在對方說了難以忍受的諷刺話時忍住不回嘴。包康發現，夫妻倆需要趁還有精力的時候離開辦公室。他了解工作的壓力如何摧毀婚姻：人們工作時把意志力用完了。他們在辦公室奉獻殆盡，家庭就得承受後果。

繼生蘿蔔實驗後，許多實驗即使對象不同，但仍獲得相同的結果。研究人員開始尋找更複雜的情緒反應以及其他測量方式，例如觀察人們的體能等等。像是跑馬拉松這種需要耐力的運動，光是訓練還不夠——不管你有多強壯，到了某一點你的身體總會想要休息，而你的心智必須告訴身體跑、跑、跑。同樣的，想要握緊握力器，持續緊壓彈簧，光靠力氣是不夠的。沒多久，你的手就會疲累，然後慢慢感到肌肉痠痛。直覺的反應就是放開手，除非你用意志力強迫自己繼續握緊——但如果你先前已經耗費精神壓抑你的感覺，就可能無以為繼了。有人用一部悲傷的義大利電影來做實驗，就得到這樣的結果。

在看電影之前，受試者被告知他們看電影時的臉部表情會被攝影機錄下來。有些人被要求壓抑心中感受，維持面無表情。有些人則被要求誇大他們的情緒反應，讓臉部表情充分表達出來。第三組是對照組，按照正常狀況來看電影。

接著，大家都看了電影《世界殘酷奇譚》（*Mondo Cane*）中的一個片段，這部片是描述核廢料如何傷害野生動物的紀錄片。其中一段令人難忘的情節是巨型海龜失去了方向感，迷失在沙漠中，絕望地揮動著牠們的鰭狀肢，因找不到海洋而可憐垂死。這畫面無疑是催淚彈，可是現場並非每個人都可以恣意流淚。有些人聽從指示，勉強不為所動；有些人盡情地釋放淚腺。看完影片後，他們都被要求透過握力器做體力測驗，接著研究人員比較結果。

對照組的結果顯示，電影對於體力沒有任何影響。人們握緊握力器的時間和看電影之前一樣。可是，其他兩組卻很早就放棄，無論是刻意壓抑、或盡情釋放對可憐海龜的悲憫都一樣。這兩組結果顯示，**控制情緒反應會折損意志力。即使是假裝的也會累。**

還有個經典的心理測驗也顯示相同結果：白熊挑戰。據說，托爾斯泰小時候——另有版本說是杜斯妥也夫斯基小時候——打賭他的弟弟絕對無法在五分鐘內腦中完全不想到白熊。結果弟弟輸了，輸給了人類的心理力量。自從丹．韋格納（Dan Wegner）聽到這樣的傳說之後，白熊就成了心理學家的吉祥物。我們以為可以控制自己的思想，其實不然。第一次嘗試冥想的人多半會發現，不管自己多努力專注，還是會想東想西。我們最多只能部分地控制我們的意識流。現在任教於哈佛大學的韋格納就做過這方面的實驗，他要人們每次思緒受白熊干擾時就按鈴。他發現有些花招、分心的技巧或是誘因，短時間內有用，但受試者最後都還是按了鈴。

這類實驗聽起來也許很無聊，畢竟，和其他折磨人的創傷與精神問題相比，「不情願地想起白熊」實在不算什麼。可是，正因為它有別於日常生活的思緒，研究人員才能好好利用。想要了解人們對自己的思想有多少控制力，最好不要挑選一般的想法。有個研究生把韋格納的實驗改成要人們不要想到自己的母親，他並沒有得到有效的結果，只顯示大學生很有辦法不想到自己的母親。

母親和白熊有什麼不同呢？也許受試學生正想脫離對父母的心理依賴。或者他們常常想去做母親不同意的事，所以需要讓母親從腦中消失。或者他們沒有常常打電話給母親，因而想逃避罪惡感。可是，請注意，以上所有關於母親和白熊的不同，講的全都是母親。這正是問題所在，至少研究人員是這麼認為。母親不適合當純研究的主題，因為包袱太大了——心理和情緒上的聯想太多。人們想到、或不想到母親的原因太多了，而且太鉅細靡遺，因而不容易做歸納。反之，白熊和一般美國大學生和受試者的日常生活或個人背景幾乎無關，如果人們很難壓抑自己不去想到白熊，其結果就可以廣泛應用在許多主題上。❸

基於以上種種原因，研究人員喜歡用白熊來了解人們如何管理自己的思緒。可想而知，受試者努力不去想白熊達幾分鐘後，再要他們去解題，則這些人比較早放棄（和之前未限制思緒的人相比）。在另一個比較殘忍的實驗當中，他們也顯得比較難控制自己的感受——讓他們觀看《周六夜現場》（*Saturday Night Live*）的短劇，和一段羅賓．威廉斯（Robin Williams）的脫口秀，但不能有任何表情。研究人員錄下受試者的表情後，做系統性編碼。一樣的，剛剛才做過白熊測驗的人，當羅賓．威廉斯製造笑點時，他們忍不住笑出聲，或至少露出笑容。

如果你有個喜歡出餿主意的上司，則不妨記住以上實驗結果。下次開會時，為避免不慎笑出聲來，開會前千萬不要做任何費神的心理測驗，白熊的話要怎麼想都可以。

意志力與自我耗損

實驗證實意志力的確存在後，心理學家和神經科學家就面臨了新問題。意志力究竟是什麼？由大腦的哪一個部分主宰？神經迴路如何運作？還有哪些生理改變同時發生？意志力衰退時是什麼感覺？

最迫在眉睫的問題，就是該如何稱呼這個過程——總得要比「神來一筆」、「脆弱意志」或「心魔指使我做的」等說法更貼切才行。近代科學文獻沒有線索，鮑梅斯特還得一路找回佛洛依德時代，才找到一個具有能量觀念的自我模型。不出意料之外，佛洛依德的觀念極具前瞻性，但又錯得離譜。他推論，人類利用一種叫做昇華（sublimation）的過程，把源於本能的能量轉化成更能被社會所認同的情況。於是佛洛依德斷定，偉大藝術家就是將他們的性能量發揮在作品上。這是很聰明的猜測，但是，無論是這種自我的能量模型，還是昇華機制的具體理論，都沒有被二十世紀的心理學家所採納。當鮑梅斯特和研究夥伴們檢視現代研究文獻在佛洛依德理論機制的印證狀況時，發現昇華理論最不可靠。❹完全沒有任何證據能證明它，反證卻多的是。舉例來說，如果昇華理論為真，那麼，全世界各地的藝術村應該會擠滿來這裏昇華性衝動的人，因而性生活就會相對變少。你聽過有哪個藝術村鮮少性愛嗎？

不過，佛洛依德提出自我的能量模型還是有其道理。能量是說明藝術村性愛盛行的重要因素。壓抑性欲會消耗能量，創作也是。如果你把能量消耗在藝術上，就沒有額外的能量來約束你的性慾。至於這種能量從何而來、如何運作，佛洛依德並沒有交代清楚，不過至少它在他的自我理論當中占有重要地位。鮑梅斯特決定沿用佛洛依德的「自我」（ego）一詞，以示尊敬他提供正確方向。也因此才有**「自我耗損」**（ego depletion）這個詞，鮑梅斯特用它來描述**人類約束自我思想、感受和行為的能力衰退**。人們有時能克服心理疲憊，但鮑梅斯特發現，如果他們耗盡意志力、用光了能量（或是做決策，這也是自我耗損的另一種形式，我們在第四章會加以探討），最後就會屈服放棄。後來心理學家紛紛發現用自我耗損來解釋各種行為非常有用，因此這個名詞陸續出現在上千份科學報告當中。

自我耗損究竟如何在大腦中發生，一開始無人能解，後來，多倫多大學有兩位研究人員，邁可．印茲里區特（Michael Inzlicht）和珍妮佛．高特賽爾（Jennifer Gutsell）讓受試者戴上裝有電極網路的帽子，讓裝置接觸頭顱，然後觀察他們。[5]這種方法叫做腦電波圖（EEG），它能讓科學家偵測腦內的電波活動。它雖然無法讀心，卻能讓我們知道大腦是如何應付各種問題。這兩位研究人員特別留意大腦中被稱為前扣帶皮層（anterior cingulated cortex）的區域，以了解人們表現出的行為，和原本想做的行為是否相符。這一般被稱為衝突監控系統或錯誤偵測系統。這是大腦中的一部分，例如，你一手拿漢堡、一手拿手機，當你舉起手機想咬一口時，這個部分就會警鈴大作。大腦裏的這座警報器隨時偵測電波活動（稱為與事件相關的負向波）。

受試者的頭部接上電線後，看了動物受虐瀕死的一段紀錄片。其中一半的人被告知要壓抑他們的情緒反應，陷入自我耗損的狀態。而另一半的人只要仔細看影片即可。接著，每個人都做了第二項顯然毫不相關的活動：著名的史楚普測驗（以心理學家詹姆斯．史楚普〔James Stroop〕命名），要受試者說出所看到字母的顏色。例如，一排ＸＸＸ字母印成紅色，則正確答案就是紅色，這很簡單。可是，如果「綠色」這兩個字印成紅色，就得格外謹慎，才能正確回答紅色。你得克制一看到綠色這個字就想回答綠色的欲望，然後強迫自己看清楚字的顏色是紅色。許多研究顯示，人們在這種情況下答題的速度較慢。事實上，史楚普測驗曾在冷戰時期成為美國情報人員使用的工具。臥底幹員宣稱他不會講俄文，但當他看著俄文字要答出顏色時，卻又花較久的時間，就露餡了。

在多倫多大學的實驗中，受試者在觀看悲情的動物電影時已經消耗了意志力，之後要正確答出文字的顏色的確特別困難。他們花比較久的時間來回答，而且錯誤較多。連接在他們頭上的電極明顯顯示大腦裏的衝突監控系統沒有太大的動靜：不協調的警報信號較弱。這項實驗結果顯示，自我耗損讓大腦中專司自我控制的前扣帶皮層運作減緩。一旦大腦鬆弛、錯誤偵測能力衰退，人們就難以控制他們的反應。那些在自我耗損之前覺得容易的事情，現在都變得很困難。

自我耗損影響大腦迴路的理論，非常吸引神經科學家，可是，對於一般人來說，有沒有辦法不用在頭部接上電極就能偵測到自我耗損？當你和伴侶大吵一架、或者一口氣吃光一桶哈根達斯冰淇淋之前，有哪些明顯症狀可以讓你警覺到你的大腦已經不受控制了呢？直至今日，研究人員並沒有什麼確切的進展。在幾十份相關研究中，研究人員想了解明顯的情緒反應，不是結果矛盾、就是一無所獲。耗損似乎不一定會讓人感到沮喪、生氣或不滿。二〇一〇年，有個跨國研究團隊整理了八十幾次研究的結果，斷定自我耗損對於行為的影響非常強烈、廣泛及可靠，可是對主觀感覺的影響卻明顯弱很多。❻處於耗損狀態的人們表示感覺比較疲累、心生負面情緒，可是差異並不大。從研究結果看來，自我耗損似乎比較像是身體微恙，什麼事都提不起勁，但不是一種病症。

不過，鮑梅斯特和他長期的實驗夥伴、明尼蘇達大學心理學家凱薩琳・佛斯（Kathleen Vohs）做了幾個新實驗，發現自我耗損有徵兆可循。這些實驗顯示，雖然耗損者（一樣的）未展現任何明顯情緒，但他們對於各種事情的反應的確比較強烈。悲劇電影讓他們格外悲傷、開心的圖片讓他們更開心、而令人不安的照片讓他們更害怕沮喪。對於耗損者來說，冰水顯得比平常更難以忍受。欲望也隨著感覺一起加劇。給他們吃塊餅乾，想再吃一塊的欲望更加強烈——若有機會，他們會吃掉更多餅乾。看到包裝美麗的禮物，他們會特別想要拆開

它。❼

因此，如果你想事先避開麻煩，不妨尋找單一的蛛絲馬跡，而不是整體感受的加劇。如果你發現自己對於不順心的事情特別煩惱、對於不開心的情緒特別悲傷、或者對於好消息特別開心——也許這是因為你的大腦迴路不若往常一般控制著你的情緒。雖說強烈的感受令人舒暢，是生活中所不可或缺，我們也不建議你刻意去維持情緒不波動，但是要小心這些強烈感受的背後含意。如果你正努力抗拒誘惑，你也許會發現，當你的抗拒能力下降時，這些誘惑會顯得更加強烈。因此，**自我耗損創造了一種雙重打擊：意志力衰退，以及欲望比平常更強。**

對那些上癮者來說，問題更加嚴重。研究人員早就注意到，戒癮時的渴望更加強烈。最近他們還發現，在戒癮時期，其他許多感受都會加劇。在退癮期間，人們運用大量意志力來斷癮，因而很可能經歷一段冗長而劇烈的自我耗損，這種狀態會讓人們產生更強烈的渴望。而且，其他事情的影響也變得異常強大，造成額外壓力，讓戒癮者更加渴望香菸、酒精或毒品。難怪戒癮者故態復萌的情況那麼常見，而且人感覺上怪怪的。早在心理學家發現自我耗損之前，英國幽默大師霍伯特公爵（Sir A. P. Herbert）就曾巧妙描述這方面的種種衝突症狀：

「感謝老天爺，我又戒菸了！」他昭告天下。

「天哪！我覺得自己超健康的。殺氣騰騰，但很健康。改頭換面了。急躁、情緒化、沮喪、粗魯、緊張，也許吧；可是我的肺沒問題。」❽

髒襪子之謎

一九七〇年代，心理學家達若・拜姆（Daryl Bem）列出一些行為清單，企圖找出認真的人和一般人有何不同之處。他以為他會在「準時交作業」和「穿乾淨襪子」兩件事之間找到正相關，因為這兩件事都隱藏認真的特質。可是，他從他任教的哈佛大學蒐集學生的數據後，居然發現了充分的負相關，這讓他非常驚訝。

「顯然，」他打趣說，「學生們在準時完成作業和穿乾淨襪子之間只能擇一為之，沒有餘力同時做好兩件事。」❾

對此結果，他並沒有進一步思考，不過，幾十年後，有其他的研究人員想知道這段笑話當中是否存在一些道理。梅根・歐騰（Megan Oaten）和肯・陳（Ken Cheng）兩位澳洲心理學家想知道這些學生是否如生蘿蔔實驗一樣，遭受某種自我耗損。他們先在一學期中不同的時間對學生進行實驗室自我控制測驗。結果符合假設，學生在學期末的測驗結果相對較差，顯然是因為他們的意志力已經被一連串的考試和交作業壓力嚴重耗損。可是，這種退化的情況並不限於複雜的實驗室測驗。詢問學生在日常生活其他層面的表現，更證明拜姆的髒襪子研究結果並非偶然。隨著學生的自我控制力在期末考期間日益衰退，他們已經無法兼顧其他的好習慣了。

他們不再運動，抽更多菸，喝更多咖啡和茶，身體吸收的咖啡因量多了一倍。多補充咖啡因也許是為了要熬夜唸書，但如果他們真的加倍用功，理當應該少喝酒，但事實並非如此。即使期末考期間派對減少，學生喝的酒還是和以前一樣多。他們放棄了健康的飲食，垃圾食物多吃了百分之五十。這當然不是因為他們突然堅信洋芋片可以補腦，只是因為他們得專心讀書，因此不再擔心會讓他們不健康、會發胖的食物。他們也比較不在乎回覆來電、洗碗或擦地等事情。期末考讓人們拋棄一切曾經學過的衛生知識，學生不像以前那麼勤刷牙、使用牙線。他們懶得洗頭和刮鬍子。是的，他們會穿髒襪子和其他沒洗的衣服。⓾

以上種種不健康的變化，難道只是務實地反映優先事項的改變嗎？他們真的是在明智地節省時間，以便讀更多書嗎？不盡然。學生表示，在考試期間會更想找朋友玩，而不是努力念書——這和明智與務實正好相反。有些學生甚至表示他們的念書習慣在期末考那一週變得更糟糕，而這不可能是他們的初衷。他們一定有運用意志力來強迫自己努力念書，但反而念得更少。同樣的，他們常常睡過頭，還有亂花錢的情況增加。期末考期間不會有血拼的理由，但學生卻更難約束自己消費。他們也變得比較暴躁、心煩、易怒或沮喪。他們也許會把這些情緒怪罪給考試的壓力，但把矛頭指向壓力是一般人常有的誤解。事實上，**壓力的影響是耗損意志力，接著減損了你控制這些情緒的能力。**

自我耗損的影響，在前言提過的德國呼叫器實驗中更獲得具體證明。鮑梅斯特和夥伴們利用呼叫器來探測人們一天當中的欲望，可以得出人們的意志力在一天中的運用情況。[11]可想而知，人們用掉的意志力越多，就越可能屈服於下一個出現在眼前的誘惑。當面臨新欲望，產生「我想買但我不該買」的內心衝突時，之前成功擊退欲望的人現在更容易屈服，新誘惑緊接著前一個而來時更是如此。

當他們終於屈服於誘惑時，無論是德國的成人或美國的大學生可能都會怪罪於自己個性上的缺點：我的意志力不夠。可是，當天的早上、或學期開始的時候，他們都有足夠的意志力來抗拒類似的誘惑。意志力到哪兒去了？真的都消耗不見了嗎？也許吧，不過，也有另一種方式來解釋自我耗損的研究。也許人們的意志力沒有用完，他們是有意識或無意識地把它隱藏起來了。鮑梅斯特之前有個研究生叫馬克・穆拉文（Mark Muraven），他把這個問題當真，並開始努力研究，一直到他當上了紐約州立大學厄巴尼（Albany）分校的終身職教授為止。他一開始也是一樣，先讓受試者進行幾個測驗，以消耗他們的意志力。接著，他讓他們進行第二回合，測驗他們的耐力，並警告他們等一下還會有第三回合，而且測驗更多。受試者因而在第二回合鬆懈下來，無論有意識或無意識，他們想保留精力，等到第三回合再衝

刺。⓬

然後，穆拉文在第二回合的測驗中做了改變。在第二回合的耐力測驗之前，他告訴大家，表現良好的人可以贏得獎金。金錢的效果非常強大，人們立刻發揮儲存的能量，盡其所能表現傑出。看到這些受試者的耐力表現，你絕對想不到他們的意志力才剛剛被耗損了不少。他們就像已經快到終點的馬拉松跑者，眼見獎杯在望，再次振作起來，加速向前。

可是，假設就在馬拉松跑者快接近獎杯時，有人告訴他們其實還有一英哩才會到達終點，又會如何呢？基本上，穆拉文就是這樣告訴受試者。他等到大家都在第二回合的耐力測驗中締造亮麗成績後，才告訴他們其實實驗還沒完——還有另一回合的耐力測驗。因為他們之前不知道，因此沒有保留精力，第三回合的表現結果特別差。事實上，第二回合表現越好的人，第三回合表現就越差。他們就像一開始跑太快的馬拉松跑者，現在費力地跑向終點，卻被別人一一超越。

街頭和實驗室的啟發

歌手亞曼達儘管有過一段波西米亞般的荒唐歲月，但她在一件事情上卻和我們沒有兩樣。若提到意志力，她會告訴你，她的意志力永遠不夠。「我一點都不認為我是嚴格自律的人，」她說。可是如果你繼續追問，她會承認她六年的活雕像工作的確鍛鍊了她堅決的毅力。「街頭表演賜予我能量，」她說。「在箱子上站立不動數小時，訓練我保持專注。身為表演者，你必須設法專注當下。我非常不擅長長期策略規畫，但我很注重工作道德，而且我是非常自律、能夠專注於單一事情的人。如果一次只有一件事，我就可以專心持續好幾個小時。」

這多少也是研究人員在觀察實驗室內外數千人後，所得到的結論。這些實驗說明兩件事：

1.你的意志力是限量供應，而且越用越少。

2.當你應付各式各樣的事情時，你用的是同一批意志力存量。

你也許以為你有工作專用的自制力存量，另外還有節食專用、運動專用、還有專門用來對家人和顏悅色的自制力存量。可是，根據生蘿蔔實驗的結果，兩種完全不相干的活動（抗拒巧克力和解答幾何學問題），消耗的是同樣的能量來源，而這種現象一再獲得證明。你一整天做的各種事情，彼此之間有隱藏的關聯。你使用同一批的意志力來應付無奈的塞車、食物的誘惑、討厭的同事、苛刻的上司、難搞的小孩。午餐時抗拒了甜點的誘惑，讓你已經沒有多少意志力來稱讚老闆難看的新髮型。疲累的工人回到家，踢了狗一腳，這個老掉牙的畫面就是自我耗損實驗結果的翻版，只不過如今的工人不會殘忍到虐待自己的寵物，他們比較可能是會對家人講一些難聽的話。

自我耗損甚至會影響你的心跳。實驗室中的受試者在心中自我控制時，他們的脈搏會變得不穩定；⓭反過來說，平時脈搏相對不穩定的人似乎擁有較多能量來發揮自制力，因為他們在實驗室裏的耐力測驗表現比心跳穩定的人還要好。也有實驗顯示，長期遭受生理痛楚的人意志力往往不足，因為他們的精神已經因為對抗痛楚而耗損了。⓮

我們可以把意志力的運用粗分為四大類。⓯首先，是**思想控制**。有時可能抗拒失敗，像是你終究無法不理會某件嚴重的事情，或者揮不去迴響在腦海中的歌曲。可是，你也可以學會專注，動機強烈時更能做到。人們往往接受業已決定的結論，放棄最充分、最好的答案，以便保留意志力。神學家和信徒用濾鏡看世界，設法讓他們不可打折的信仰教條放諸四海皆準。銷售高手會先欺騙自己；從事次級房貸的銀行行員會努力說服自己放款給無收入、無資產的借款人不會有問題。老虎伍茲讓自己相信一夫一妻制不適合自己——而且，世人可能不會注意到馳名國際的運動員在搞緋聞。

第二類是**情緒控制**，若是專門指心情方面，則心理學家稱之為情感規範（affect regulation）。最常見的狀況是，我們會設法擺脫壞心情和不愉快的想法，偶爾也會試著避免太過開心（像是參加葬禮或準備告訴別人壞消息時），還有的時候，我們會試著維持生氣

（才能投訴、抗議）。情緒控制尤其困難，因為你很難經由意志來改變心情。你可以改變你的想法或你的行為，可是你無法強迫自己快樂。你可以對公婆彬彬有禮，但你無法在他們表示要來你家住一個月時，強迫自己歡欣鼓舞。若想揮去傷心和生氣，人們會使用間接的策略，像是用其他想法來使自己分心、去健身房、或者冥想。他們看電視劇、狂吃巧克力或去血拼來麻醉自己，或者，乾脆喝個酩酊大醉。

第三類常被稱為**衝動控制**，這也是多數人認為意志力應該發揮的地方——拒絕誘惑的能力，像是酒精、香菸、肉桂捲麵包、酒店小姐等等。嚴格來說，「衝動控制」這種說法不太對。你不能真的控制衝動。就連歐巴馬總統這樣超級自律的人都無法避免想要抽菸的衝動。他能控制的是他的反應：他應該不顧這份衝動、來片戒菸口香糖、或者偷偷抽根菸？（白宮表示，他通常能壓抑點菸的衝動，但偶爾也有出槌的時候。）

最後一類是研究人員所謂的**表現控制**：將精神專注在眼前的工作、找出速度和準確度的適當組合、管理時間、感到想放棄時堅持下去。本書接下來會探討可以改善工作和家庭表現的策略，也會介紹如何在其他類別提升自制力——思想、情緒、衝動。

不過，在提出具體做法之前，可以先介紹從自我耗損研究歸納出來的通用法則，這也是歌手亞曼達採行的做法：**一次專注一項工作**。如果你訂出一項以上的自我改善目標，也許一開始你可以用儲存的能量來提供動力，但這只會讓你耗損更多，之後更容易犯下嚴重錯誤。

當人們需要做出某個重大改變時，如果還想同時讓其他改變一起進行，就會事倍功半。舉例來說，想要戒菸的人若想獲得最大成效，就不要同時改變其他行為。若在戒菸期間還想節食或減少喝酒，則往往三件事都失敗——因為意志力負擔過重。類似研究也顯示，想要戒酒的人，如果同時有其他自我控制方面的需求時，便很容易失敗。相較之下，如果他們能全心全意戒酒，效果就會好很多。

總之，不要列出像新年新希望那樣的清單。每年一月一日，幾百萬人勉力起床，充滿希望的、宿醉的，全都發誓今年要少吃點、多運動、少花點錢、更努力工作、讓家裏更乾淨、而且還要奇蹟似地多幾次浪漫晚餐、到沙灘去散步。

到了二月一日，人們看到當初訂的新希望會備感尷尬。可是，我們不該悲嘆自己缺乏意志力，而應該追本究源：都是希望清單的問題。沒有人有足夠的意志力做到清單上所有的事。如果你才開始進行新的運動計畫，就不要同時處理你的財務問題。如果你需要精力做好新工作——譬如，你剛當選美國總統——那麼此時可能就不適合戒菸。因為你的意志力的量是固定的，新年新希望裏的所有事項都爭著要使用這些意志力。每次你想要謹守其中一項，你做到其他事項的能力便大幅降低。

比較好的做法是，只訂一個希望，並確實遵守。光是這樣，挑戰就已經夠大了。有時你會覺得光是這一個希望都很難遵守，此時不妨想想亞曼達站在台上靜止不動的壯舉。她可能不認為自己是個自律的人，但即使被醉漢和騷擾者包圍，她還是學到了寶貴的教訓。

「你知道，人絕對有能力成就偉大，」她說。「你只要下定決心不動，你就可以不動。」

註釋

❶ **亞曼達．帕默**：見她的個人網站：http://amandapalmer.net/afp/. 她的YouTube影片也包括她早期扮演活雕像的記錄。活雕像照片請見http://brainwashed.com/amanda/.

❷ **自我耗損的實驗**：生蘿蔔和巧克力實驗最早發表於R. F. Baumeister, E. Bratlavsky, M. Muraven, and D. M. Tice, "Ego Depletion: Is the Active Self a Limited Resource?" *Journal of Personality and Social Psychology* 74 (1998): 1252–65. 其他在本章提及的早期自我耗損實驗（包括情緒控制、握力器、白熊實驗）請見M. Muraven, D. M. Tice, and R. F. Baumeister, "Self-Control as Limited Resource: Regulatory Depletion Patterns," *Journal of Personality and Social Psychology* 74 (1998): 774–89. 近期討論請見R. F. Baumeister, K. D. Vohs, and D. M. Tice, "Strength Model of Self-Control," *Current Directions in Psychological Science* 16 (2007): 351–55.

❸ **壓抑思想**：關於壓抑思想早期的研究（例如白熊，和不想到母親等等），見D. M. Wegner, *White Bears and Other Unwanted Thoughts* (New York: Vintage, 1989).

❹ **佛洛依德的昇華理論無憑據**：R. F. Baumeister, K. Dale, and K. L. Sommer, “Freudian Defense Mechanisms and Empirical Findings in Modern Social Psychology: Reaction Formation, Projection, Displacement, Undoing, Isolation, Sublimation, and Denial,” *Journal of Personality* 66 (1998): 1081–1124.

❺ **邁可・印茲里區特**：M. Inzlicht and J. N. Gutsell, “Running on Empty: Neural Signals for Self-Control Failure,” *Psychological Science* 18 (2007): 933–37.

❻ **跨國自我耗損綜合分析**：M. S. Hagger, C. Wood, C. Stiff, and N. L. D. Chatzisarantis, “Ego Depletion and the Strength Model of Self-Control: A Meta-Analysis,” *Psychological Bulletin* 136 (2010): 495–525.

❼ **耗損期間感覺加劇，以及耗損是什麼情形的更廣泛問題**：見K. D. Vohs, R. F. Baumeister, N. L. Mead, S. Ramanathan, and B. J. Schmeichel, “Engaging in Self-Control Heightens Urges and Feelings” (manuscript submitted for publication, University of Minnesota, 2010).

❽ **霍伯特公爵**：引述自S. A. Maisto, M. Galizio, G. J. Connors, *Drug Use and Abuse* (Belmont, CA: Wadsworth, 2008), 152.

❾ **達若・拜姆的引文**：引自他在個人研究發表會議上本人的談話。

❿ **學生在考試期間的自我控制逐漸惡化**：見 M. Oaten and K. Cheng, “Academic Examination Stress Impairs Self-Control,” *Journal of Social and Clinical Psychology* 24 (2005): 254–79.

⓫ **德國呼叫器研究**：見前言註3。

⓬ **關於把意志力保留給稍後的需求**：M. Muraven, D. Shmueli, and E. Burkley, “Conserving Self-Control

Strength," *Journal of Personality and Social Psychology* 91 (2006): 524–37.

⓭ 脈搏會變得不穩定：S. C. Segerstrom and L. Solberg Nes, "Heart Rate Variability Reflects Self-Regulatory Strength, Effort, and Fatigue," *Psychological Science* 18 (2007): 275–81.

⓮ 長期生理痛楚導致意志力不足：L. A. Solberg Nes, C. R. Carlson, L. J. Crofford, R. de Leeuw, and S. C. Segerstrom, "Self-Regulatory Deficits in Fibromyalgia and Temporomandibular Disorders," *Pain* (in press).

⓯ 自我規範分四大類：參考自R. F. Baumeister, T. F. Heatherton, and D. M. Tice, *Losing Control: How and Why People Fail at Self-Regulation* (San Diego: Academic Press, 1994).

第2章

意志力的能量從哪裏來？

你是否因為吃了太多含防腐劑和糖類的食物，因而性情大變，導致你的侵略行為，這點我不知道。我絕不認為這是原因。不過，神經病學領域有少數的人認為這當中有某些關聯。

——丹・懷特（Dan White）殺人案終結辯論，由於被告嗜吃垃圾食物，被告律師想出了「垃圾甜點抗辯」❶

我有嚴重的經前症候群，所以有點瘋過頭了。

——女演員梅蘭妮・葛瑞菲斯（Melanie Griffith）說明她為何提出與唐・強生（Don Johnson）離婚，然後又立刻撤回❷

如果意志力不只是比喻，如果這項美德背後有某個能量在驅動，那麼，這份能量從何而來？研究人員居然意外地從一項失敗的實驗得到答案，這項實驗的靈感來自於狂歡節（Mardi Gras）和四旬齋（Lent）前夕的許多嘉年華會。狂歡節就是「聖灰星期三」前夕的「油膩星期二」，為了準備接下來一整個節期的齋戒奉獻，人們厚著臉皮大肆滿足慾望。有些地方還有「鬆餅節」（Pancake Day），一大早就在教堂裏舉辦鬆餅吃到飽餐會。點心師傅在此時會以提供特製西點為榮——這類點心的名稱因文化而異，但不外乎是一大堆糖、雞蛋、麵粉、奶油和豬油。暴食只不過是個開始。

從威尼斯、紐奧良到里約熱內盧，狂歡者沉湎荒淫，有時頂著力行傳統的理由，行尋歡作樂之實。只有在這一天，你可以只戴著珠花頭飾、其他什麼也不穿，驕傲地走上街頭，在醉醺醺的群眾面前享受喝采。此時，失控成了一種美德。在墨西哥，已婚男子可以在所謂的「受壓迫丈夫日」（El Dia del Marido Oprimido）放一天「公假」，暫時拋開婚姻義務，享受自由。四旬齋前一晚，就連常去做禮拜、最嚴謹的盎格魯撒克遜人都完全拋開包袱，他們稱之為「懺悔星期二」（Shrove Tuesday，源於懺悔〔shrive〕一詞），意指「赦免一切罪過」。

從神學的角度來看，這些活動實在令人費解。為什麼神職人員會先赦免世人，鼓勵他們公開縱慾狂歡呢？為什麼要嘉獎預謀的罪孽？慈悲愛人的上帝怎麼會鼓勵這些已經過胖的世人毫無忌憚地狂吃炸麵粉點心呢？

可是，心理學家認為這當中不乏道理：人們在四旬齋前好好放鬆，才能儲存足夠的意志力來度過幾個禮拜的克己生活。這就是所謂的狂歡節理論，但科學家對它的支持程度，遠不及那些戴著孔雀頭飾的鬆餅愛好者，不過，它還是值得做實驗來研究看看。鮑梅斯特在實驗室裏營造「油膩星期二」的氣氛，讓廚師調製了香濃滑順的冰淇淋奶昔，供一群受試者在兩堂需要發揮意志力的測驗中間享用。同時，另外有一群運氣比較差的受試者，在休息時間只能看無聊的過期雜誌，或喝著沒有味道、稠狀的低脂奶品混合物，這種低脂奶品被抱怨比過期雜誌更令人受不了。

一如狂歡節理論所預期，冰淇淋奶昔似乎強化了人們的意志力，讓他們在接下來的測驗當中表現更佳。在奶昔的滋補下，他們比運氣較差、只有舊雜誌可看的那一組具有更強的自制力。可是，結果也發現，不好喝的濃稠物也有一樣的功效，這顯示培養意志力不見得需要狂歡放縱。狂歡節的理論似乎有錯。實驗結果除了悲慘地打破了紐奧良街頭狂歡者的藉口，也讓研究人員很尷尬。協助進行實驗的研究生馬修・蓋略特（Matthew Gailliot），把失敗的結果告知鮑梅斯特時，只能落寞地低頭盯著自己的鞋子。❸

鮑梅斯特倒是盡量保持樂觀。也許這項研究不算失敗，畢竟，一定有什麼事情發生了。他們成功地排除了自我耗損效應。問題是，他們成功過頭。連沒有味道的奶昔也發揮作用，難道怎麼會這樣呢？研究人員開始思考另一個增進自制力的可能因素。如果不是開心滿足，難道會是卡路里嗎？

剛聽到這種想法，會覺得它有點蠢。喝低脂乳品怎麼會提升在實驗室測試的表現呢？幾十年來，心理學家持續研究人們在心理測驗中的表現，從來不曾擔心一杯牛奶會有什麼影響。他們喜歡把人類的頭腦想成是一台電腦，只研究它處理資訊的方式。心理學家熱中於將人腦比照電腦的晶片和電路，卻忽略了這台機器裏一個不起眼、卻很重要的部分：電源線。

沒有插電，晶片和電路板就毫無用處。大腦也是。心理學家過了好久才了解這一點，而且靈感不是來自於電腦模型，而是生物學。心理學受生物學啟發而轉型是二十世紀末期的重大進展之一。有些研究人員發現基因對於個性和智力有重要影響。也有人參考演化理論和許多生物的行為，證明性行為和愛情行為符合理論預期。神經科學家開始繪製大腦運作過程。有人則發現荷爾蒙會導致行為改變。種種研究進展，讓心理學家一直謹記人類的心理是存在於生理身體之內。重視生物學的新趨勢讓奶昔實驗人員不輕易放棄結果。他們認為，在倒掉那些乳品之前，也許應該先研究它的成分，於是他們開始留意像是吉姆・透納（Jim Turner）這種人的故事。

葡萄糖：大腦的燃料

喜劇演員吉姆．透納❹在電影和電視劇當中演過幾十種角色，包括在HBO的影集《阿歷斯》（*Arliss*）中飾演退休足球明星轉任運動經紀人，可是，他最精采的演出卻只保留給他的妻子觀賞。情況是這樣的，有天晚上，他夢到自己負起了拯救世界的責任，即使在夢中，這份工作還是讓他筋疲力盡，後來，他發現自己擁有意念瞬移的超能力，不管要去哪裏，他只要在腦中想一想那個地方，就會神奇地去到那裏。於是，他回到愛荷華的老家、去了紐約、希臘、甚至登上了月球。他起床後，深信自己依舊擁有這種力量，於是他大方地想要傳授給他妻子，一次又一次地叫著：「你想著你要去那裏，你就會在那裏！」

他的妻子自有對策。因為他有糖尿病，她得讓他喝點果汁。他還是非常亢奮，果汁噴得滿臉都是，然後他站起來，想要證明他有超能力，於是在空中翻了個跟斗，然後摔在床上。最後，他的瘋狂激動終於慢慢平息，他太太鬆了一口氣，可能是果汁發揮效用了，或者至少在她看來是如此。不過，其實他並沒有安靜下來，而且正好相反——果汁裏的糖分給了他額外的能量。

說得更詳細一點，是果汁中的能量轉化成葡萄糖（glucose）。不光是甜食，各種食物都能製造出這種簡單的糖類。經消化製造出來的葡萄糖會進入血管，送達身體各個部分。可想而知，肌肉使用了大量的葡萄糖，心臟和肝臟也是。免疫系統需要的用量也不少，但只是偶爾消耗。當你身體狀況還不錯時，你的免疫系統可能只會用掉少許的葡萄糖。可是，當你的身體需要對抗感冒時，就需要消耗大量葡萄糖。這也是為什麼生病的人睡得多：身體把所有能量全用光，來對抗疾病，沒有餘力去運動、做愛或爭吵，甚至連思考都不大行，因為思考需要用掉血液中大量的葡萄糖。葡萄糖本身不會進入大腦，但它會轉換成神經傳送素（neurotransmitters），也就是大腦細胞用來傳送訊息的一種化學物質。如果你的神經傳送素用光了，就完全無法思考。

針對血糖過低（hypoglycemia）患者的研究，顯示出葡萄糖和自我控制的關聯，這些人血液中的糖分含量偏低。研究人員注意到，**血糖過低者受刺激時，會比一般人更難專心和控制自己的負面情緒**。整體來說，他們比一般人更緊張、更不快樂。研究發現，血糖過低的症狀普遍出現在罪犯和有暴力傾向的人身上，於是，一些有創意的辯護律師就把低血糖列為辯護理由。[5]

最惡名昭彰的例子，就是一九七九年丹・懷特被控殺害舊金山兩位政治人物，分別是市長喬治・莫斯柯尼（George Moscone）和哈維・米克（Harvey Milk），後者是監督委員會的成員，也是美國政壇第一位公開同志身分的人。有精神病醫師提出懷特長期嗜吃奶油蛋糕和其他垃圾食物，企圖為他辯護，媒體嘲笑懷特想用「垃圾甜點抗辯」來脫罪。事實上，懷特的主要抗辯訴求並非奶油蛋糕讓他的血糖驟升驟降，讓他變得兇殘。他的律師表示他值得同情，因為他患有嚴重的憂鬱症，致使「行為能力降低」，他們把他嗜吃垃圾食物（以及其他習慣的改變）做為他患了憂鬱症的證據，而非其原因。可是，懷特獲得輕判後，社會普遍以為是垃圾甜點抗辯奏效，可想而知，民眾對於判決忿忿不平。

用血糖問題來為當事人辯護的律師大有人在，不過效果不大。先撇開這種論點的法律或道德問題不談，血糖和犯罪行為的關聯確實有其科學證據。有項研究發現，最近被拘留的青少年犯當中，有九成的血糖低於平均水準。其他研究也顯示，低血糖病患較易犯下各種罪行：交通違規、誹謗褻瀆、順手牽羊、破壞公物、暴露狂、當眾手淫、侵占舞弊、縱火、家庭暴力和虐待兒童等等。

芬蘭的研究人員做了一個很出名的研究，他們進入監獄，為那些即將出獄的人測量血糖，然後持續追蹤，看看誰出獄後再度犯罪。當然，有前科的人是否能重新做人，影響因素很多：同儕壓力、婚姻、就業前景、藥物使用等等。可是，若光看血糖測驗結果，研究人員預測再犯的準確率居然高達八成。這些再犯者的自制力明顯較低，因為他們都有葡萄糖失耐的現象，也就是身體無法順利將食物轉換成有用的能量。食物還是會被轉換成葡萄糖，可是血液循環時，身體卻無法吸收這些葡萄糖。結果造成血液中的葡萄糖含量過多，這聽起來好像對身體有益，其實卻像是空有一堆木材，卻沒有火柴來點火一樣。留在血液中的葡萄糖不能供大腦和肌肉運動使用，便一點用處也沒有。若滯留的葡萄糖過多，就容易得糖尿病。

很顯然，多數糖尿病患者都不是罪犯。他們隨時監控自己的葡萄糖含量、加以控制，若有必要也會使用胰島素。就像吉姆．透納成為少數能在好萊塢享受奢華生活的明星一樣，他們也能在各行各業大放異彩。不過，他們面臨的挑戰的確比一般人艱鉅，若不謹慎監督自己則問題更大。研究人員測試人們個性，發現糖尿病患者比較容易衝動，而且脾氣較同年齡層暴躁。他們從事費時的工作時，比較容易分心。他們較易遭遇酗酒、焦慮和憂鬱等問題。在醫療機構裏，糖尿病患者最常發脾氣。對他們來說，日常生活的壓力似乎更難承受。對付壓力需要自制力，如果你的身體無法提供足夠的燃料給大腦使用，就很難做到這一點。

吉姆．透納直接面對他的自制力問題——而且令人發噱——他開了一個獨角戲節目，叫做「糖尿病：我和吉姆．透納的抗爭」。他回憶起他和他正處於青少年期的兒子多次爭吵，結局總是他這個大人氣到一發不可收拾，有一次他甚至還走出門外，把他的車子踢出一個凹洞。「有很多次，」透納說，「我兒子見我失去控制，他會強迫我喝點果汁，以免我失去理智。」

透納並沒有用垃圾甜食抗辯的手法，為自己破壞車子找藉口，不過，他也不怪自己。整體來說，他妥善控制他的糖尿病情，並表示這個病不會妨礙他快樂和實現夢想（除了那個用意念來移動的夢想之外）。可是，他也了解到葡萄糖所造成的情緒後果。「我錯過了許多聯繫家人情感的時刻，」他說，「我沒時間陪我兒子，因為我忙著應付低血糖的種種症狀，太多的突發狀況讓我不知所措。這是我這個病唯一最令我心碎之處。」

透納在這些時候到底發生了什麼事？我們無法從任一偶發事件、或針對糖尿病在自制力問題的研究中下定論。相關性不等於因果關係。在社會科學裏，若要提出權威結論，唯有研究人員隨機選取受試者來接受不同的實驗處理，才能將個體差異拉平。有些人接受實驗時比其他人快樂、好鬥、有心事或分心。除非依賴常規，否則一般人在某一個實驗條件下的表現絕不會和在另一個實驗的表現相同。若研究人員隨機選取受試者來接受測試或成為對照組，差異就會慢慢拉平。

舉例來說，如果你想要測試葡萄糖對於攻擊性行為的影響，你必須考量有些人本來就比較好鬥，而有些人本來就善良溫和。為證明葡萄糖造成攻擊性行為，你最好在葡萄糖和無葡萄糖兩組都安排相同人數的個性好鬥者、與相同人數的個性溫和者。隨機選取通常能達到這樣的效果。安排好各組受試者後，你便能看出他們在不同的處理下如何受到影響。

營養學家用這種方法在小學進行食物實驗。他們要某一班的學生當天在家不要吃早餐，然後，隨機安排一半的學生在學校吃一頓豐盛的早餐，另一半學生則沒得吃。結果，早上的前半段時間，有吃早餐的學生學習力較佳，不規矩的情況也比較少（觀察人員並不知道誰吃了早餐、誰沒有吃）。然後，全班學生都吃了有益健康的點心，差異便如魔術般消失了。

其他實驗企圖找出這個魔術因子，測量人們在做某件簡單事情前後的葡萄糖含量，像是觀看有字幕的影片等等。有些人被指示不能看這些字幕；有些人則可以放輕鬆，想看字幕就看字幕。觀看完畢，實驗人員再度測試他們的葡萄糖，發現一個很大的不同：放輕鬆的那一組，葡萄糖含量沒有改變，但不能看字幕的那一組，葡萄糖含量明顯降低。**表面上微不足道的自我控制測驗，卻能大量消耗大腦中的葡萄糖燃料。**

研究人員為找出因果關係，在一連串的實驗中設法補充大腦能量，分別在檸檬汁裏加入了蔗糖和代糖，給受試者喝。檸檬汁本身味道很重，令人嘗不出是蔗糖還是代糖。蔗糖讓人們體內的葡萄糖驟增（但不持久，因此實驗人員還得設法解決這個問題）。代糖則絲毫不能提供任何葡萄糖，事實上，它一點營養也沒有。

飲料的效果在一項針對攻擊性的研究中非常顯著，研究人員讓受試者玩電腦遊戲，起初，遊戲難易適中，但沒多久就變得非常困難，讓大家備受挫折，可是，凡是被給予含糖飲料的受試者都能壓抑埋怨，繼續玩下去。而其他人已經開始大聲抱怨，甚至用力敲打電腦。當實驗人員說出事先準備好的講稿，揶揄他們的成績時，那些沒有補充葡萄糖的人明顯更容易發怒。[6]

沒有葡萄糖，就沒有意志力。研究人員在更多情況下測試更多人，一再顯示相同的結果。他們甚至還把腦筋動到狗身上。自我控制顯然是人類的特性，因為我們在成為有修養的生物的過程中，將自我控制發揮到極致，不過，它卻不是人類所獨有的。其他的群居動物也或多或少需要自制，才能和夥伴相處。而且，狗長期和人相處，一定也會克制自己的行為，以符合牠們眼中許多奇怪又獨斷的規定，像是不准去嗅客人的褲襠。

研究人員仿造以人為對象的研究，讓每一隻狗聽從主人「起來」、「坐下」的命令達十分鐘，先消耗牠們的意志力。至於被安排在對照組的狗，則在籠裏待十分鐘，無事可做，也不用發揮任何自制力。接著，每隻狗得到牠們平日常玩的玩具，而且研究人員還在裏面藏了臘腸。在此之前，所有的狗都玩過這些玩具，而且全都成功取出臘腸享用，可是，這一次實驗用的玩具稍微不一樣，臘腸是拿不出來的。對照組的狗花了幾分鐘的時間想要咬出臘腸，而之前一直忙於執行主人命令的那一組，試了不到一分鐘就放棄了。這又是令人熟悉的自我耗損效應，在狗的身上也展露無遺。在接下來的後續實驗中，每隻狗喝到了不一樣的飲料，含蔗糖的飲料讓之前疲於遵守命令的狗恢復了意志力。這些狗在補充了能量後，玩玩具時展現的毅力，和之前待在籠裏的狗不相上下。至於加了代糖的飲料則一如以往，完全沒有效果。❼

雖然有了這些發現，越來越多的大腦研究團體依舊對於葡萄糖的關聯性有所保留。心存懷疑者指出，無論人們在做什麼事，大腦的整體能量用量都是一樣的，這和能量耗損的觀念並不相同。陶德・海塞頓（Todd Heatherton）就曾提出質疑。他早年曾和鮑梅斯特共事，後來轉而任教於達特茅斯學院（Dartmouth），並成為所謂的社會神經科學先驅：專門研究大腦過程和社會行為之間的關聯。他相信自我耗損這件事，但葡萄糖的研究發現似乎說不通。

於是，海塞頓決定徹底地測試這個理論。他和夥伴們募集眾多節食者，測試他們對於食物圖片的反應。接著進行自我耗損，要他們看一段喜劇片但不能笑出來。之後，研究人員再度測試他們對食物圖片的反應（並和非食物的圖片相比較）。在此之前，海塞頓和凱特・戴摩斯（Kate Demos）已經發現這些圖片在人們大腦裏的幾個主要部位，像是阿控伯核（nucleus accumbens，又稱伏隔核）和杏仁核（amygdala）等造成多種反應。這一次，他們又發現了相同的反應。在這些節食者當中，自我耗損導致阿控伯核活動的增加，杏仁核活動相對減少。這次實驗有個重要的改變，那就是控制了葡萄糖的補充。有些人喝了添加蔗糖的檸檬汁，大量葡萄糖立刻進入血液，想必也進入了大腦。

最戲劇性的場景，莫過於海塞頓在接任「人格與社會心理學學會」（Society for Personality and Social Psychology）會長的致詞時，當眾公布了這個研究結果。值得一提的是，這個學會是全球最大的社會心理學家團體。海塞頓於二〇一一年在聖安東尼奧舉行的年會上發表會長致詞，指出葡萄糖補充了耗損的大腦[8]——他說，這個新發現讓他非常意外。（當時鮑梅斯特就坐在觀眾席當中，看著他的學生沉浸在會長的榮耀，想起自己在實驗室發現葡萄糖的關聯性時，也是如此意外。）海塞頓的實驗結果不僅驗證了葡萄糖對於意志力的重要性，也解答了葡萄糖是如何在不改變大腦整體能量使用的情況下奏效的難題。顯然，**自我耗損改變了大腦活動的區域**，就算葡萄糖低，你的大腦也不會停止運作，它只是停下某些事情，改去做別的事情。這也許可以說明為什麼耗損者對於事情的感受會較平常更強烈：大腦某些部分高速運轉，有些部分則逐漸緩慢下來。

身體在自我控制期間消耗了葡萄糖，因此會開始渴望吃甜食——這對於那些想要運用自制力來避免甜食的人來說，真是個壞消息。當人們在日常生活中的自我控制需求增加，對於甜食的渴望也會跟著增加。這不是簡單的食慾增加——他們似乎只想要吃甜食。實驗室裏，學生在自我控制實驗後，就吃了較多的甜食，而非其他（鹹的）零食。而且是一知道待會要開始進行自我控制時，人們似乎就開始想吃甜食。[9]

這些實驗結果不代表我們可以在實驗室外把糖分當作人或狗的能量補充劑。身體也許會渴望甜食，以迅速補充精力，但其實低糖、高蛋白的食物和其他營養都有一樣的效果（只不過比較慢）。不過，葡萄糖效應的發現確實提供了幾個有用的自我控制技巧，也解答了人類苦思不解的奧祕：為什麼人們會在某些天特別想吃巧克力？

心魔

無論你對於珍妮佛・樂芙・休伊（Jennifer Love Hewitt）的演技評價如何，她演出《黑夜煞星》（*The Devil and Daniel Webster*）這部老片新拍的電影時的創意絕對值得讚賞。其他演員包括安東尼・霍普金斯和艾歷克・鮑溫，光是這些大卡司，就足以讓任何年輕演員膽顫心驚，而且，她還要演煞星，這更是一大挑戰。誠如戲劇專家所說，如果你的目標是「進入角色」，那麼演一個煞星當然要比演一個警官更困難。你總不能實際坐上撒旦的座車來體驗！可是，珍妮佛想出了另一種揣摩角色的方法。

「我開始在我出現經前症候群（PMS）時，密切觀察自己，留意自己的感受，」她說。「這就是我揣摩撒旦的基礎。」❿

光是她個人對於經前症候群的悲慘感受，就已經令人吃驚，如果你到PMSCentral.com這些網站看看女性朋友分享的個人經驗和妙方，更讓你料想不到。她們戲稱PMS為「精神病心情轉變」（Psychotic Mood Shift）、或是「給我一把槍吧」（Pass My Shotgun）。以下是其中一篇精采故事：

它毀了我大部分的生活。我的雙眼腫泡、不能好好思考、一直做出錯誤決定、醜陋的情緒發洩、荒謬的想法，還買了一堆必須退掉的東西、揮霍過度、衝動辭職、疲累不堪、胡思亂想、愛哭、超級敏感、全身痠痛、神經痛、發呆、放空。⓫

無論是狂吃巧克力、或是殺人，ＰＭＳ被用來當作一切罪行的藉口。電視影集《ＣＳＩ犯罪現場》的演員瑪格・海根伯格（Marg Helgenberger）被拍到在某頒獎晚宴上頂著顏色奇怪的頭髮，她的解釋是：「那個顏色就是所謂的『ＰＭＳ粉紅』，那天我的ＰＭＳ超嚴重，我完全瘋了！我到底在想什麼，我以為我可以頂著一個粉紅頭演ＣＳＩ嗎？」⓬「瘋」這個字也出現在梅蘭妮・葛瑞菲斯的說詞中，她說都是ＰＭＳ讓她一時衝動提出離婚，隨後又改變心意，不過她的公關喜歡用另一個比較專業的說法，稱她的舉動是「沮喪和氣憤期間的衝動之舉」。一再有女性朋友表示自己被一種搞不清楚的奇怪衝動神祕地控制著。

這些灰暗心情的變化也讓科學家不解。有些科學家注意到，這種月經前症狀只有女人在之前的排卵期沒有受孕才會出現，因此推測是物競天擇的力量要女人對沒有讓她懷孕的男人百般挑剔，以另尋伴侶。這項假說給予ＰＭＳ另一個名字：打包我的行李（Pack My Stuff）。可是，我們不清楚這種演化優勢是否值得一切代價，或者古老的大草原上是否就有這種選擇的壓力。對於我們以狩獵為生的祖先來說，ＰＭＳ應該問題不大，因為當時的女人一輩子在懷孕和哺乳上面所花的時間比較長。

無論如何，關於PMS，在心理學上有非常可信的解釋，而且和任何神祕奇怪的衝動都無關。⓭女人在每個月的經期之前，也就是所謂的黃體期，身體會開始傳送大量能量到卵巢以及像是製造額外女性荷爾蒙等相關活動。由於能量和葡萄糖多轉到生殖系統去，在身體其他部分所剩不多，就會渴望更多能量。巧克力等甜食能立刻提供葡萄糖，所以最吸引她們，不過其他的食物也一樣有用，這也是為什麼女人多表示她們在這段期間內食慾較強、吃得比較多的緣故。有項研究發現，女人在這段期間午餐平均吃進八百一十大卡，比其他時間的午餐多吃了一百七十大卡。

可是，女人在這段時間額外補充的熱量多半還是不夠。在美國這種以瘦為美的社會裏，一般女性在每個月的這幾天並未額外攝取足夠食物，來應付身體較多的需求。能量不足時，身體得實行限量供應，而又以生殖系統為優先，意志力分配到的葡萄糖自然不足。一般來說，女人不似男人容易喪失自制力，但研究一再顯示，女人的自制力問題在黃體期特別嚴重。

在這段期間，女人會多花錢，衝動式消費也更頻繁。她們更常抽菸。她們喝更多酒，而且原因不光只是此時她們更喜歡喝酒。對於那些本身有酗酒問題，或有家庭酗酒史的女人來說，在這段期間更可能增加飲酒量。在黃體期間，女人容易酗酒、吸食古柯鹼或其他毒品。

PMS的問題不在於某個失序行為會突然爆發，而是自制能力似乎普遍失控，以致各種問題同時增加。

有一種毒品倒是不常在此時被使用，那就是大麻，而且世界各地都是如此。大麻和古柯鹼或鴉片不同，不是讓人逃避或興奮的毒品。大麻只能加劇你原本的感受。PMS感覺已經夠糟，加劇感受的毒品當然不會受歡迎。而且，大麻並不會造成像尼古丁、酒精、古柯鹼和其他毒品那種上癮的感覺，因此原本吸食大麻者即使自制力降低也不太會增加用量。

研究人員發現，經前症候群嚴重的女人請假天數比其他女人多出兩天。當然，有些請假是因為PMS造成的生理疼痛，但有些可能和自制力有關。當你的身體葡萄糖不足時，遵守規定就比較困難。在女性監獄中，紀律問題最嚴重者是那些處於黃體期的女性犯人。暴力、攻擊性的行為——合法或非法——在黃體期遭受經前症候群的女人身上最為常見。當然，只有少數女人會隨時傷害人，但很多女人表示在黃體期心情明顯改變。不斷有研究顯示，女人在此時特別容易發飆和沮喪，與另一半衝突增加，和同事也多有齟齬。她們變得孤僻，而且喜歡獨處——這可能是避免與人衝突的好辦法。

關於PMS的起因，標準的解釋是黃體期直接導致負面情緒，可是，這種說法和數據不符。並非所有女人都受到負面情緒影響。歌手亞曼達在哈佛廣場扮演活雕像時，發現PMS削弱了她的自制力，是因為PMS讓她釋放出更多正面和負面的感受。

「當我有經前症候群時，我變得更多愁善感，有情緒時，會直接展現在我的活雕像表演上，」亞曼達回憶道。「激起情緒的事情可能只是十分鐘內沒有人經過觀賞我這種小事情，但我卻可以解讀成這世界太過冷漠，沒有人愛我。另一種極端則是有個九十五歲的老爺爺用極緩慢的速度蹣跚走來，花了五分鐘的時間從皮夾裏拿出一張摺起來的五元鈔票，放入我的錢罐裏，然後用他乾癟落寞的老眼看著我。這讓我感動不已，我只能在不說話、不移動表情的情況下，專注地把這份愛傳達出來。」

她的經驗算是女人會在黃體期遇到的典型情況：她們受到各種感覺所影響，問題常常來自於對某些事情的強烈反應。她們說她們不想沮喪，可是卻無法從小事當中振作起來。她們通常不知道她們的身體突然斷絕了對自制力的能量供給，因此會訝異於自己連正常的控制力都失效。

許多女人覺得生活壓力增加：她們在黃體期會看到較多負面事件、較少正面事件。可是，外面的世界並沒有跟著在每個月出現幾天的改變。如果女人覺得無法像平常一樣處理問題，她就會承受更多壓力。如果ＰＭＳ削弱她控制情緒的能力，則同一件倒楣事會顯得更令人沮喪。如果她沒有足夠能量來專注，同一件工作就會顯得更艱難。在控制完備的實驗室專注測驗中，黃體期的女人比其他女人表現更糟，而且這樣的結果出現在一般的女性樣本當中，不只限於有經前症候群者。不管她們是否感覺到ＰＭＳ的特別症狀，她們的身體一樣缺乏葡萄糖。

我們無意誇大這些問題，因為無論在職場或家庭裏，女性朋友多半能夠妥善應付經前症候群，而且我們當然也不認為女人的意志力比男人弱。在此重申，整體而言，女人在自我控制方面的問題要少於男人：女人較少犯下暴力罪行，酗酒和吸毒的比例也比較低。女性比較強的自制力可能是她們在學生時代成績比男性優秀的原因。重點只在於，自制力和身體的變化及能量供給的變化息息相關。有些女人可能在平日的自制力可比擬聖人，但在黃體期間，就難免稍微減弱。PMS也像血糖過低及糖尿病一樣，都是身體缺乏葡萄糖的清楚例子——而且無論男女、無論有沒有糖尿病，每個人都會有葡萄糖含量低的時候。我們都會有不敵沮喪和憤怒心情的時候。我們有時免不了被困境所擾，難以遏止衝動。

不過，這都只是心理上的掙扎。世界不會因此突然轉為殘忍，也不像魔鬼用黑暗的新誘惑和念頭折磨我們。只是我們面對普通衝動和長年以來的問題時，處理能力變得比較弱而已。這種憤怒心情幾可亂真——你可能真的有理由對老闆生氣，或重新思考你的婚姻（梅蘭妮．葛瑞菲斯最後還是跟唐．強生離婚了）。可是，有些問題光生氣也沒有用，還不如好好控制你的情緒，就從控制你的葡萄糖開始。

吃出意志力

我們已探討了缺乏葡萄糖會引起的問題，現在可以進入解決方案，談談令人開心的話題，像是健康的飲食和足夠的睡眠。以下是幾個妥善利用葡萄糖的例子和策略：

餵飽怪獸。這裏說的怪獸不是惡魔，而是指你體內的心魔，或你身邊的人。葡萄糖耗損會把最迷人的伴侶變成大怪獸。俗話說早餐要吃得飽，其實全天都適用，特別是在你身心壓力過大的時候。如果你有考試、重要會議、或攸關重大的計畫，不要在缺乏葡萄糖的情況下匆匆上場。別在午餐四個小時後和老闆吵架。別在晚餐前和另一半討論嚴重的問題。到歐洲浪漫之旅時，別在晚上七點才開進城牆包圍的中古小鎮，企圖餓著肚子找到你的旅館。就算你的車能在錯綜複雜的石板路穿梭無礙，你和伴侶的關係也可能經不起這個考驗。

總之，當你面對的問題比發胖更嚴重，就不要讓自己餓肚子。如果你抽菸，不要在節食的時候戒菸。事實上，若想戒菸，你最好要多吃一點，因為，戒菸時你的菸癮得不到尼古丁的滿足，就會轉成食慾。研究人員給戒菸者吃糖錠，有時額外的葡萄糖能提高戒菸成功率，如果糖錠再加上其他像尼古丁貼片這類方法，效果會更好。

糖類在實驗室是很有效，但是日常飲食不能亂用。人們希望運用意志力來克制對甜食的欲望，但自我控制研究人員又很喜歡在實驗室給受試者吃糖，實在有點諷刺。不過，科學家這麼做只是為了短期的方便。含糖飲料能迅速提高體內能量，讓實驗人員可以在短期內觀察到葡萄糖的效果。無論是研究人員或是受試者，沒有人願意等上一個多小時，讓身體完全消化像是蛋白質這類更複雜的養分。

利用糖分來增強自制力並不是不行，像是數學測驗、或運動會這類短暫的挑戰，就可以這麼做。如果你想要戒菸，可以服用糖錠來壓抑突然興起的菸癮。可是，人體內糖分急升後，緊接著就會急跌，讓你感到更耗弱，所以並不適合做為長期策略。我們當然也不建議你把健怡汽水改為含糖飲料，或多吃甜食。含糖飲料能暫時減緩經前症候群的研究發現也是正確的，但是在實驗室以外，你最好聽聽女歌手瑪麗・布萊姬（Mary J. Blige）是如何描述她的PMS，以及伴隨而來的情緒不穩和血拼衝動：「糖分讓我情況更糟。」[14]

飲食應挑選熱量燃燒緩慢的食物。我們吃進的任何食物，身體幾乎都可以把它們轉為葡萄糖，只不過速度不同罷了。據說，能迅速轉為葡萄糖的食物擁有較高的升糖指數（glycemic index），例如白麵包、馬鈴薯、白飯、以及零食架上的各類商品和速食等澱粉碳水化合物。吃進這些食物會產生大起大落的循環，讓你一直缺乏葡萄糖和自制力——而且常常難以抗拒甜甜圈和糖果這些澱粉和甜食帶來的快速滿足感。像是「油膩星期二」吃到飽的鬆餅早餐也許能補足瘋狂大遊行的精力，但在其他時候，這個方法可能不怎麼有用。

想要維持穩定的自制力，你最好吃升糖指數低的食物：蔬菜、堅果（花生、核桃等）、水果（蘋果、藍莓、梨子等）、起司、魚類、肉類、橄欖油和其他「好」脂肪。（這些低升糖指數食物還能讓你保持苗條。）正確飲食的好處也顯現在ＰＭＳ相關研究上，受試的女性表示，當她們吃得較健康時，症狀就比較輕微。研究人員在青少年感化院針對數千名青少年進行過一連串實驗，院方將某些含糖食物和精緻碳水化合物替換成水果、蔬菜和全麥之後，發現企圖逃獄、暴力等等問題都大幅減少。

生病時，把葡萄糖留給免疫系統。下次你再想帶著病痛上班時，多思考一下：研究證實，重感冒開車要比酒駕更危險。⓯這是因為你的免疫系統用掉體內太多葡萄糖來對抗感冒，大腦中的葡萄糖已所剩不多。

葡萄糖耗損時，如果連開車這麼簡單的事情都做不好，那你勉強到辦公室（假設你安全抵達），又能做什麼有用的事情呢？有時候工作還是得胡亂做完，但千萬不要讓缺乏葡萄糖的大腦處理任何重要的事情。如果你非得去開會不可，則盡量避免要你施展自我控制的事情。如果你手上有攸關成敗的計畫，千萬不要在此時做出無法撤回的決定。別人身體不適時，也別指望他們會有好的績效。如果你的小孩在學力測驗那天感冒，最好改個日子。

累了就睡覺。這麼明顯的道理，我們應該不需要別人提醒，但是會抗拒午睡的，不光是好動的幼兒。成人常常會縮短睡眠時間，因而造成自制力降低。休息可以降低身體對葡萄糖的需求，還能提高對血液裏的葡萄糖的利用能力。睡眠不足已證實會損害葡萄糖處理過程，並立刻反映在自我控制上——時間久了，患糖尿病的風險會大幅增加。

最近有項研究發現，在主管和同事眼中，睡眠不足的員工比其他人較易在職場上出現不道德行為。⑯例如，他們比別人更容易爭功諉過。實驗室裏，研究人員讓受試者有贏得現金的機會，沒睡好的學生要比其他人稍微更容易作弊。睡眠不足對於身心有各種壞處，其中之一，就是削弱自制力，以及影響到決策這類的事。想要好好發揮意志力的作用，就得留下足夠時間來睡覺。隔天你會過得更有勁，晚上也更容易入睡。

註釋

❶「垃圾甜點抗辯」：Carol Pogash, "Myth of the 'Twinkie defense,'" *San Francisco Chronicle*, November 23,

2003, http://www.sfgate.com/cgi-bin/article.cgi?f=/c/a/2003/11/23/INGRE343501.DTL.

❷ **梅蘭妮・葛瑞菲斯提出離婚**：“Rocky Mountain Low,” *People,* March 28, 1994, http://www.people.com/people/archive/article/0,20107725,00.html.

❸ **葡萄糖與自我耗損**：第一組的葡萄糖與自我耗損研究主要來自Gailliot et al. 2007 article; 不過，就在論文發表前夕，奶昔實驗被刪除，因為他覺得論文已經夠長，而其他實驗結果已足以證明。M. T. Gailliot, R. F. Baumeister, C. N. DeWall, J. K. Maner, E. A. Plant, D. M. Tice, L. E. Brewer, and B. J. Schmeichel, “Self-Control Relies on Glucose as a Limited Energy Source: Willpower Is More Than a Metaphor,” *Journal of Personality and Social Psychology* 92 (2007): 325–36.

❹ **吉姆・透納**：他的一人脫口秀“Diabetes: My Struggles with Jim Turner,”相關資訊可參詢jim@jimturner.net. 更多資訊請見Dlife (http://www.dlife.com/diabetes/information/dlife_media/tv/jim_turner_index.html)，以及他的生平：G. Brashers-Krug, “Laughing at Lows,” *Voice of the Diabetic* 23, no. 3 (Summer edition 2008), http://www.nfb.org/images/nfb/Publications/vod/vod_23_3/vodsum0801.htm

❺ **葡萄糖與自我控制文獻**：葡萄糖與自我控制文獻的研究整理請見M. T. Gailliot and R. F. Baumeister, “The Physiology of Willpower: Linking Blood Glucose to Self-Control,” *Personality and Social Psychology Review* 11 (2007): 303–27. 這篇文章附有此處提到的多項研究之原始出處和內容。其他實驗則見Gailliot et al. (2007) *JPSP* paper.

❻ **玩電腦遊戲的攻擊性態度**：Gailliot and Baumeister (*PSPR,* 2007).

❼ **狗的自我控制**：H. C. Miller, K. F. Pattison, C. N. DeWall, R. Rayburn-Reeves, and T. R. Zentall, "Self-Control Without a 'Self'?: Common Self-Control Processes in Humans and Dogs," *Psychological Science* 21 (2010): 534–38.

❽ **葡萄糖補充了耗損的大腦**：2011年，海塞頓在德州聖安東尼奧接任「人格與社會心理學學會」會長的致詞時公布了這個研究結果。見K. Demos, C. Amble, D. Wagner, W. Kelley, and T. Heatherton, "Correlates of Self-Regulatory Depletion in Chronic Dieters" (poster presented at Society for Personality and Social Psychology, San Antonio, Texas, 2011).

❾ **渴望吃甜食**：Masicampo和鮑梅斯特於2011年進行這些實驗，並於本書撰寫期間發表實驗結果。

❿ **珍妮佛・樂芙・休伊**："That time of the month again," *OK!,* September 22, 2009, http://www.ok.co.uk/posts/view/14355/That-time-of-the-month-again.

⓫ **「它毀了我大部分的生活」**："The worst PMS on the planet," NoPeriod.com, http://www.noperiod.com/stories.html. 其他關於PMS的抱怨，見PMS Central, http://www.pmscentral.com/.

⓬ **瑪格・海根伯格的粉紅色頭髮**：D. R. Coleridge, "CSI Star's Emmy Thrill," *TV Guide,* July 20, 2001, http://www.tvguide.com/news/CSI-Stars-Emmy-36572.aspx.

⓭ **PMS的心理學解釋**：M. T. Gailliot, B. Hildebrandt, L. A. Eckel, and R. F. Baumeister, "A Theory of Limited Metabolic Energy and Premenstrual Syndrome (PMS) Symptoms: Increased Metabolic Demands During the Luteal Phase Divert Metabolic Resources from and Impair Self-Control," *Review of General Psychology* 14

(2010): 269–82.

⓮ 瑪麗・布萊姬：“Oprah Talks to Mary J. Blige,” *O,* May 15, 2006, http://www.oprah.com/omagazine/Oprah-Interviews-Mary-J-Blige/3.

⓯ 重感冒時開車：http://www.yell.com/motoring/blog/having-a-cold-or-the-flu-can-affect-your-driving/ 該網頁上有其他資訊。研究內容請參考 http://www.insurance.lloydstsb.com/personal/general/mediacentre/sneeze_and_drive.asp.

⓰ 睡眠不足的員工，不道德行為：C. M. Barnes, J. Shaubroeck, M. Hugh, and S. Ghumman, “Lack of Sleep and Unethical Conduct,” *Organizational Behavior and Human Decision Processes* (in press; publication is likely in late 2011 or early 2012). 反之，最近有篇文章發現睡眠不足對於攻擊傾向的自制力沒有影響：K. D. Vohs, B. D. Glass, W. T. Maddox, and A. B. Markman, “Ego Depletion Is Not Just Fatigue: Evidence from a Total Sleep Deprivation Experiment,” *Social Psychological and Personality Science* 2 (2011): 16–173.

第3章

待辦事項的大學問

起初，神創造天地；
地是空虛混沌，淵面黑暗；
神的靈運行在水面上。

——〈創世紀〉第一章第一節

誠如《聖經》所說，開天闢地並非易事，即使對於全能的神來說也一樣。這份工作需要非凡的盤算，這不代表上帝傷透了腦筋，而是，天與地就像雞蛋一樣，需要一段孵化期。整個工作必須分解成每一天的進度，例如星期一的待辦事項（to-do list）是：

1. 要有光。
2. 看到了光。
3. 確定光是好的。
4. 把光暗分開。
5. 為光命名（晝）。
6. 為暗命名（夜）。

接下來是一個禮拜的工作進度：星期二蒼穹諸事，星期三創造天地，星期四星辰，星期五魚類禽鳥，星期六造男造女，星期日度假休息。每完成一項，就劃掉一項，然後一星期結束後再檢討：「神看到一切所造的都甚好。」

週末休息是不是和你很像？第一眼的印象，會覺得創世紀的策略非常簡單：訂定目標、列出達成目標所需的步驟、一一完成、休息。可是，有多少人能確實劃掉一個禮拜當中的所有待辦事項？而且項目越多，我們的失敗率就越高。不管什麼時候，人們手邊都有一百五十件以上的待辦事項，而且，新的事情會不斷加入。我們該如何決定把哪些事情放入清單，以及接下來該做哪一件事呢？好消息是，現在終於有了幾個比較務實的解決方案，可是，這些策略的發現過程可不是那麼直接、簡單的。幾百年來自助書籍的盛行，以及千年來人類不斷嘗試錯誤後，心理學家和神經科學家又努力研究了幾十年，才終於發現了創世紀裏待辦事項的基本要素。

自我控制的第一步是擬定清楚的目標。研究人員用來描述自我控制的專門用語是自我規範（self-regulation），而「規範」是要強調目標的重要性。規範就是改變，但只指特定意圖、有意義的改變。規範是導向特定的目標或標準，例如高速公路上的行車速限、辦公大樓的高度限制。沒有目標和標準的自我控制只不過是漫無目的的改變，就像是想要節食又不知道哪些食物會發胖一樣。

不過，大多數人的問題並不是缺乏目標，而是目標太多。我們訂出的當日目標，即便是在毫無干擾的情況下也難以達成，何況干擾無所不在。等到週末來臨，累積的未完成事項更多，但我們還是繼續拖延，以為最後可以用神速來完成它們。效率專家發現，企業高階主管在禮拜一所擬定的當天待辦事項，往往一整個禮拜都做不完。

訂定長期目標時，我們更容易不切實際。自助學先驅班傑明．富蘭克林（Benjamin Franklin，一七〇六～一七九〇）晚年撰寫自傳時，回憶到他在二十出頭的時候立下不少有趣志向：「我想出了一個大膽又艱鉅的計畫來完成修身大業。我希望一生不犯過錯；我會克服一切讓我犯錯的本能、習慣或損友。」❶沒多久，他便遇到問題：「我努力防止犯下某個過錯時，往往無意中犯下另一個過錯。一不注意就會積習難改；本性有時遠比理性更強勢。」

因此，富蘭克林嘗試各個擊破。他列出各項美德，並分別簡短寫出目標，例如，他在「秩序」這一項寫道：「你的所有物品各歸其位；為每一份工作分配時間。」他列出了十幾項美德，除了秩序外，還有節制、緘默、意志、節儉、產出、誠懇、公平、中道、清潔、平靜、貞潔和謙遜。可是，他也知道他的極限何在。他解釋道，「我認為不該奢求一蹴可幾而為此分心，應該一次達成一項。」最後，他整理出完整的修身「循環」，後世稱之為「十三週修身計畫」。早在史蒂夫・柯維（Steven Covey）提出七個好習慣和皮製記事本之前，早在《週末夜現場》的史都華・史馬利（Stuart Smalley）每日評言的短劇出現之前，富蘭克林就已經設計出一整套的「美德表」和祈禱文：

光與生命之父，至高無上的主啊！
請教導我善為何物；請祢指導我！
讓我遠離愚行、虛榮和罪惡，
遠離一切低俗享樂；讓靈魂充滿

智慧、安心和純真；
神聖、真實、永不消失的喜樂。

一開始，富蘭克林在普通筆記本上用紅筆畫了十三週的表格，一項美德一個表格。而每一份表格中又分為七天，每一天都有十三個欄位，列出所有美德，當週的主要美德寫在第一列。每天結束之前，他都會一一審查每一欄，並在未做到的項目用鉛筆做記號。例如，在以「節制」為主要美德的那一週的表格裏，他在其他幾項美德的欄位中做了記號：週日不夠緘默和秩序，週二太沒有秩序、而且產出不足，週五完全沒有決心、也不節儉。可是，他達成了當週的目標，因為節制那一欄全部空白。這項進步鼓勵他在隔週繼續專攻下一項美德，並希望他在第一週努力的節制已成了能繼續維持的「習慣」。富蘭克林形容自己就像一名園丁，總共有十三座花園需要照顧、拔除雜草，他一次除一座花圃的雜草，等到一輪下來，再回到第一座花圃時，會發現雜草越來越少：「我希望依序讓各個欄位完全空白，看到這些進步後，能激勵自己繼續努力，到最後，幾經循環，經過十三週的每日自省後，我應該能看到一份完全空白的表格。」

結果並不如預期。每一份表格都能看到記號。事實上，他持續重複自省循環，每次重新開始，就用橡皮擦擦掉之前做的記號，到最後居然把紙都擦破了。他只好改用比較堅固的象牙筆記本（打開來像一把扇子），重新畫表格。每完成一次循環，他會用海綿擦掉鉛筆做的記號；象牙的確非常堅固。將近五十年後，他在巴黎擔任外交官，與仕女調情時，還喜歡拿出這個象牙表格來炫耀，有位法國朋友還忍不住伸手摸了「這珍貴的小冊子」。❷和後來幾位自助論名家（這當中還有人借用他的名字，設計出「富蘭克林—柯維三十一天行事曆」）不同的是，富蘭克林從不曾在國際舞台推廣他的筆記本，也許是因為他忙著在巴黎幫喬治・華盛頓（George Washington）的軍隊尋求外援。或者，也許是因為他喜歡周旋於女性之間，在「貞潔」這項美德上無法以身作則吧！此外，富蘭克林非常不善於整理書桌，無法讓文件維持「秩序」，黑色記號一直難以避免。他在他的書《窮理查年曆》（*Poor Richard's Almanack*）當中寫道：

> 訂出雄心壯志的計畫很容易；
> 執行才是最艱鉅的任務。

無論富蘭克林多麼努力，都無法讓這本筆記本完全空白，因為有些目標往往互相衝突。他早年在報社當印刷工人時，為求「秩序」，他畫了非常嚴格的每日工作進度表，可是卻不斷因為客戶臨時的要求而被打斷——但如果想力行「產出」，他就得忽略原訂進度，滿足客戶要求。如果他力行「節儉」（毫不浪費），自己縫補衣服、自己做飯，則他將無暇在工作上力求「產出」，或者從事例如在閃電時放風箏、或編纂獨立宣言等活動。如果他答應晚上和朋友聚會，但工作進度又落後，則他做出的選擇可能就會違背「意志」這項美德：「下定決心就得確實做到。」

不過，和今天相比，富蘭克林的目標還算始終如一。他以清教徒美德為主軸，強調勤奮，不求享樂（至少行事曆上是如此）。他從未規畫在海灘漫步、到非營利團體當志工、鼓吹社區資源再生、或者花時間陪子女等等。他沒有任何旅遊計畫，也沒有退休後住在佛羅里達的夢想。他在協商巴黎條約時，也沒設法學會打高爾夫球。而今誘惑太多——包括一次全部擁有的誘惑。

研究人員要人們列出自己的目標時，多數人都能輕易想出至少十五件事。有些目標很有可行性，而且能互相助長，像是戒菸和少花錢等等。可是，工作和家庭方面的目標會有不可避免的衝突。就算光是家庭方面，照顧子女也可能影響到和另一半維繫感情，這也許能說明婚姻滿意度自第一個小孩誕生後就開始下降，等到子女都離家後又開始回升的情況。有些目標本身就會製造衝突，像是富蘭克林的「中道」的美德：「避免落井下石。」許多人希冀自己受冤屈時能克制脾氣。當不公平發生時，他們約束自己不作回應，但事後可能又會覺得難過，因為他們沒有及時伸張正義，或問題依舊沒有解決。力行「中道」便會違背富蘭克林的另一項美德「公平」。

心理學家羅伯特・艾蒙斯（Robert Emmons）和蘿拉・金（Laura King）在一連串的研究中發現，目標相互衝突，反而讓人更加鬱悶，而裹足不前。他們讓受試者寫出十五項主要目標，並標記出哪些目標互相衝突。❸其中一次實驗中，受試者每天記錄情緒和生理徵兆達三週，並同意研究人員調出他們前一年的健康紀錄。另一項實驗，受試者則隨身攜帶呼叫器，呼叫器每天不定時地響起，要受試者回答他們正在做什麼、以及有何感受。一年後，受試者回到實驗室提供額外資訊，說明這一年當中他們完成了什麼，以及身體健康狀態。研究人員先詢問人們的目標，然後觀察他們的表現，結果發現了目標相互衝突有三大後果：

首先，你會非常擔心。互相抵觸的需求越多，你就得花越多時間來思考這些需求。你會煩心於這種反芻狀況：非自願的反覆思考並不是件愉快的事。

其次，你完成的事情更少。表面上看來，那些常常思考目標的人應該會更積極達成目標，其實，他們把該行動的時間都花在沉思上面了。研究人員發現，目標清楚、不衝突的人，比較容易勇往直前，朝目標邁進；其他人則忙於擔心，反而停滯不前。

第三，身體和心理健康都會受影響。在上述研究中，擁有相互衝突目標的人描述的正面情緒較少，負面情緒較多，而且較常沮喪和焦慮。他們出現較多精神官能方面的抱怨和實際症狀。即使只看身體疾病，檢視受試者在一年當中看醫生和自己察覺的生病狀況，也顯示目標抵觸的人的次數較多。目標衝突的情況越嚴重，人們越深陷其中、不知所措，也就變得更不快樂、更不健康。

要設定哪些目標？

喬在咖啡廳喝咖啡。他期待＿＿的發生。

把它當作故事接龍，由你全權決定，來完成上述關於喬的故事。請很快地想像喬在想什麼，把它寫下來。

現在，再試試另一個類似的練習，完成以下句子：

比爾起床後，開始思考他的未來。他打算＿＿。

一樣的，你擁有百分之百的想像自由。請完成比爾的故事，不要去修飾你腦中出現的答案。粗略的想法就可以。

寫完了嗎？

現在，看看你所描述的行動。在以上兩段故事中，這些行動分別需要花多久的時間才能完成？

當然，這不是寫作比賽，而是佛蒙特州伯靈頓戒毒中心裏的心理治療師，之前為海洛因成癮者所做的一項實驗。研究人員找來一群背景相似（大學以下學歷、年收入低於兩萬美元等等）的成人做為對照組，讓他們也做相同的測驗。喬在咖啡廳裏期待著「……的發生」，對照組寫出的故事通常都發生在一個禮拜之內，可是海洛因成癮者寫出的故事卻只發生在一個小時之內。對照組寫比爾的「未來」時，多半是關於長期的規畫，像是工作升職或結婚成家，但成癮者寫的卻是即將遇到的事情，像是看醫生或拜訪親戚等等。對照組平均思考四年半之間的未來，而成癮者思考的未來只有九天。[4]

這種時空視野縮小的現象出現在各種成癮者身上。毒品成癮者在實驗室玩撲克牌時，大多偏好能快速大贏的高風險策略，無視於積少成多能賺更多錢。若要他們選擇今天得到三百七十五美元、或一年後得到一千美元，成癮者比較偏向立刻落袋為安，酗酒者和吸菸者也是一樣。剛剛提到測試佛蒙特州成癮者的是精神病學家華倫・畢可（Warren Bickel），他持續在阿肯色大學進行研究，並表示他的研究一再發現**重度吸菸、酗酒和吸毒者對於短期報酬的偏好**。（唯一的例外又是大麻；吸食大麻上癮的程度遠不如其他毒品，大麻上癮似乎不必然和破壞性的短視相關。）短視能讓你更容易上癮，然後，上癮又讓你著重立即報酬，更加縮小你的眼界。畢可和實驗夥伴們研究吸菸者和吸食鴉片者發現，如果你能設法消除或減輕上癮的程度，你對未來的視野便可望擴大。

無論在實驗室抑或真實人生，酗酒者、毒品成癮者和吸菸者都是短利的受害者。短視近利對於身體健康和財務健全都是有害的。在完成喬和比爾的故事的實驗中，研究人員發現高**收入者比低收入者更加放眼未來。**部分原因和經濟能力有關：如果你連房租都付得很勉強，當然不會有閒工夫比較各種退休計畫。然而，付不出房租也是短視的後果。就像伊索寓言裏，有遠見的螞蟻要比活在當下的蚱蜢好過冬。

不過，伊索對於訂定目標的看法並非定論。幾十年來，心理學家對於中心目標（短期）和邊緣目標（長期）何者重要，爭執不下。其中一個經典實驗是由心理學界的傳奇人物亞伯特·班都拉（Albert Bandura）所進行（在學術引用紀錄上，他名列第四，僅次於佛洛依德、史金納和皮亞傑）。❺他與戴爾·申克（Dale Schunk）研究七到十歲、數學不好的兒童。他們給這些兒童上了幾堂以自我引導學習為特色的課程，當中有許多算術練習。有些學生被告知要盡量達到每堂課至少寫六頁習題的中心目標。有些學生則被要求在七堂課結束前寫完四十二頁習題的邊緣目標。第三組未訂定任何目標，第四組甚至連習題都不用做。

課程結束，進行能力測驗，訂定中心目標的那一組成績遠高於其他人。顯然，他們之所以成功，是因為每天達成目標能逐漸建立他們的自信和自我效能。他們每一堂課都專注於一個具體目標，因而能比其他人學得更好、更快。即使他們每堂課花較少的時間練習，但卻完成更多，更快寫完所有習題。到最後，當他們遇到困難的問題，也能努力不懈、不容易放棄。結果發現，訂定邊緣目標和完全沒有目標者，其測驗結果半斤八兩。只有中心目標才能提高學習效果、自我效能和考試成績。

可是，這份研究結果才剛在《人格與社會心理學期刊》（*Journal of Personality and Social Psychology*，該領域最具聲望、要求最嚴的刊物）發表，同一份期刊緊接著又刊登了荷蘭研究人員針對高中男學生所做的邊緣目標研究結果。❻較注重長期目標的男學生——像是找個有趣的職業、賺很多錢、組織幸福家庭、追求高社會地位等——學校課業有表現較佳的趨勢。相對之下，對這類邊緣目標比較不關心的人，功課普遍比較差。和拼每次考試成績、去度假、或取得學位等這類中短期目標相比，放眼遠大志向似乎更有效果。那些邊緣目標似乎也比眼前的目標更有幫助，像是立志幫助別人或充實自己等等。為什麼長期目標在這些高中生身上發揮作用，卻在之前的算術實驗上不見任何效果呢？原因之一，是這些高中生能夠清楚看出他們每天的功課和長遠目標之間的關聯。成績好的學生不僅著重邊緣目標，也比成績差的學生更能看出他們現在的課業和學習是達成那些目標的重要步驟。另一個原因則是，年齡較大的學生要比孩童更有思考未來的能力。

先不管這些高中男生最後是否能達成他們的邊緣目標，由於他們看出眼前沉悶的生活和遙遠的夢想息息相關，因此有了向前的動力。最後，他們可望像富蘭克林一樣享受努力的果實。富蘭克林晚年的時候，高興地坦承他想要讓筆記本完全空白的中心目標確定徹底失敗，至於邊緣目標，那就更不用提了。可是，這兩種目標之間的關聯鼓舞著他努力了一輩子，他對此感到欣慰。富蘭克林表示：「整體來說，雖然我未曾達到最初野心勃勃訂下的完美境界，而且相去甚遠，但我盡了力，讓我變得比什麼都不做更優秀、更快樂。」

計畫該模糊還是詳細？

要達成某個目標，計畫應該訂到多細呢？研究人員在一次仔細控制的實驗中，觀察大學生參加提升讀書技巧的計畫。所有受試學生接獲指示，了解如何有效利用時間後，便隨機被分到三種不同規畫情況的組別。一組必須訂出每日計畫，詳列要讀什麼內容、在哪裏讀書、以及讀書的時間。另一組訂定的計畫類似，只不過把每日改為每月。第三組是對照組，完全不訂計畫。❼

研究人員原本自信滿滿，應該是訂定每日計畫的那一組唸書效果最好。結果他們卻預測錯誤。以月為單位來規畫讀書的那一組在唸書習慣和態度方面進步最大，表現最佳。對於成績原本就比較不好的學生來說（好學生除外），月計畫者要比日計畫者成績進步更多。而且，月計畫者執行起來比日計畫者更持久，而且更可能在實驗結束後繼續執行。實驗結束一年後，日計畫者早已不再訂定日計畫，而月計畫者的成績依舊優於日計畫者。

為什麼呢？日計畫的確具有讓人知道每時每刻該做什麼的優勢。可是，規畫太花時間了，訂定三十天的日計畫要比不用詳列每日事項的月計畫相比，多花了很多時間。日計畫的另一個缺點是缺乏彈性，無法變通，讓人覺得被一個接著一個嚴格而煩人的任務所綁住。生活很難按照計畫進行，日計畫的進度一旦落後，就會令人洩氣。反之，**月計畫有臨時調整的彈性，就算某一天落後進度，整個計畫依舊可行**。

關於應該模糊還是詳細規畫，規模最大的實驗，要算是在歐洲戰場上的軍事將領的作戰計畫。拿破崙曾表示他們策略性軍事計畫的看法：「先打再想。」❽他先與敵人交戰，然後且戰且走，成功地讓他的軍隊稱霸歐洲（也成為禍根）。北邊的敵人普魯士設法利用自身優勢，先求對法國不要節節失利，然後一邊思考計畫。其他國家的軍官都對於士兵圍坐在一起，拿著紙筆訂定計畫感覺很可笑；然而，這些計畫卻成為極大的優勢，使得普魯士在隨後的普法戰爭中大獲全勝。❾

到了第一次世界大戰時，人人都在做計畫。二次世界大戰爆發，各國軍事將領都已經具備組織技巧，能夠規畫堪稱史上最複雜的後勤控制：諾曼第登陸。拿破崙當年率領四十萬大軍進攻俄國，以他的標準來看，搶灘登陸的十六萬聯軍人數並不算多。可是，整個軍事行動經過精心安排，精準規畫要在D日的H時登陸（破曉前一個半小時）。待辦事項非常詳細地說明了整個準備工作（像是D日前三天先以炸彈轟炸）和進攻行動，並且一直規畫到D日後的第十四天，援軍會在開戰整整兩週之後到達。❿在拿破崙眼裏，這些自信滿滿的軍事計畫者也許顯得太過蠻橫，但他們的成功贏得了每個人對他們的信心。

戰後美國企業界有了新的規畫英雄，例如從二次世界大戰退伍的一群「聰明小子」（Whiz Kids）就成功重整了福特汽車公司。這個團隊的領導者是羅伯特．麥納瑪拉（Robert S. McNamara），戰爭爆發前，他在哈佛商學院教授會計學。⓫他在陸軍航空隊的統計管制辦公室裏，利用他的數學技巧來分析轟炸任務；戰時的傑出表現，讓他獲得福特公司延攬。後來，他又回到軍中，最後還當上了國防部長，為五角大廈引進以「系統分析」和大量數據為基礎、非常複雜而先進的規畫工具。頓時他成為現代武士的化身，後來卻因規畫越戰失敗而備受各方攻訐。他安坐在五角大廈裏，根據他看到的傷亡統計來規畫殲滅敵人的大計，但在叢林裏作戰的士兵卻發現那些統計數字或計畫根本信不得。越戰的失敗，讓軍事領導者重新領悟到彈性的重要，後來對伊拉克和阿富汗計畫失利，這份教訓更加深刻。誠如拿破崙所說，有時你得「先打再想」。

那麼，今天的將領們如何規畫未來呢？最近有位心理學家受邀到五角大廈演講如何管理時間和資源時，就問了一群將軍同樣的問題。他先讓這些大官們熱身，要他們簡單寫下他們管理公事的做法。為求簡要，他請每位將軍不要超過二十五個字。這個題目讓多數將軍傷透了腦筋。這群穿著制服的國家菁英，沒有一個人寫得出來。

最後，寫出答案的只有一人，是在場唯一一位女將軍。她有非常傑出的軍旅生涯，努力升到將軍，還曾在伊拉克戰爭中受傷。她的答案是：「首先，我列出優先事項：一、二、三等等。**然後我把第三以下的項目全都刪掉。**」

其他將軍並不認同她的做法，並表示每個人都有兩個以上的目標，而且有些行動——像是D日——需要兩個以上的步驟。可是，這位女性將軍的做法頗有道理。這是同時兼顧長期與短期、模糊和詳細的策略的簡化版。我們稍後會了解，她追求的是心如止水的境界。

大衛·艾倫的整理術

有一天，在好萊塢，杜魯·凱瑞（Drew Carey）面對著他一如往常雜亂的書桌，他開始幻想。他看著堆積如山的文件，心想：「大衛·艾倫（David Allen）會怎麼做？」他真正想的是：「我請大衛·艾倫來這裏幫我處理這些東西如何？」[12]

在那之前，凱瑞是相當典型的資訊超載受害者——如果明星也可以用「典型」兩字來形容的話。他在他自己的熱門影集裏擔綱演出、主持電視的即興脫口秀、寫過一本暢銷自傳、舉辦慈善和政治活動、還擁有一支足球隊——但這些挑戰都比不上他的收件匣或待辦事項來得可怕。即使有助理幫忙，他還是無法應付回覆電話、讀劇本、開會、主持慈善晚宴、以及處理每天數十封需要立即回信的電子郵件。他家裏的書桌上凌亂堆放著還沒付的帳單、未回的信件、未完的工作、未實現的承諾。

「我有些地方有自制力，但有些地方完全沒有，」杜魯．凱瑞說。「要看哪些事情攸關重大。我受夠了辦公室裏雜亂不堪，裏面有好幾箱的文件，還有一張堆滿東西的書桌。電腦兩邊都疊滿了垃圾和舊信件。你知道，我覺得我已經無法思考。我感到一切都失控了。我知道有很多事需要我處理，可是，當你的腦中一直想著『我的電子郵件都看不完』，你是不可能靜下來好好看一本書的。你永遠都不得安寧。」

杜魯．凱瑞老早就買了大衛．艾倫的書《搞定》（*Getting Things Done*），可是書名一直讓他感到困惑。「我開始讀這本書，並且試著選了幾項來照做，但不是全部照做。我豁出去了，最後我說：『天哪！夠了，老子有錢，』於是我直接打電話給他。我聯絡他的公司，詢問如果請大衛．艾倫直接來幫我要多少錢。他說，『給我X美元，我來幫你工作一年。』我說，『就這麼說定。』我花了很多錢，但我連想都不想就答應了。」

無論X有多高價，杜魯．凱瑞決定全心信奉GTD的決定絕對站得住腳。GTD是艾倫的英文書名的縮寫，如今已成為一種工作和生活系統的代號。不過，這又不是一般對於自助論大師或激勵演說家的人格崇拜。艾倫既沒有提出七大簡單生活原則，也沒有激發群眾投入賦權的狂熱。他並未提出像是「以終為始」（begin with the end in mind）這類模糊的智慧，或「喚起心中的巨人」這種告誡。他著重的是待辦事項、資料夾、標籤、收件匣這些小事。

心理學家早在幾十年前就已發現這套系統當中的心理現象——內心的聲音——可是，一直到最近鮑梅斯特的實驗室進行了設法關掉內心聲音的實驗後，研究人員才開始了解這種現象。實驗人員和艾倫都不約而同地發現同樣的技巧，可是他們採取的途徑卻完全不同。艾倫並未以任何心理學理論為基礎，而純粹經由嘗試錯誤來學習。首先，他以自己的人生為師，歷經了無數次的失敗經驗。一九六〇年代，他廣讀蘇菲禪文獻，並進入柏克萊大學念歷史研究所，然後中途輟學、嘗試毒品（因短暫精神失常而停止）、教空手道、最後進入一家專辦個人成長座談會的公司上班。一路走來，為了生活，他當過電動腳踏車推銷員、魔術師、庭園設計師、旅行社業務人員、吹玻璃工、計程車司機、貨車出租業務員、餐廳侍者、維他命送貨員、加油站經理、營建工人和廚師。

「如果你在一九六八年告訴我，我將來會成為一位個人效率顧問，」他說，「我會說你瘋了。」他工作一個又一個的換——三十五歲生日時，他細數他曾做過的工作，剛好是三十五個。最後，他舉辦座談會逐漸純熟，因此有機會和洛克希德（Lockheed）等大公司的主管合作。艾倫的工作經歷聽來頗怪異，但是從哲學、轉變心態的毒品、空手道、到個人成長訓練師和企業顧問，他看出這當中的一貫性。他將這些經歷描述為追尋心理平靜，他套用空手道裏的術語，那就是追尋「**心如止水**」（mind like water）的境界，他說：「想像一下，把小石頭丟入平靜無波的池塘。池面會出現什麼情形？答案是：完全展現出和石頭入水相同的力道，然後，便回復平靜。它不過度反應，也不會反應不足。」

若你造訪他的辦公室，看到他空無一物的辦公桌面，就能體會這套哲學。他的公司位於奧海鎮（Ojai），是南加州聖塔芭芭拉附近的一座小山城。在一般人的想像當中，效率專家一定是有條不紊，但是，當你來到他的公司總部，你一定會嚇一跳，他的桌上完全沒有堆放任何文件紙張。L型的書桌右邊有三層木製文件匣，裏面空空如也，就連收件匣也是一樣。左邊還有兩層文件匣，裏面有十幾本書和雜誌，這是他搭飛機時要帶去讀的。除此之外，他的桌面空無一物。他謹遵他提出的四D，凡是還沒有完成（do）、委託給別人做（delegate）、或丟棄（drop）的事情，就延期（defer）——全都分別收在六個兩層檔案櫃當中，櫃裏的塑膠資料夾貼上由放在電腦旁邊的標籤機所印出來的標籤，依照字母順序排列。你也許會認為這些事情證明艾倫的個性龜毛，但事實上他非常開朗、隨和。

他開始和那些工作負擔超重的企業主管合作時，看出了傳統的大方向管理規畫有其問題，像是撰寫宗旨、釐清長期目標、和排定優先順序等等。他不否認崇高的目標有其必要性，可是，他發現**這些客戶太注重大方向，反而連眼前簡單的工作都無法專心**。艾倫用佛家的「心猿」（monkey mind）來比喻這些主管的苦惱，也就是說，為不斷轉變的思緒所苦，就像猿猴瘋狂地在樹林裏跳來跳去一樣。有時候，艾倫還想像心中這隻猴子甚至跳上了你的肩膀、在你耳邊吵鬧，不斷臆測和打亂你的思緒，讓你想要大叫：「來人啊！叫這隻猴子住嘴！」

「多數人從未體驗過心中只想著正在做的事情，」艾倫說。「在過去，這種混亂和壓力不常發生，如果一個月只有一次，還能夠忍受。而今人們面對焦慮只能麻木不理，或是因為太忙而無暇處理。」

艾倫並沒有要客戶擬訂計畫，設法達成，而是先要他們把桌面清乾淨。他發現許多老套的管理忠告並不實際，像是有個古老原則說，一張紙絕不碰兩次——理論上說得通，但實際上卻行不通。要如何處置下週開會的備忘錄？艾倫想起他在旅行社上班時學到的一項工具：**到期備忘檔案**。開會備忘錄可以像機票一樣，存放在需要的那一天的檔案夾裏。如此一來，桌面可以保持清爽，在那一天之前，你都不會因為這份備忘錄而分心。艾倫的到期備忘檔案（當月有三十一個檔案夾，再加上每月一個共十二個檔案夾）被廣為效仿，他的粉絲還借用這個名稱為一個頗受歡迎的知識網站命名：43folders.com。

到期備忘檔案除了讓桌面清爽，也排除了焦慮的來源——文件一旦被歸檔，你知道你會在適當的那一天被提醒要處理這件事，因此不會一直擔心你會遺失或忘記它。艾倫設法消除心中牽掛時，尋求的都是能夠關閉心中「懸念」的方法。「我借用個人成長領域所使用的方法，也就是，你和你自己一定要意見一致，」他回憶道。「當你答應自己但又沒有做到，便損害了你自己的自我信任。你可以欺騙任何人，但不能欺騙你自己，你會為此付出代價的，因此你應該謹守你對自己的承諾。我們還舉辦研討會，要人們寫下這些承諾。」

當然，謹守對自己的承諾和目標並不是什麼新策略。早自諾亞方舟和十誡以來，人們每一次的自我成長計畫一定會採取列清單的策略。不過，艾倫在資深管理顧問迪恩．艾奇遜（Dean Acheson，和美國前國防部長同名同姓）的協助下，將這些方法做了改良。為了協助客戶除去分心，艾奇遜要他們寫下所有掛念的事情，不論大事或小事、工作或私人、邊緣或中心、模糊或詳細。他們不需要去分析、組織、或排定任何事，但針對列出的每一件事情，你都要找出下一步要採取的具體行動是什麼。

「迪恩要我坐下來，把腦袋清空，」艾倫說。「我經常冥想沉思，自認為很有條理，我以為我已經把自己料理得很好，但結果卻讓我大吃一驚。我心想，這真是太神奇了！」於是艾倫之後和他自己的客戶合作時，也開始強調**「下一步動作」**的重要性，ＧＴＤ實踐者稱之為Next Action，或簡稱ＮＡ。待辦事項清單中，不應該出現「準備母親的生日禮物」或「報稅」這樣的事情。它必須詳細說出下一個動作，像是「開車到珠寶店」或「打電話給會計師」等。

「如果你的清單中有『寫感謝卡』這一項，只要你手邊有筆和卡片，就是典型的下一步動作，」艾倫說。「但如果你還沒買卡片，則你潛意識知道你無法寫卡片，你就會一直逃避它，讓事情耽擱下來。」兩者的差別聽起來也許很清楚，但人們卻常常沒有正確理解它。當艾倫聽說本書作者之一約翰・堤爾尼（John Tierney）受他感召，在智慧型手機裏裝了GTD軟體時，他立刻和堤爾尼打賭，說堤爾尼列在「下一步動作」裏的事情全都無法立刻執行。當然，因為他發現這份清單寫滿了像是「聯絡mint.com研究人員」或「聯絡艾絲特・戴森（Esther Dyson）詢問關於自我控制」等事項——以GTD標準來看，全都太過模糊。

「你要如何聯絡或詢問這些人呢？」艾倫問。「你已經有他們的電話號碼或電子郵件地址了嗎？這小小的差別影響甚遠。清單上的每一件事若不能吸引你去做，就會讓你產生反感。如果你說『聯絡艾絲特』，是因為你還沒有想完下一步要怎麼做，那麼你就有不想去看這份清單的理由。你將終日擺脫不了潛意識的焦慮。可是，如果你寫的是『寫電子郵件給艾絲特』，你會想，哦，這件事我做得到，你就能感受到你已經完成了某件事，有持續的動力。」

幾年前，科技作家丹尼・歐布萊恩（Danny O'Brien）寄了一份問卷調查給他知道的七十位「生產力驚人」的人士，詢問他們在組織能力上有何祕訣，其中大多數都表示他們並未使用任何特殊軟體或複雜的工具。但是，有不少人表示他們遵循GTD系統，只需要紙、筆和檔案夾就能實踐。⓭只不過在相關領域裏，還沒有其他研究用對照組來比較GTD實踐者。但心理學文獻裏有證據支持艾倫觀察到的心理壓力。心理學家也一直在研究如何消除「心猿」現象，只不過他們使用不一樣的名詞罷了。

蔡格尼效應

心理學界傳言，最早的發現可以追溯自一九二〇年代中期的柏林大學。中午時刻，一大群學者來到大學餐廳，只有一位侍者幫大家點餐，但他卻不用紙筆記下，只對點餐者點點頭。可是，他卻正確地送上每個人點的食物，驚人的記憶力讓他們印象深刻。一行人吃飽後離開餐廳，其中一人（傳言沒有講明是誰）又回去拿忘了的東西。他再度看到那名侍者，於是請他幫忙，希望能借助他高超的記憶力。

可是，這名侍者茫然地看著他。他根本不記得這名客人是誰，更記不起他剛剛坐在哪裏。客人問他怎麼會一下子就把所有事情給忘記，他表示，上菜後，他就馬上忘記每位客人的點餐內容。

在這群學者當中，有位年輕的俄國心理系學生名叫布魯瑪・蔡格尼（Bluma Zeigarnik），她的老師是影響力卓鉅的思想家庫爾特・勒溫（Kurt Lewin），師生二人回想起這段經歷，想知道是否能衍生出更一般性的原則。人類的記憶力真的能清楚區分已完成和未完成的事情嗎？他們開始觀察人們在拼圖時被打斷的情況。這項研究、以及之後幾十年的許多研究，證明了所謂的**蔡格尼效應**（Zeigarnik Effect）：未完的工作和未達成的目標會盤旋在心中。不過，等到工作完成、目標達成，不斷提醒的狀況便嘎然而止。[14]

想要體會蔡格尼效應，不妨隨便選一首歌，聽到一半突然關掉。稍微停歇之後，這首歌的某個片段可能會不停地在你心中唱著。要是你一直聽到整首歌唱完，你的大腦就會把它刪掉。但如果你聽到一半關掉，你的大腦會把它視為未完的事情，會不斷將這首歌的片段注入思緒流當中，就像它持續提醒你需要完成某項工作一樣。這就是為什麼在《今天暫時停止》（*Groundhog Day*）這部電影中，比爾．莫瑞（Bill Murray）日復一日地關掉收音機裏「我挺你，寶貝」（I Got You Babe）這首歌，但旋律卻一直縈繞在觀眾心中（也讓莫瑞快發瘋了）。也因如此，這類盤旋在耳邊的聲音總是令人煩惱，而不是愉悅。因為會讓我們中途關掉的，多半是難聽的歌，也因而更令人煩惱。

為什麼大腦會自行播放「我挺你，寶貝」呢？心理學家多半認為，這種回聲繞耳是某個任務未完成的副作用。人們提出各種理論來解釋蔡格尼效應，並以兩大互相牴觸的假說為代表。其中之一是說，無意識不斷地追蹤你的目標，確認它們得以完成。與之相對的假說則是無意識不斷尋求意識的協助——就像小孩一直拉著大人的袖子，想引起注意，得到幫忙一樣，無意識會告訴意識要完成工作。

不過，最近佛羅里達州立大學的研究生馬希坎波（E. J. Masicampo）和鮑梅斯特合作，進行了幾次實驗，對於蔡格尼效應有了更好的解釋。其中一次的研究，馬希坎波要幾位學生想一想他們所遇過最重要的期末考。對照組想的則是即將到來的重要派對。在思索期末考的那一組，其中一半的人必須擬定讀書計畫，詳列要念什麼、在哪理念書、以及何時念書（只不過他們沒有在實驗期間真正去念書）。

接著，所有人都進行了小型的蔡格尼效應測驗。研究人員給他們英文單字片段，要他們寫出完整的字。這些隻字片語經過精心設計，既可以造成和讀書相關的字詞，也可以變成完全無關的字詞。例如，re__可以造成read（念書），也可以造成real（真的）、rest（休息）、reap（收穫）和reek（臭氣）。同樣的，ex__可以是exam（考試），也可以是exit（出口）。如果有人腦中一直想著準備期末考這件未完成的事，在蔡格尼效應的影響之下，他或她就會寫出較多和考試相關的字詞。馬希坎波的確也發現，思索期末考、又沒有訂定讀書計畫的那半組，出現了較多的考試相關字詞。不過，有訂定讀書計畫的那半組則沒有這類現象。即使他們想到了考試，但顯然他們的內心已經因為訂定計畫這個動作而豁然開朗了。

在另一項實驗中，受試者必須思索人生中遇過的重要計畫。有些人要寫下他們最近完成了哪些事情；有些人則要寫下尚未完成、但需要趕快完成的事情；第三組不但要寫下未完成的事情，還要詳細規畫該如何完成。接著，實驗人員要大家接受另一項測驗，並告訴他們這項測驗和之前的活動無關。他們得看完一本小說的前十頁。在閱讀當中，實驗人員會不時詢問他們的思緒是否離開了小說內容。之後，再問他們閱讀時是否專心，若有分心，是因為想到了什麼。實驗人員還測試了他們對閱讀內容的理解程度。

結果再度顯示，訂定計畫讓情況完全不同。那些寫下未完成事項的人，比較難專心閱讀小說；而如果他們訂定了詳細完整的計畫，就比較不會分心，閱讀測驗的分數也比較高。就算該做的事情都沒有完成、或者事情沒有進展，光是訂定計畫就足以讓內心清明，消除蔡格尼效應。不過，蔡格尼效應的確出現在沒有訂定計畫的學生身上。他們閱讀小說時，會分心想到未完的事情，之後的閱讀測驗成績也受到影響。

因此，蔡格尼效應並不像幾十年來人們以為的，在事情完成之前會一直干擾人心。分心思緒不斷出現，並不代表無意識在敦促我們完成工作，也不是無意識在吵著要意識立刻完成工作。反之，**無意識是要意識去擬定計畫**。無意識顯然無法獨自做到這一點，因此不斷糾纏意識去擬定一個詳述時間、地點或時機的計畫。等到計畫有了，無意識就不再提醒意識，不再去騷擾意識。

這就是艾倫的ＧＴＤ系統處理心猿問題的原理。如果你也和他典型的客戶一樣，清單中至少有一百五十件待辦事項，而蔡格尼效應會讓你一直周旋在這些事情當中，一刻不得清閒，而且，光是有一點點的完成意願還不能打發它離開。如果你拿到了週四會議之前才需要閱讀的備忘錄，無意識會想知道接下來在什麼情況下，需要完成什麼。可是，等到你訂了計畫——把備忘錄放入星期三的到期備忘檔案，釐清這件事的下一步動作之後——你就可以放輕鬆了。你不需要立刻完成這件工作。你的清單上還有一百五十件待辦事項，可是，至少此時此刻猿猴閉嘴，心如止水。

零態的喜悅

大衛・艾倫一到達杜魯・凱瑞的辦公室，就從他習慣開始的地方下手：**收東西**。這是個涵蓋廣泛的字眼。在《搞定》一書中，東西（stuff）的定義是「凡是不屬於你身心世界，你卻讓它恣意闖入，但你尚未決定如何處置、如何採取下一步的一切事物。」或者，就像凱瑞所定義的，堆放在他辦公室的所有事物。

接著，進入GTD系統的第二階段，**處理東西**。此時凱瑞得一一決定是否**處理**、**請人代理**、**丟掉**、**或讓它延期**。不須採取行動的東西，可以丟掉，或歸檔以供日後參考。如果需要採取的行動，是屬於多重步驟的計畫，像是凱瑞主持表彰屠圖主教的慈善晚宴的準備工作，則可以一併歸入該計畫清單、電腦檔案或檔案櫃。凱瑞一一檢視所有文件、所有未回覆的電子郵件、還有在電腦和心中所有未完成的事項，找出了幾十件個人和工作計畫，這個份量還算正常。艾倫的客戶通常都能整理出三十到一百件計畫，每一件都至少包含好幾項工作，他們光是初步清理、分類和處理，就得花上一、兩天。凱瑞整理出所有計畫後，必須一一訂出明確的下一步行動。慈善晚宴的下一步是什麼呢？凱瑞清理這些東西時，艾倫就跟著在他辦公室坐了一整天。

「他就這樣大剌剌地坐在那裏看我整理電子郵件，」凱瑞說。「每當我遇到瓶頸，他會說，『怎麼啦？』我把問題告訴他，他會說，『這麼做。』然後我就這麼做。他非常果斷。只有一、兩次他說，『可以這樣，也可以那樣。你要怎麼做呢？』」艾倫要他把來電和電子郵件用資料夾分門別類，把不確定的案子放入「有一天／也許」（Someday/Maybe）資料夾，並且遵行**「兩分鐘原則」**：兩分鐘以內能完成的事情，不要列入清單，立刻把它完成。

「以前，我看到堆積如山的文件，不知道裏面到底是什麼，我只會說，我的天哪，」凱瑞說。「**那天，我達到了『零態』的境界，這是GTD的術語，是指收件匣裏空空如也——**沒有電話留言、沒有電子郵件，什麼都沒有，連一張紙都沒有——我終於達到了這個境界，感覺到肩膀的重擔全都沒了。這種感覺就像是剛在沙漠中冥想完畢，全世界我都不鳥。只是感到喜悅。」

那一天後，艾倫每個月造訪一次，提供協助，凱瑞表示他一直維持在零態附近。有時候稍微出軌，如果他離開到外地，難免又會堆積東西，但至少他知道這些東西的內容，也自信能夠處理。現在他可以閱讀閒書或上瑜珈課而不會有罪惡感。沒有瑣事的干擾，他能夠專注於重要的事情，像是編寫喜劇劇本等等。「當你想要坐下來好好寫點東西，眼前電話響起、信件堆積如山、還有一堆電子郵件要回，沒有什麼事情要比這更糟的了，」凱瑞說。「你不可能好好發揮實力的。可是，如果你知道你可以把其他的事情處理好，你就能專心寫作，更能發揮創意。」這就是GTD在企業和其他領域的賣點，也是喜劇演員、藝術家和搖滾樂手都對艾倫的清單和資料夾趨之若鶩的原因。

「無論你想從事園藝、攝影或寫書，」艾倫說，「能夠肆無忌憚地丟出所有創意，才是最有效果的做法。創意最好能信手拈來，但首先得要有一張乾淨的書桌。一次為一件事零亂已經是你的能力極限，讓兩件事亂在一起，你就慘了。你也許想要與上帝對話，但如果這個時候貓飼料又快吃完了，你最好趕緊處理。否則，貓飼料這件事會占據你大部分的注意力，讓你遍尋不到上帝。」

可是，為什麼把買貓飼料這件事寫在清單上會那麼困難呢？為什麼艾倫的企業客戶即使付了一天兩萬美元的費用請他親自從旁協助，他們還是常常找藉口不處理桌上的東西呢？艾倫有時得一路跟到洗手間，把他們抓回來。他眼見許多客戶為了最瑣碎的決定和下一步行動所苦惱，這才了解為什麼「決定」（decide）會和「殺人」（homicide）有相同的字根：拉丁文caedere，意思是「削減」或「殺害」。

「我們想要決定如何處理事情或該看哪部電影時，」艾倫說，「我們內心並非只有一種聲音，想想有這麼多的選擇！內心有一股強大的力量會說，**如果我決定選這部電影，我就殺掉**

了其他電影。你可以一直假裝你知道該做什麼，可是一旦面臨選擇，就得處理腦中的懸念：你錯了，你對了，你錯了，你對了。每一次面臨抉擇，你便進入了一種存在的空虛。」

一般來說，存在的空虛並不是心理學家能在實驗室輕易觀察到的狀態。可是，當人們在這樣的空虛狀態中待太久，陸續顯現的後果就比較容易測量出來。稍後會看到，有人還可能開始步上艾略特・斯皮策（Eliot Spitzer）的後塵。

註釋

❶ 修身計畫：Benjamin Franklin, *The Autobiography of Benjamin Franklin* (Philadelphia: Henry Altemus, 1895), 147–64.

❷ 富蘭克林炫耀小冊子：W. Isaacson, *Benjamin Franklin: An American Life* (New York: Simon & Schuster, 2003), 92.

❸ 目標互相衝突研究：R. A. Emmons and L. A. King, "Conflict among Personal Strivings: Immediate and Long-Term Implications for Psychological and Physical Well-being," *Journal of Personality and Social Psychology* 54 (1988): 1040–48. 另見H. W. Maphet and A. L. Miller, "Compliance, Temptation, and Conflicting Instructions,"

Journal of Personality and Social Psychology 42 (1982): 137–44.

❹ 成癮者的未來觀：W. Bickel and M. W. Johnson, "Delay Discounting: A Fundamental Behavioral Process of Drug Dependence," in G. Loewenstein, D. Read, and R. Baumeister, eds., *Time and Decision* (New York: Russell Sage, 2003), 419–40.

❺ 中心目標和邊緣目標：A. Bandura and D. H. Schunk, "Cultivating Competence, Self-Efficacy, and Intrinsic Interest Through Proximal Self-Motivation," *Journal of Personality and Social Psychology* 41 (1981): 586–98.

❻ 荷蘭邊緣目標研究：M. L. De Volder and W. Lens, "Academic Achievement and Future Time Perspective as a Cognitive-Motivational Concept," *Journal of Personality and Social Psychology* 42 (1982): 566–71.

❼ 日計畫與月計畫：D. S. Kirschenbaum, L. L. Humphrey, and S. D. Malett, "Specificity of Planning in Adult Self-Control: An Applied Investigation," *Journal of Personality and Social Psychology* 40 (1981): 941–50. 另見 D. S. Kirschenbaum, S. Malett, L. L. Humphrey, and A. J. Tomarken, "Specificity of Planning and the Maintenance of Self-Control: 1 Year Follow-up of a Study Improvement Program," *Behavior Therapy* 13 (1982): 232–40.

❽ 拿破崙先打再想：O. Connelly, *Blundering to Glory: Napoleon's Military Campaigns* (Lanham, MD: Rowman & Littlefield, 2006), p. ix.

❾ 普魯士的軍事規畫：H. Koch, *A History of Prussia* (New York: Dorset, 1978).

❿ D日作戰規畫："First U.S. Army Operations Plan 'Neptune,'" 1944, reprinted at Primary Source Documents, Encyclopedia Britannica, http://www.britannica.com/dday/table?tocId=9400221.

⓫ 羅伯特・麥納瑪拉：G. M. Watson Jr. and H. S. Wolk, "'Whiz Kid': Robert S. McNamara's World War II Service," *Air Power History,* Winter 2003, http://findarticles.com/p/articles/mi_hb3101/is_4_50/ai_n29053044/?tag=content;col1. 另見 Tim Weiner, "Robert S. McNamara, Architect of a Futile War, Dies at 93," *New York Times,* July 6, 2009, http://www.nytimes.com/2009/07/07/us/07mcnamara.html?_r=1&sq=Robert%20McNamara%20obituary&st=nyt&scp=4&pagewanted=all.

⓬ 大衛・艾倫：關於他的GTD詳細內容，請見艾倫的著作*Getting Things Done* (New York: Penguin Books, 2001); *Making It All Work* (New York: Penguin Books, 2008); 以及他公司網站http://www.davidco.com/. 自傳資料請見Gary Wolf, "*Getting Things Done:* Guru David Allen and His Cult of Hyperefficiency," *Wired,* June 25, 2007, http://www.wired.com/techbiz/people/magazine/15-10/ff_allen?currentPage=all; 還有Paul Keegan, "How David Allen Mastered Getting Things Done," *Business 2.0 Magazine,* July 1, 2007, http://money.cnn.com/magazines/business2/business2_archive/2007/07/01/100117066/index.htm. 針對GTD的研究請見F. Heylighen and C. Vidal, "Getting Things Done: The Science behind Stress-Free Productivity," *Long Range Planning* 41, no. 6 (2008): 585–605, http://dx.doi.org/10.1016/j.lrp.2008.09.004.

⓭ 丹尼・歐布萊恩的調查：C. Thompson, "Meet the Life Hackers," *New York Times Magazine,* October 16, 2005, http://www.nytimes.com/2005/10/16/magazine/16guru.html?scp=1&sq=zeigarnik&st=nyt.

⓮ 蔡格尼效應：E. J. Masicampo and R. F. Baumeister, "Consider It Done!: Making a Plan Eliminates the Zeigarnik Effect" (manuscript submitted for publication, Tufts University).

第4章 決策疲勞

人想要成為人，
就得統治自己這個王國；
至高無上，從挫敗意志中坐穩王位，
壓抑一切希望和恐懼，
只為了好好做自己。

——雪萊十四行詩〈政治的偉大〉（Political Greatness）

在探討決策之前，先做個和政治有關的練習。假設你是個已婚男子，而且是美國東北部最大州的州長。你在辦公室忙了一整天，好不容易傍晚時能上網放鬆一下。你碰巧看到——其實也不算碰巧——一個網站宣稱「專為傑出人士提供最佳的國際社交服務」。網站的名稱叫做「帝王俱樂部VIP」。

該俱樂部表示：「我們的宗旨，是讓生活更平靜、均衡、美好和有意義。」為彰顯這些宗旨，網站上放了許多年輕女性的照片，其中很多人身穿透明內衣，每一位女性都有某一數量的鑽石代表她的評分。你只要付一筆「入會費」，就可以任選一位女性共度一段時光。你得決定，以下哪一個選項能為你的人生創造最大的「均衡」？

A.到莎凡娜公司裏的美術館欣賞印象派畫作。莎凡娜是「專職藝術家，心美、人美，」一小時一千美元，必須付現。

B.和芮妮共進晚餐。芮妮是「義大利／希臘混血模特兒，」她「喜愛托斯卡尼葡萄酒、濃縮黑咖啡、和男人香水的清新味道，」一小時一千五百美元，以匿名匯票付款。

C.與克莉絲汀在飯店房間共度春宵。克莉絲汀今年二十三歲，她形容自己「有深度、有層次，」身上還有一個拉丁文刺青。一小時一千美元，自銀行個人帳戶電匯。

D.與瑪雅約會一整天。瑪雅獲得七顆鑽石的評價，擁有「無與倫比的美貌和令人震懾的魅力。」三萬一千美元的費用可以報你的州長公關費，名目為「個人均衡諮詢」。

E. 詢問你的政治顧問長，哪一個女人最適合你。

F. 關掉網頁，打開C-SPAN新聞頻道，並沖個冷水澡。

並不是很難的決定，對吧？但為什麼艾略特．斯皮策（Eliot Spitzer）擔任紐約州長時會如此困擾呢？他選擇了C（克莉絲汀），和許許多多精明的政客和企業高層一樣，因為無來由的愚笨決策而身敗名裂。當年斯皮策擔任檢察官時，曾大力打擊召妓賣淫，而今他不但和克莉絲汀在旅館幽會，甚至還從自己的銀行帳戶匯了可追蹤的帳款到「帝王俱樂部VIP」。❶他非常清楚身為州長，一舉一動都受到嚴格監督；他也曾親眼目睹召妓的後果和法律風險。他仕途長征當上州長，建立了熟諳政治、嚴以律己、為人正直的好名聲。為什麼一旦美夢成真就昏了頭呢？權力真的使人腐化，還是他本來就是個自戀狂，自以為無所不能？難道他潛意識裏想毀了他的事業嗎？在內心深處，他會不會後悔？或者，大權在握之後，他覺得自己可以為所欲為？

以上答案無所謂對錯，我們也無意加以釐清，或對斯皮策進行心理分析。可是，對於他的行為，我們倒是能提出另一個原因——這也能解釋許多企業高層為什麼一時頭腦不清，毀了事業和家庭。當斯皮策召妓、南卡羅萊納州州長飛到布宜諾斯艾利斯私會女友、以及柯林頓總統和實習生鬧性醜聞時，他們都處於某種職業風險之下，他們都是小布希總統曾用來描述自己的「決策者」（decider）。無論是企業執行長的事業生涯，還是疲倦的法官為罪犯定罪，**決策疲勞**（decision fatigue）的問題影響深遠。無論是大人物或一般人，決策這件事都在人們的日常生活中發威，可是卻很少人警覺到這一點。如果問做決策這件事是否消耗意志，讓自己更難抗拒誘惑，多數人都會否認。但是一個理性的人居然會對同事和家人發脾氣、大肆血拼、在超市大買垃圾食物、而且無法拒絕車商幫他們的新轎車加裝全車防鏽，他們不知道，決策疲勞才是背後的元兇。❷

這種危害最早由鮑梅斯特實驗室的金．敦吉（Jean Twenge）所發現。敦吉是博士後研究生，她從事自我控制研究時，正同時忙於籌備她的婚禮。她讀到該實驗室之前做的幾項研究，像是抗拒巧克力餅乾會耗損自制力等等，想到了自己最近相當傷神的經驗——登記結婚禮物；這是跟店家登記、向親友索求禮物的奇怪傳統。儘管成年人向別人伸手要禮物一般認為是很無禮的行為，但是由新人列出禮物清單，如今被認為是讓大家方便的一種社交儀式。客人不用費心思選購禮物；新人不用擔心最後會收到三十七個湯碗，而完全沒有湯勺。可是，這不代表當中沒有壓力。那天晚上，敦吉和未婚夫看著店裏提供的商品目錄，研究了老半天，才發現光是決定清單就很不容易。瓷器要選什麼花樣呢？菜刀要選哪一個品牌？哪些種類的毛巾？什麼顏色？床單到底要選多少紗織數？

「到最後，」敦吉告訴實驗室裏的同事，「旁人的意見我全部都聽。」她認為，她選擇禮物的經驗和意志力耗損非常類似。她和其他心理學家思索著如何測試這個概念。他們想起附近有家百貨公司正在進行清倉大拍賣，許多商品都降價到實驗室預算的範圍內。於是研究人員去搶購了好幾車簡單的商品——這些東西當然比不上奢侈華麗的結婚禮品，但也足夠吸引大學生了。

第一項實驗，研究人員讓受試者看到一整桌新買來的商品，並告訴他們實驗結束後，每個人都可以獲得其中一樣。有些學生被告知要由他們自己做選擇，自行選出最後獲得的禮品。於是他們面臨一連串的抉擇，每次都是二選一。喜歡鋼筆，還是蠟燭？喜歡香草味道的蠟燭，還是杏仁味道的蠟燭？或是喜歡蠟燭還是T恤？黑色T恤還是紅色T恤？同時，對照組——被稱為「非決定者」（nondecider）——有同樣長的時間思考同一批商品，但他們不需要做任何選擇。他們只需要為每一件商品給出個人評價，並回答過去半年內使用這些商品的頻率。之後，每個人都進行典型的自我控制測驗：把手放進冰水裏，看能撐多久。冰水令人難以忍受，會有把手抽出來的衝動，要讓手泡在冰水裏需要自律。結果，決定者要比非決定者更早就放棄。做了那麼多抉擇後，意志力明顯大傷，而其他的決策實驗也一再顯示相同的現象。

有一些實驗要學生仔細閱讀大學課程目錄，為自己選課。還有一項實驗專門為剛剛選上心理學的學生設計，詢問他們對課程內容的期望，並要他們做出一連串選擇：像是要觀賞哪些電影、幾次小考等等。做完選擇後，有些學生得參加解題。他們被告知要考數學題目來測驗智商，而且如果先花十五分鐘練習，成績會更好——可是，研究人員除了給他們練習的題目之外，還留了幾本雜誌和掌上型電玩以誘惑他們分心。結果一再顯示，做決定會耗損學生的精力。非決定者花了一樣的時間評估一些不需要做決定的資訊，相較之下，決定者更快放棄解題，這些人沒能充分利用那十五分鐘做練習，紛紛以看雜誌和玩電動來消磨時間。

最後，實驗移師到現實世界，研究人員來到做決定的偉大現代場景：購物中心。研究人員到了市郊一座大型購物中心訪問購物者當天的購物經歷，並要他們解答幾個簡單的算術問題。研究人員禮貌地請他們盡量多算幾題，但隨時都可以停止。可想而知，那些已經在各家商店做太多決定的購物者很快就放棄解題。當你血拼到極致，你的意志力也累垮了。在現實層面上，這項實驗顯示了血拼的危險。在理論層面上，以上實驗的結果引出了一個新問題：哪一種決定最耗損意志力？哪一種抉擇最困難？

橫渡盧比孔河

心理學家發現有兩種主要的心理過程：自動的與經過控制的。自動的過程就像算出四乘以七一樣，毫不費力。若有人說「四乘以七」，你可能想都不想就脫口說出二十八——所以這個過程叫做自動的過程。反之，要計算二十六乘以三十就需要費點工夫，才能算出答案是七百八十。困難的數學運算也和邏輯推理一樣，你要遵循某種系統規則，從一組資訊出發到另一組新資訊，這需要耗用意志力。做決定時，往往也會經歷這種過程，心理學家稱之為「**行動階段的盧比孔河模型**（Rubicon model）」。❸凱撒率軍來到河邊，他知道將領不得帶兵渡過盧比孔河的禁忌。他了解一旦破除這個禁忌，就會引發內戰。他在高盧這一邊的河岸等待，進入「決定前階段」，思考著他的目標和可能性有哪些潛在代價和利益。然後，他停止評估，進入「決定後階段」，率軍越過盧比孔河，套句凱撒的話：「骰子已丟出，義無反顧。」

整個過程都會耗損意志力，但哪一個部分最令人疲累呢？耗損主要來自於決策前的評估嗎？此時，敦吉和其他多位研究人員已經為了這項冗長的計畫耗損不少精力，可是，頂尖學術雜誌希望能蒐集到更多答案，再出版這份研究。這時，善於突破瓶頸的資深「推手」凱薩琳．佛斯（Kathleen Vohs）接手，將這項計畫推升到最後階段。她使用戴爾電腦公司的自助服務銷售網站設計了一項實驗。在dell.com網站上，顧客可以研究商品，並裝配自己想要的電腦，自行選擇硬碟大小、螢幕種類和其他許多功能。在這項實驗中，受試者經歷了和戴爾電腦顧客一樣的選擇過程（只不過最後沒有真正購買電腦）。

每位受試者隨機分配到三項任務中的其中一項。有些人得先比較許多電腦功能，但不用做出選擇。他們只需思考這些選項和價格，確認自己的偏好和想法，但不用選定。這麼做的目的是複製「決定前思維」，但不用真正決定。

第二組則是拿到一張已決定的選項清單，並要點選所需的選項。他們必須經過費時費力的層層關卡，在各式各樣的選項中找到正確的規格，並點選購買。這麼做的目的是複製做出決定後，進入「決定後階段」的一切狀況。第三組則需要選擇他們自己想要的電腦具備哪些規格。他們所做的，不僅僅是思考選項或執行他人的決定，他們還得丟出骰子、破釜沉舟，自己做決定，結果發現這是最令人疲累的一環。事後每個人都做了自我控制測驗，看看能答幾題字謎遊戲，結果，那些實際做出決策的人比其他人更早放棄答題。大至決定整個帝國的命運，小至決定電腦硬碟的大小，橫渡盧比孔河似乎都是很艱鉅的心理任務。

可是，假設我們面臨的抉擇遠比挑動內戰或思考電腦規格簡單許多，假設整個過程讓你樂在其中，這些抉擇是否仍會耗損意志力？研究人員為了研究這一點，進行了另一個版本的結婚禮品登記實驗，但這一次，他們找來對這件事抱持不同看法的人。有些年輕男女比金．敦吉更熱中於為自己選結婚禮物這件事。他們說他們很期待做選擇，事後也表示樂在其中。但同一實驗中也有人非常厭惡挑選瓷器、銀器和家電等這整個過程。

不出意料，對於那些樂在其中的人來說，這個過程的耗損程度不大——但還是有個極限。如果受試者拿到的是一份可以在四分鐘內選擇完畢的商品清單，那麼，樂在其中的人可以輕鬆完成，完全不用耗損意志力；相較之下，討厭選禮品的那一組就連這短短的幾分鐘也受不了。可是，如果清單較長、整個選擇過程需要花十二分鐘，那麼，兩組人馬耗損的程度都一樣高（也就是說，他們在測試時所展現的自制力，低於完全沒有做選擇的對照組）。幾個愉快的抉擇顯然不累人，可是，時間一長，自由選擇似乎就不再「自由」了，至少當你得自己做選擇時是如此。

不過，幫別人做選擇倒不見得一樣困難。幫自己的客廳選擇適當的家具也許很煩人，但是當不熟的朋友請你決定他們家的裝潢時，你絕對不會如此費心。研究人員詢問受試者許多住宅裝潢的問題，結果發現幫不熟的朋友決定裝潢，要比幫自己決定裝潢來得輕鬆。儘管幫一個你不知道對方品味的友人挑選沙發似乎很困難，可是由於你不在乎選擇結果，困難度自然比較低。畢竟，你不需要每天看到這張沙發。當你知道有其他人一定會橫渡盧比孔河，對岸看起來就不那麼可怕了。

法官的兩難（與囚犯的不幸）

以色列的監獄裏有四名囚犯最近申請假釋，由法官、犯罪專家和社會學家三人組成的委員會負責審查他們的案子，委員會定期舉行為期一天的聽證會，討論囚犯的申請。這四件案子有幾個相似之處：每位囚犯都是累犯；每人都已服了三分之二的刑期，如果獲得假釋，都能參加感化計畫。可是，這四人也有不少差異，最後委員會只同意了其中兩人的假釋申請。以下列出這四個案例，猜猜看誰獲得假釋、誰繼續服刑：

案例一（聽證會於早上八點五十分舉行）：阿拉伯裔以色列男子因詐欺被判三十個月。
案例二（聽證會於下午一點二十七分舉行）：猶太裔以色列男子因傷害罪被判十六個月。
案例三（聽證會於下午三點十分舉行）：猶太裔以色列男子因傷害罪被判十六個月。
案例四（聽證會於下午四點二十五分舉行）：阿拉伯裔以色列男子因詐欺被判三十個月。

委員會的決定有固定模式，但是光從囚犯的種族背景、犯罪內容、或刑期是看不出來的。在思考時，你不妨記住關於長久以來針對法律系統性質的一個爭議。傳統的一派將法律系統視為自動公平執行：就像蒙眼的正義女神衡量天平的傳統形象。另一派則認為定罪時要強調人性弱點的重要性，而非強調抽象的法條。有人諷刺這些所謂的「法律現實派」的正義要看「法官早餐吃什麼」。

哥倫比亞大學的強納森．勒法夫（Jonathan Levav）和以色列本古里昂（Ben-Gurion）大學的夏伊．丹辛格（Shai Danziger）率領一群心理學家測試了現實派的理論。他們檢視以色列監獄系統裏輪流擔任假釋委員會主席的法官們，在十個月內所做的一千多個假釋審查決定。每一位法官先聽囚犯本人的陳述後，再諮詢委員會中的犯罪學家和社會學家，便決定是否同意假釋。法官若同意假釋，不但能讓罪犯和他的家人開心，也能為納稅人省錢。可是，假釋犯也有再度犯罪的風險。

平均來說，每位法官在每三位罪犯中，會同意一位假釋，可是，研究人員卻從所有法官的決定中發現到一個非常顯著的模式。在早上較早時候舉行的聽證會，罪犯獲得假釋的比例高達百分之七十。聽證會排在下午的罪犯，獲得假釋的比例不到百分之十。因此，在以上四個案例當中，案例一獲得假釋的機會最高，他的聽證會在早上八點五十分舉行，是當天審查的第二件案例——事實上，這名罪犯也的確如願獲得假釋。可是，即使案例四的罪犯所犯的罪行和刑期都和案例一相同——都是詐欺罪——但由於他的聽證會是在下午四點二十五分舉行（不是在同一天），因此獲得假釋的機會不大。而實際上他也像其他多數聽證會排在下午的罪犯一樣，並未獲得假釋。

不過，從早上到下午，法官的決定並非穩定的轉變。一天當中，還有另一個明顯的模式。在早上大約十點半之前，是假釋委員們的休息時間，法官們有三明治和水果可吃，補充他們血液中的葡萄糖。（還記得那些沒吃早餐的學童，在十點左右吃了點心以後，立刻變乖、上課更專心嗎？）聽證會被排在快到休息時間之前的罪犯，獲得假釋的比例只有百分之十五，這表示七個當中只有一個可以假釋出獄。反之，點心時間之後的第一名罪犯，獲得假釋的比例約為百分之六十五——高達三分之二。

午餐也造成同樣的情況。中午十二點半，馬上就要吃午餐，此時獲得假釋的機會只有百分之二十，但如果你在午餐後才出席聽證會，則獲得假釋的機會超過百分之六十。上述案例二的囚犯很幸運，排到的時間是午餐後的第一個，而他也如願獲得假釋。案例三的囚犯所犯的罪行和刑期都和案例二相同，同樣也排在下午，只不過晚一點，是三點十分。他不是下午第一位，而是第十二位，自然受到時間所拖累：假釋被拒。[4]

審判是艱鉅的心理工作。法官一個又一個的審判案件，他們的大腦和身體不斷耗損葡萄糖，稍早也提過，葡萄糖正是意志力的重要能量。姑且不論他們個人的哲學——鐵腕打擊犯罪，還是著重改過自新——他們做決定的心理資源會越來越少。因此，可想而知，他們會偏向做出風險較低的選擇（對他們自己而言）。這對於囚犯來說雖然非常不公平——憑什麼只因為法官還沒吃點心，他就要繼續待在監獄裏？——但這種偏頗不僅發生在法律界，也可能出現在各種情況。意志力和決策之間的關聯有兩種運作方式：**決策會耗損意志力，而意志力的耗損會影響決策能力**。如果你的工作需要你持續做出困難決定一整天，到某個時候你就會感到疲累，開始設法保留精力。你會找藉口避免或延遲做決定。你會尋找最簡單、最安全的選項，多半也就是維持現狀：讓囚犯繼續待在監獄裏。

對於法官來說，拒絕假釋似乎是比較簡單的判決，因為它留有更多餘地：法官保留了在未來釋放這名囚犯的選擇自由，同時也兼顧了讓他暫時安份地待在獄中的選項。人們之所以會抗拒做決定，部分原因是害怕放棄選擇的自由。決定時會放棄的選擇越多，就會越害怕捨棄重要的選項。有些大學生雙主修或修輔系，不是因為他們想證明自己的能力，或對未來職涯有什麼偉大的整合計畫，像是政治和生物學等。他們只是無法拒絕任一科系。選定單一主修就等於宣判放棄另一科系，而研究發現即使其他選項沒有多大用處，但人們還是很難斷然放棄。當意志力降低時，這種不願放棄任何一個選項的心態就更加明顯。**做決定需要意志力，而在意志力耗損的情況下，人們會竭盡一切延遲或躲避決定。**

有個實驗請人們選出幾個他們想要購買的物品。之前已做了自我控制行為，意志力已經耗損的人表示什麼都不買，先躲避決定的情況比其他人都要多。還有一項研究要人們想像他們手上有一萬美元，而且沒有儲蓄的需要。然後，研究人員提出一個投資機會，並詳細說明平均風險和報酬率。這是個不錯的投資標的，因為風險和報酬都很合理。當人們的意志力未受耗損時，多數人都表示願意投資。反之，耗損者則表示不想動用這筆錢——他們的決定完全不符合成本效益，因為把錢留在低利率的帳戶中和賠錢無異，但這麼做卻比做決定容易得多。❺

這種拖延形式可以說明為什麼人們總愛延後做出此生最大的決定：選擇你的另一半。在二十世紀中期，人們多半二十出頭就成家。隨著時代進步，男女雙方都有更多選擇。越來越多男女留在學校繼續進修，並追求需要長時間準備的事業發展。避孕藥的出現，再加上社會價值的改變，人們可以享受性愛，不一定要結婚。越來越多人遷入大城市，伴侶的選擇因而大增，選擇多了，就比較不擔心失去。堤爾尼曾在一九九五年為一篇專欄做了一項半科學性質的研究，調查紐約市的一個現象：為數眾多頭腦聰明、外表出眾的人抱怨找不到伴侶。除了夏威夷一個以前專門安置痲瘋病患的小島之外，曼哈頓的單身男女人數居全美之冠。

是什麼讓紐約人如此孤獨呢？堤爾尼研究波士頓、巴爾的摩、芝加哥、洛杉磯和紐約的雜誌上的交友廣告，發現在這當中最大的城市——紐約，單身男女列出的交友條件最為苛刻。《紐約》（*New York*）雜誌裏的交友廣告平均列出五・七項要求標準，比名列第二的芝加哥（四・一項標準）高出許多，更是其他三大城市平均值的兩倍。紐約有位女子在交友廣告裏寫著：「不想定下來嗎？我也不想！」她表示自己「熱愛紐約的一切，」但這「一切」並不包括不帥、事業不成功、身高不到五呎九吋、二十九到三十五歲以外的紐約男人。還有一位紐約女子要找身高五呎十吋以上、愛打馬球的男人。有位律師對他夢寐以求的「公主」開出了二十一項條件，還表示他對自己至今依舊心無所屬感到「震驚」。❻

這項交友廣告調查只是非正式的研究，但最近有不少研究團隊針對人們對伴侶的選擇進行更嚴謹的研究，也獲得類似的結論。他們觀察了上萬名男女透過線上交友或聯誼活動尋找愛侶的情況。交友服務網站要求顧客填寫非常詳細的個人特質問卷調查。理論上，這份詳細的個人檔案應該能幫助人們找到適合的伴侶，但實際上它卻提供太多資訊、太多選擇，讓人變得不可理喻的挑剔。研究人員——芝加哥大學的岡特．希施（Gunter Hitsch）和阿里．霍達斯庫（Ali Hortacsu），以及杜克大學的丹．艾瑞利（Dan Ariely）——發現交友網站的顧客查看眾多個人檔案後，真正見面約會的不到百分之一。而聯誼活動通常只有一、二十人左右，「速配」成功率要高一點。每個人都有機會和每位異性交談幾分鐘，然後，所有參與者交出評分卡，註明他們想再見到哪些人，互相看對眼的就配對成功。平均每位參與者可以從十人當中找到一位配對成功，有些研究甚至出現十分之二到三的機率。聯誼活動中的異性人數較少，而且活動很快就會結束，因此人們能夠很快地選定對象。但是，艾瑞利表示，由於網路交友選擇太多，人們往往只會一直瀏覽。❼

「你要考量的標準那麼多、可選擇的人那麼多，你開始努力追求完美，」他說。「你不想隨便找個身高、年齡、信仰和其他四十五個方面都不符你要求的人。」為進一步研究這種不願放棄選擇自由的心理，艾瑞利觀察人們玩電腦遊戲的表現，遊戲內容是，把門打開，找到房間裏的獎金，就可以實際獲得現金。最佳策略是把螢幕上的三個門全部打開，看哪一個房間的獎金最高，就留在那個房間裏。可是，就算人們學到這項策略，當有其他功能出現時，便很難堅守原來的策略：一離開房間，房門就會開始縮小，最後消失不見，再也無法進入。

這一點讓玩家十分困擾，最後乾脆跳回房間讓房門開著，就算整體獲利大減也在所不惜。

「關掉其中一個選項感覺上等於是損失，為了避免這種損失的感覺，人們寧願付出代價，」艾瑞利說。❽這麼做有時候很有道理，但我們多半太想保留選擇的自由，而沒有看到我們長期付出的代價——或別人付出的代價。你不願屈就不夠完美的伴侶，最後只能孤獨終老。當父母親無法斷然準時下班，他們的子女也跟著遭殃。法官無法頭腦清楚地做出困難的假釋決定，就等於是鎖上了監獄的大門。

懶人的選擇

協商、取捨是人類的天性。在動物世界裏，你很難看到掠食者和獵物僵持不下的情形，但是人類就會。協商是特別複雜而困難的一種決策形式，因此在意志力耗損時，協商、取捨的能力會是第一個被犧牲的，當我們血拼到超累的時候尤其如此。

購物者會不斷面對品質和價格之間的取捨，而這兩者的變化往往又不成比例。品質通常追不上價格增加的幅度。一瓶一百美元的葡萄酒通常要比一瓶二十美元的酒還要好，但真的有好到五倍之多嗎？一晚一千美元的旅館房間真的比兩百美元的房間好上五倍嗎？這些問題都沒有客觀正確的答案——全看你的品味和預算而定。可是一百美元的酒和一千美元的旅館房間相對稀少，表示多數人不認為額外的品質值得多付那麼多錢。價格增加到某個臨界點，品質就無法亦步亦趨了。能夠剛好選到這個臨界點是最理想的，可是，要找出這個點是非常費力的事。

當意志力薄弱時，就比較沒辦法做出這類取捨。這時你就變成研究人員口中的「**認知吝嗇鬼**」（cognitive miser），想要避免取捨以保留你的精力。[9]此時你很容易只鎖定其中一個層面，像是價格——給我最便宜的就好。或者你決定寵愛自己，只看品質——我要最好的（如果是別人付錢，則這項策略更加容易）。

決策疲勞讓我們很難提防那些善於安排推銷步調的行銷人員。哥倫比亞大學的心理學家強納森·勒法夫以訂做西裝和新車這兩項商品進行實驗後，證明了這項論點。這些實驗的構想也和金·敦吉一樣，特別選在婚禮準備期間。勒法夫聽從未婚妻的建議，去找某位西裝師傅訂做西裝，面臨的包括布料、織法、釦子樣式等一連串的選擇。

「等到我翻完第三堆布料樣本後，我真想殺了我自己，」勒法夫回憶道。「我已經看不出這些選擇有何不同。沒多久，我對師傅唯一的回答變成：『你建議哪一種？』我已經受不了了。」

最後，勒法夫並沒有訂做西裝（一套兩千美元的價格使得他不難做出這樣的決定），不過，他也將這次的個人經驗，用在和德國基爾大學的馬克·海特曼（Mark Heitmann）、瑞士聖加倫大學的安德瑞亞・赫曼（Andreas Herrmann）及哥倫比亞大學的許娜・伊恩格（Sheena Iyengar）一起合作的幾項實驗當中。其中一項實驗，讓瑞士的企管碩士班學生挑選訂做西裝；德國的實驗則是在車商進行，暗中觀察顧客為其購買的新車挑選各種配備的情況。例如，買車者——他們都是實際掏錢購買的顧客——必須比較四種換檔手把、十三種輪胎和輪圈、二十五種引擎和變速器配置、以及五十六種汽車內裝顏色樣本。

顧客開始挑選配備，仔細衡量各種選擇，但隨著決策疲勞發揮作用，他們開始接受預設選項。一開始面對的選擇越艱難——像是比較五十六種內裝顏色，好不容易選出濃淡中意的灰色或咖啡色——就越快感到疲累，然後便會開始選擇預設選項，也就是最省力的方式。當研究人員刻意改變顧客的選擇順序後，發現顧客最後被動接受的選項並不相同，而且最後的總價居然會差到一千五百歐元以上（以當時匯率來看，約為兩千美元）。顧客最後是否多付錢購買酷炫的輪胎鋼圈或馬力更強的引擎，全看該選項的時間早晚，以及當下顧客還剩多少意志力。❿訂做西裝的實驗也出現類似結果：人們一旦開始出現決策疲勞，就越容易接受店家的建議選項。和先做簡單決定、再做困難決定的情況相比，先挑選項最多的困難項目——如一百多種西裝布料等——就越快感到疲累，並顯示整個購物經驗較難讓他樂在其中。⓫

有時做決定讓購物者太過疲累，最後會乾脆不買，不過，精明的行銷人員總是有辦法善用決策疲勞，光是到自家附近的超市走一趟，就能看出這項策略。在你逛遍每條走道，絞盡腦汁選擇有營養的食物和實用的物品後，在收銀台前排隊時又有哪些商品在等著你？八卦雜誌和巧克力棒。這些都是人們會衝動購買的東西。在你的衝動控制力最薄弱的時候——在你決策疲勞的大腦渴望補充葡萄糖時，讓你看到巧克力棒，這並非偶然。

你想要現在拿錢，還是之後拿更多？

假設，我們提供兩張寫了日期和金額的支票讓你選擇，做為你讀完本章的獎賞。一張面額一百美元，明天可以兌現。另一張面額一百五十美元，要等到一個月後才能兌現。你會選擇哪一張？

對於經濟學家來說，現在或之後拿錢的問題是自我控制力的典型測驗。市面上不太可能有可靠的投資（至少合法的沒有）能讓你在一個月內讓資金增加百分之五十。除非你有特殊管道可以讓你的錢在一個月內倍增，或者眼前急需用錢，否則拒絕一百美元的快錢，等待一個月後獲得一百五十美元，是最明智的做法。所以，一般來說，在面對這類問題時，最佳答案是選擇稍後獲得較多的錢。拒絕短期誘惑、選擇長期更大報酬不僅是致富的原則，也是文明發展的聰明策略。第一批農人犧牲將果實立刻吃進肚子裏的享受，而選擇播種耕種，這需要超凡的意志力。

那麼，為什麼實驗顯示，我們這些溫飽的後代會選擇馬上拿一百美元，而不是等一個月再獲得一百五十美元呢？原因之一，這又是人們在之前勞心勞力、自我控制耗損後，選擇不理性捷徑的另一個例子。研究人員要人們在小而早和大而晚的獎賞中做出選擇前，先給他們喝含糖飲料，結果發現只要趕快補充葡萄糖，就可以壓下這種短利思維。[12]

麥克馬斯特大學（McMaster University）的瑪爾哥．威爾森（Margo Wilson）與馬丁．達利（Martin Daly）在一項巧妙的研究中，發現了人們選擇快錢的另一個原因。[13]這兩位演化心理學家在實驗一開始，先請年輕男女從明天兌現的支票，和之後才能兌現但金額更大的支票當中做出選擇。接著，他們進行喜好測驗，給受試者看人和汽車的照片，並依喜好程度排列。人的照片截取自hotornot.com這個由網友上傳自己照片的網站，網站並將照片從一到十分，排出吸引力等級。有些年輕男女看到的是網站上評分原本就很高的異性照片（九分以上）；有些人看到的則是不怎麼高分的照片（五分左右）。其他受試者要評分的則是汽車照片，有些人看的是漂亮的車，有些人看的則是爛車。

接著，每個人又被問了要選立刻拿錢、還是稍後獲得更多錢，研究人員想知道看照片是否會改變受試者對於報酬的偏好。汽車照片對於年輕男性完全沒有影響，對於年輕女性則稍有影響——看過漂亮車子照片的女性變得稍微偏向立刻拿錢。人們也許會認為是因為看了漂亮的跑車會讓年輕女性稍微更想立刻獲得滿足，但是這方面的改變非常小，因此研究人員不願從中做出任何結論。之前看了男性照片的女性受試者受的影響就更小了，不管看的是不是帥哥，她們的決定都沒有改變。而看過平庸女性照片的男性受試者，也沒有改變他們的選擇。

不過，倒是有一組出現非常劇烈的改變：**剛剛看過美女照片的男性受試者不再願意等待更大報酬，而改為立刻領賞**。顯然的，看到了美女會讓男人想立刻拿到現金。他們放眼現在，而不是未來。這種現象也許深植於靈魂深處，在漫長的演化當中形成。最新的ＤＮＡ研究顯示，過去多數男人都是祖先一脈繁衍——他們繁殖的機會只有女人的一半。[14]（有像成吉思汗這樣多子多孫的男性，就表示有許多其他男性的基因列未能延續。）因此，如今的男性是少數得以繁殖的男性祖先的後代，他們的大腦似乎會對任何能提高繁殖的機會做出立即反應。其他研究也顯示，男人看到美女（不是美女則否）會啟動大腦中的阿控伯核（nucleus accumbens），而這個部分和大腦中對現金和甜食等獎賞有反應的部分相連。在過去，看到美女就會立刻展現自己的財力和能力，這也許有助於演化；而今，這一點偶爾還是發揮效用，尤其是，如果你認為美女看到你擁有跑車就會心動。顯然，這也是一些高級轎車和奢侈品的行銷策略。廣告公司很早就發現，如果在高價商品旁邊放一個美女，男人更容易衝動購買。

可是，整體來說，如今這種短利思維並不是什麼高明的生活策略——連吸引拜金的異性都很難如願。瑪丹娜在〈拜金女孩〉（Material Girl）唱道：「有存款的男孩才能和我共度時艱。」所以，男性朋友們，如果你正要做出重要的理財決定，不要忙著泡馬子，得先把存款數字拉高才行。如果你是外「貌」協會的政經界高層，在辛苦了一天、意志力已經耗損得差不多的時候，千萬不要在瀏覽「帝王俱樂部ＶＩＰ」網站的照片之後，匆促做出晚上的休閒計畫——或任何長期規畫。

註釋

❶ **艾略特．斯皮策醜聞：**見 W. K. Rashbaum and C. Moynihan, "At a Sentencing, Details of Spitzer's Liaisons," *New York Times,* June 1, 2009, http://www.nytimes.com/2009/06/02/nyregion/02emperor.html?_r=2. 也可參考 *United States of America v. Mark Brener, et al.,* "Affidavit in Support of Application for Arrest Warrants, Search Warrants and Seizure Warrants, Section II: The Emperors Club's Prostitution Crimes: Payment" (United States District Court Southern Court of New York, March 5, 2008); "Emperors Club: All About Eliot Spitzer's Alleged Prostitution Ring," *Huffington Post,* October 18, 2008; and M. Dagostino, "Ex-Call Girl Ashley Dupre," *People,* November 19, 2008.

❷ **關於自我耗損時做選擇**：見K. D. Vohs, R. F. Baumeister, B. J. Schmeichel, J. M. Twenge, N. M. Nelson, and D. M. Tice, "Making Choices Impairs Subsequent Self-Control: A Limited Resource Account of Decision Making, Self-Regulation, and Active Initiative," *Journal of Personality and Social Psychology* 94 (2008): 883–98.

❸ **行動階段的盧比孔河模型**：資料來源很多，但最值得一看的是A. Achtziger and P. M. Gollwitzer, "Rubicon Model of Action Phases," in R. F. Baumeister and K. D. Vohs, eds., *Encyclopedia of Social Psychology,* vol. 2 (Los Angeles, CA: Sage, 2007), 769–71.

❹ **法官的假釋決策之數據**：取自S. Danziger, J. Levav, and L. Avnaim-Pesso, "Breakfast, Lunch, and Their Effect on Judicial Decisions," *Proceedings of the National Academy of Sciences* (in press).

❺ **關於延遲決定和其他決策耗損效應**：A. Pocheptsova, O. Amir, R. Dhar, and R. F. Baumeister, "Deciding Without Resources: Resource Depletion and Choice in Context," *Journal of Marketing Research* 46 (2009): 344–55. 關於延遲決定的研究是該文早期版本的重點，但評論者拒絕，所以只簡短討論。

❻ **城市雜誌裏的徵友廣告樣本**：John Tierney, "The Big City: Picky, Picky, Picky," *New York Times Magazine,* February 12, 1995.

❼ **人們挑選伴侶之嚴謹分析**：G. J. Hitsch, A. Hortacsu, and D. Ariely, "What Makes You Click: An Empirical Analysis of Online Dating," 2005 (unpublished manuscript, available online at http://docs.google.com/viewer?a=v&q=cache:TvqMaYnA544J:www.aeaweb.org/annual_mtg_papers/2006/0106_0800_0502.pdf+Hortacsu+Ariely&hl=en&gl=us&pid=bl&srcid=ADGEESi38lvapp1EsKKrnIz2vihtfNCfFYHwND0063fj76Ll84elqD_

raDLhoQ9-dLiXLhZKN4uc5mJ41_AgiXHbnLePsQlcvcors0nx_ZCe5OLH3rEuuTNWfaFsSbgQoKJ5OWhaCTEw&sig=AHIEtbSk0_weqgMh_LCtbhvPolj-yx6_fg).

❽ 關掉選項：J. Shin and D. Ariely, "Keeping Doors Open: The Effect of Unavailability on Incentives to Keep Options Open," *Management Science* 50 (2004): 575–86.

❾ 避免取捨以保留你的精力：A. Pocheptsova, O. Amir, R. Dhar, and R. F. Baumeister, "Deciding Without Resources: Resource Depletion and Choice in Context," *Journal of Marketing Research* 46 (2009): 344–55. 還有E. J. Masicampo and R. F. Baumeister, "Toward a Physiology of Dual-Process Reasoning and Judgment: Lemonade, Willpower, and Expensive Rule-Based Analysis," *Psychological Science* 19 (2008): 255–60.

❿ 車商與決策疲勞：J. Levav, M. Heitmann, A. Herrmann, and S. Iyengar, "Order of Product Customization Decisions: Evidence from Field Experiments," *Journal of Political Economics* 118 (2010): 274–99.

⓫ 太多選擇之下的負面反應：請見S. S. Iyengar and M. R. Lepper, "When Choice Is Demotivating: Can One Desire Too Much of a Good Thing? *Journal of Personality and Social Psychology* 79 (2000): 996–1006.

⓬ 含糖飲料的葡萄糖能改變短利思維：X. T. Wang and R. D. Dvorak, "Sweet Future: Fluctuating Blood Glucose Levels Affect Future Discounting," *Psychological Science* 21 (2010): 183–88.

⓭ 瑪爾哥．威爾森的巧妙研究：M. Wilson and M. Daly, "Do Pretty Women Inspire Men to Discount the Future?" *Biology Letters* (proceedings of the Royal Society London, B; Suppl., DOI 10.1098/rsbl. 2003.0134, online 12/12/2003).

⓮ **DNA研究顯示男人繁殖的機會較低**：該研究及其意義在以下文章深入探討：R. Baumeister, *Is There Anything Good About Men? How Cultures Flourish by Exploiting Men* (New York, Oxford University Press, 2010) as "most underappreciated fact" about gender differences. 亦可參考 J. A. Wilder, Z. Mobasher, and M. F. Hammer, "Genetic Evidence for Unequal Effective Population Sizes of Human Females and Males," *Molecular Biology and Evolution* (2004), 2047–57.

第5章

錢都花到哪去了？——「量化自我」知道

我從未聽聞懶得理財的人不陷入困境的；那些習慣性有財務困難的人很難受人尊敬，上帝不許你步入這樣的命運。❶

——摘自達爾文（Charles Darwin）給兒子的信，隨信還附上支票幫他付清債務

人們非不得已，不會想當會計師。

——Mint.com創辦人艾倫·帕澤（Aaron Patzer）

不久前，有個敗家子找上一群自稱為神經經濟學家（neuroeconomist）的研究團隊來幫他解決卡債的問題。該團隊曾經觀察人們血拼時大腦的情況——利用史丹福大學的一台功能性磁振造影（functional MRI）設備。❷這群研究人員測量人們在考慮購買高科技產品、書籍或各種小玩意兒時，大腦中的腦島（insula）的活動情形。當人們看到或聽到討厭的事情時，大腦裏的這個區域通常會啟動，例如當一個吝嗇鬼看到商品的價格時的情形。不過，揮霍無度的人在購買同樣的商品時，腦島並不會顯示類似的厭惡情緒，即使大腦正在考慮要花掉一大筆血汗錢在一樣不重要的東西上，腦島也沒有出現變化。

當這位後悔不已的敗家子提出請求後，研究團隊又做了一項實驗，終於找到了改善理財態度的一線希望。為詳實陳述，我們要知道，這位敗家子就是本書作者之一堤爾尼，當時鮑梅斯特尚未開始教他自我控制。可想而知，磁振造影的測試顯示，當他準備掏錢購買他不需要的東西時，他的腦島一點反應都沒有，證實他有揮霍的傾向。不過，研究人員嘗試干預。他們出示堤爾尼最新的信用卡帳單——出現反應了！終於有了厭惡的跡象。研究人員表示，當他看到信用卡未付金額為兩千一百七十八點二三美元時，研究人員發現「腦島的一小點顯示啟動」。顯然，事關金錢時，他還沒有完全腦死。

這一點還算令人欣慰，可是該如何實際應用這項發現呢？揮霍無度的人在逛街時，沒有史丹福研究人員隨時秀出信用卡帳單，該如何強迫他想起花錢的後果呢？最理所當然的方法，就像達爾文對他的敗家兒子做出的建議一樣，訂出預算、並隨時監測花費。可是說的容易，做起來難，最後，艾倫．帕澤出現了。

帕澤是達爾文希望兒子成為的那種人——自幼嚴格記帳、留意收支平衡，後來每週日都花時間在Quicken個人理財網站上細心為花費做分類。不過，他在矽谷某家新興公司工作期間，個人記帳工作停了一陣子，等他有時間再坐下來理財時，面對的居然是數百筆交易轉帳。他心想，一定有其他善用時間的方法，何不讓電腦代勞？何不把這份工作發包出去呢？於是，他成立了Mint.com公司，而且發展非常成功，短短兩年內，他就以一億七千萬美元的高價，將公司賣給了設計Quicken軟體的本能軟體公司（Intuit）。❸

監督行為是自我控制的第二大步驟，如今，使用Mint.com理財的客戶高達六百萬人，成為規模最大的監督行為活動之一，同時也是人工智慧史上最令人振奮的一項發展。許多公司發展出以電子方式監督人們生活的各個層面——體重、睡眠品質、運動頻率等等——Mint.com也是一樣，在利用電腦監督行為時側重人性。自《科學怪人》（*Frankenstein*）以降，科幻小說作家一直害怕人工智慧將反僕為主，轉而對抗它們的創造者。政治作家也擔心電腦監督普及的後果——老大哥在監視你！不過，現在電腦越來越聰明，監控我們的地方越來越多，但它們並不具自我意識（至少現在還沒有），也沒有搶走我們的主控權。反之，它讓我們的自我意識增強，因而賦予我們力量。

並非所有動物都具有自我意識（self-awareness）。狗會對著鏡子大叫，因為牠們不知道牠們看到的是自己，而其他動物在正規的鏡子測驗當中，也多半如此。首先，實驗人員在動物身上的某處塗抹無味的染料，然後將牠帶到鏡子前，讓牠看到鏡中動物身上奇怪的顏色。測驗的目的是看看動物會不會去觸摸自己身上那塊顏色，以顯示牠們知道鏡中看到的是自己的身體（例如轉身以便把那塊顏色看得更清楚）。通過測驗的，除了黑猩猩和其他猿猴類之外，還有海豚、大象等動物，但其他動物則未能通過。牠們想觸摸那塊顏色，就會把手伸向鏡子，而不是自己的身體。人類嬰兒也沒通過測驗，但到了兩歲以後，多數幼兒都能通過。即使有些兩歲幼兒沒有注意到身上的色塊，但他們一照鏡子，就知道要觸摸自己的額頭，而且多半出現驚訝的表情。❹這就是自我意識的開端。沒多久，到了青少年時期，這項特性就會變成詛咒。不知為何，青少年對自己不完美的地方極其敏感，孩提時代無憂無慮的自信因而被這種尷尬和羞愧所扼殺。他們攬鏡自照，提出心理學家已研究幾十年的問題：為什麼如果自我意識讓人痛苦，要它何用？

自我意識

一九七〇年代，社會心理學家觀察人們在自我意識高漲時的表現，開始了解人類為什麼會發展出自我意識。該領域的先驅羅伯特・偉克勞德（Robert Wicklund）和雪莉・杜伐爾（Shelley Duval）一開始遭同儕譏笑，認為這些研究古怪又不科學。但最後結果卻讓人眼睛一亮。當受試者站在鏡子前，或被告知一舉一動都會被錄影下來，他們就會改變行為。那些自我意識很強的人參加實驗時會格外努力。他們會詳細回答問卷（這代表他們的答案更符合他們的實際行為），他們更言行一致，而且行為也更符合個人價值。[5]

其中有個模式特別明顯。人們看到桌子，可能只會心想，「哦！那裏有張桌子。」可是，自我卻很少會那麼客觀中立。一旦人們把焦點放在自己身上，似乎就會把實物和本來應有的概念做比較。人們照鏡子時，通常不會只想，「哦！那是我」，而多半會想，「我頭髮好亂」，或「我穿這件上衣真好看」，或「我應該隨時記得挺胸」，或，難免地，「我變胖了嗎？」自我意識似乎總是會把自我和「可能」、「應該」、「可以」的概念相比較。

這兩位心理學家把這種概念稱為**標準**（standards）。**自我意識是將自己拿來和標準比較的過程**。一開始，他們假設這些標準都很理想化——臻於完美，因此斷定自我意識幾乎都是不開心的過程，因為自我絕不可能完美。偉克勞德和杜伐爾持這種看法長達好幾年的時間，他們一直相信自我意識一定是不開心的。這聽起來似乎很有道理——可以解釋青少年的憂慮——但如果從演化的觀點來思考，又覺得哪裏不對勁。我們的祖先為什麼要一直追求達不到的標準？自我感覺不佳有什麼演化優勢呢？而且，如果說自我意識一定不開心，那麼，許多不是處於青春期的人們攬鏡自照的喜悅又該如何解釋呢？進一步研究發現，人們若將自己和那些我們認為比不上自己的「普通人」相比，是可以自我感覺良好的。若拿現在的自己和過去的自己相比，也可以感到快樂，因為我們通常認為自己隨年齡增長而進步（姑且不論身材走樣）。

不過，即使人們多半使用寬鬆的標準，仍不足以說明人類自我意識的發展。大自然才不管你是否感覺良好，它只挑選能增進生存和繁殖的特性。自我意識對於繁殖有何幫助呢？關於這個問題，心理學家查爾斯．卡爾佛（Charles Carver）和邁可．謝爾（Michael Scheier）提出了非常重要的見解：**自我意識之所以持續發展，是因為它有助於自我規範**。他們另外進行實驗，同樣觀察人們坐在擺了鏡子的桌前。這面鏡子在桌子上只是一個基本的裝飾品，並不顯眼——但它卻對於一切行為都造成重大改變。如果人們可以從鏡子裏看到自己，他們比較會遵行他們心中的價值，勝過他人的命令。研究人員要他們傳達令人震驚的事情給別人，和照不到鏡子的對照組相比，照得到鏡子的人變得較克制、態度較溫和。鏡子讓他們在測試中更努力。當有人企圖強行改變他們對某件事的看法時，他們會更努力抗拒惡勢力，並堅持自己原來的觀點。[6]

有一項在萬聖節所做的實驗，一位心理學家要上門要糖果的孩子報上姓名，並帶他們到客房，要他們選一顆糖果——而且只能一顆。房間裏有張桌子，桌上擺了幾碗色彩繽紛的糖果，孩童們就算違反規定多拿幾顆，也不會有事——當牆上的鏡子反過來掛著時，的確有不少人多拿了幾顆糖果。可是，如果把鏡子翻正，讓他們看到自己，則他們多半能抗拒誘惑。即使他們從鏡中看到的自己是穿著萬聖節戲服，經過化妝打扮，他們還是有極高的自我意識，敦促他們做對的事。[7]

自我意識和自我控制之間的關聯，也展現在成人與酒精相關的實驗當中。研究人員發現，喝酒的主要效果之一是降低人們對自己行為的監督能力。[8]飲酒者的自我意識降低後，便失去自我控制，因而更常鬧事、抽更多菸、吃更多、性衝動、隔天醒來也更後悔。宿醉後最難以面對的，就是自我意識的恢復，因為此時我們又開始了社會化動物會做的重要事情：拿我們和鄰居的標準來評斷自己的行為。

監控行為不僅是為了知道事情的進度，還得和應有的進度相比較。在先人的社會中，遵守共同標準、規範和理想的人會有好報，因此，能調整自己的行為以符合那些標準的人過得要比不夠檢點的人來得好。改變個人習慣以符合標準是需要意志力的，可是空有意志力，沒有自我意識，就像是空有武器而無法瞄準——徒勞無功。這正是自我意識從茹毛飲血的人類祖先身上演化成為天性的原因，也是它在現今更詭譎的社會環境中繼續發展的原因。

量化的自我

英國小說家安東尼・特羅洛普（Anthony Trollope，一八一五～一八八二）認為，一天筆耕超過三小時，既不必要，也不明智。他一邊在英國郵局上班，一邊成了史上最偉大、最多產的小說家。他每天早上五點半起床，喝杯咖啡提神，然後花半小時閱讀前日的作品，以習慣語氣。接著，他會寫上兩到兩個半小時，並隨時留意桌上手表的時間。他強迫自己每十五分鐘寫出一頁兩百五十個字。為確認這一點，他還會數字數。「我發現，時間一到，我就能寫出兩百五十個字，」他表示。依照這個速度，他可以在吃早餐前寫出兩千五百個字。他並不指望自己每天都能做到這一點——有時有公務需要處理，有時則想外出獵狐狸——可是，他會確認自己每個禮拜都達成一個目標。他每寫一本小說，都會訂定工作進度，通常是一個禮拜一萬字，而且還會記錄在日誌中。❾

「我每天在日誌上記下我完成的字數，因此，如果有一、兩天我偷懶，這個偷懶的紀錄會一直留在那裏盯著我看，要我更加努力，才能補足落後的進度，」他解釋道。「紀錄就在眼前，看到一週字數不足會讓我雙眼刺痛，而一個月進度落後更讓我悲痛遺憾。」

雙眼刺痛。在心理學文獻裏絕對找不到有人這麼生動地描述監控的影響。特羅洛普是一位超前他的時代的社會科學家。可是，他身後出版的自傳裏出現這段描述他寫作方法的文字，卻一度損及他的文學聲望。評論家和其他作家——尤其是那些無法如期交稿的作家——聽聞他的寫作系統後，大為震驚。藝術工作者怎麼能定時定量工作？靈感豈是可以規畫進度，加以監督的東西？不過特羅洛普在自傳裏已經預期到會有這樣的批評。

「有人告訴我，天才不會採取這種做法，」他寫道。「我從不幻想自己是個天才，但如果我是天才，我想我還是會遵循這些規定。沒有什麼比得上不得不服從的規定來得有力，猶如滴水穿石。每天做一點，如果真的每天都做到，那麼就連大力士海克力斯都不是你的對手。」特羅洛普是個異數——很少有人能在一個小時內寫出一千字的優美段落——而且，他如果偶爾能放慢速度（並放鬆十五分鐘寫兩百五十字的規定），對他也是好事。可是，他過著優渥的生活，一面還能創作出像《巴徹斯特塔》（*Barchester Towers*）和《紅塵浮生錄》（*The Way We Live Now*）等傑作。其他小說家為錢發愁，還得擔心無法如期交稿，但特羅洛普卻越來越富有，而且寫作持續領先進度。當他有小說成為系列時，通常至少已寫完另一本（通常已寫完兩到三本），等著出版。

「在我的寫作生涯中，我從不曾感到工作有遲交的危險，」他寫道。「我從來沒有趕稿的焦慮。待交的頁數——而且遠超過需要的頁數——總是安放在我的抽屜裏。那一小本印著日期和格線的日誌，裏面的紀錄必須放在顯眼的地方，它每日、每週的進度敦促著我勤奮寫作，一切都是它的功勞。」

特羅洛普的手表和日誌在十九世紀算是很先進的工具，而且也幫助他達到目的。可是，假設他使用的是電腦，不是紙筆呢？假設他除了文字處理之外，平均每天還得使用十六種不同的程式，瀏覽四十個不同的網站。又假設他在一天當中，平均每五點二分鐘就會被一通簡訊打斷工作。那麼，他的手表能有多少幫助？他又如何在日誌中記清楚一切工作紀錄呢？

他將需要新工具，他會需要像RescueTime這樣的時間管理軟體，這種工具替客戶留意每一秒鐘的電腦使用狀況。使用者對於他們的時間利用狀況一目瞭然——通常是感到失望。RescueTime將上萬名用戶的電腦使用行為加以平均，整理出電腦使用統計資料。RescueTime的創辦人湯尼·萊特（Tony Wright）對於自己的統計數字也感到意外，他一天當中，有近三分之一的時間花在他所謂的「資訊色情的長尾」上——瀏覽和工作不相關的網站。每個網站的瀏覽時間只有幾分鐘，但一整天下來，總共也占了兩個半小時之多。[10]

對某些人來說，這種追蹤方式未免流於歐威爾主義，但它卻是矽谷成長最快的產業之一。智慧型手機等裝置的流行，表示人們花更多時間上網，更容易藉由網路來了解自己的行為：吃了什麼、走了多遠、跑了多久、燃燒了多少熱量、脈搏的變化、睡眠的品質、大腦運作的速度、心情如何改變、性生活的頻率、影響花費的因素、打電話給父母的次數、以及工作延遲了多久等等。

二〇〇八年，凱文．凱利（Kevin Kelly）和蓋瑞．沃爾夫（Gary Wolf）創辦了一個叫做「量化的自我」（Quantified Self，簡稱QS）的網站，為使用者提供自我規範的科技。目前，QS運動仍局限於科技界的小眾，但已經從矽谷向全球擴散，各地的使用者會聚集在一起，討論相關工具、分享數據、鼓勵彼此。⓫

艾絲特．戴森是極有遠見的網路大師和投資人，她認為量化自我運動既是明智的財務投資，也是良善的公共政策：這項革命性的新產業將因造福人群而發達起來。你可以隨時監督自己的健康情況，避免花錢上醫院。你可以讓身邊圍繞著促進健康、發揮良心的建言，遠離速食和及時享樂的行銷之詞。「行銷人員一向擅於推銷毀損我們意志力的商品，」戴森說，「如今，我們需要利用一些技巧來強化意志力。」

戴森向來自律——幾十年來，她每天固定游泳一小時——不過，她發現有了新興電子感應器的監控，生活更加容易，這些產品像是Fitbit身體感記錄器、BodyMedia臂帶和Zeo「睡眠教練」頭帶等等。這些感應器隨時測量她的動作、皮膚溫濕度、以及腦波，讓她知道她白天花了多少精力，晚上又熟睡了幾小時。

「自我量化大大改變了我的行為，」她說。「我更常爬樓梯、更少坐電梯，因為我知道我多走幾步，就能得到更多分數。如果我晚上參加派對，我會告訴自己早點離開，就可以九點半上床，而不用到十點半，我可以多睡點覺，隔天早上我的睡眠分數會比較高。在許多方面，我都行有餘力去做對的事情，因為分數讓我更嚴以律己。」

有了Mint.com這樣的科技，人們更容易遵行達爾文的理財建議，不過，這些新工具所能做的可不只是監控行為這樣的普通工作。監控行為是第一步，但不見得足夠。美國第三任總統湯瑪斯·傑弗遜（Thomas Jefferson）要求自己隨時要清楚所有的收支——即使在一七七六年七月四日那一天，革命性的獨立宣言被批准及實施，他還是記得要在筆記本寫下他買溫度計和手套花了多少錢。⓬擔任總統期間，他除了買下了路易斯安那州以外，白宮裏買奶油和雞蛋花了多少錢，他也都清清楚楚地記下來。可是，他卻沒有及時分析帳目，等到他回頭檢視自己的資產和負債時，才驚覺他已經欠了一屁股債。隨時做記錄讓他誤以為他的財務都在掌控當中，事實上，光是記錄還不夠。他需要Mint.com提供的這些分析工具。

Mint檢視你的銀行和信用卡交易後，會加以分類，以顯示你的金錢流向——以及你花的是否比賺的還多。Mint無法強迫你改變習慣（電腦只能讀你的紀錄，不能動用你的錢），但它能讓你深思。它可以透過電子郵件，將你的每週財務報告寄給你；在你的銀行帳戶餘額過低時，傳簡訊給你。它會透過電子郵件，告知你有「不尋常的餐廳花費」，當你買衣服和買菜超出預算時提醒你。Mint除了讓你在揮霍無度的大腦中產生一點罪惡感之外，也會在你表現良好時提供獎勵。你可以分別建立短期和長期目標——度假、買屋、存退休金——然後定期接獲進展報告。

「Mint能幫助你訂定目標和時間表，然後監督你的支出狀況，」帕澤表示。「它會說，如果每個月能減少一百美元上館子的花費，你就可以提早一．三年退休、或者提早十二天買下你夢寐以求的BMW。光靠你自己無法從每日生活的角度來看待這些目標。你想買iPad，你想喝杯咖啡，你想和朋友出去。這項工具量化了你短期行為對長期目標的影響，讓你有機會改變花費，進而改變一生。」

它的效果究竟如何，還沒有人能夠確定，因為Mint是商業經營，不是實驗。可是，當我們詢問Mint的研究人員，他們的客戶在加入Mint前後，消費習慣是否有明顯的改變時，發現一些令人振奮的徵兆。要將Mint的影響獨立於二〇〇八年到二〇一〇年間的大趨勢之外，並不容易：因為自從二〇〇八年的金融海嘯以後，全球經濟開始復甦，人們支出普遍呈現增加。儘管如此，該公司的數據——從三百萬不具名的用戶、二十億筆交易中隨機挑選——顯示監控確實有明顯的好處。大多數（百分之八十）的人在加入Mint、開始監控他們的交易之後，花費上升的趨勢已經緩和下來。再加上，如果他們利用這些資訊，在Mint網站上訂定預算和目標，則花費能進一步得到節制。我們觀察到，最大的效果出現在買菜、上館子、和信用卡循環費用上——都是一些省錢有理的類別。[13]

有些人看到自己的總花費後震驚不已，發毒誓要立刻採取激烈手段，可是Mint創辦人建議循序漸進。「如果你太快砍掉太多花費，一定無法持久，而且會讓你開始討厭自己，」帕澤說。「如果你原本每個月花五百美元上館子，一下子想砍成兩百美元，你最後一定會說，『算了吧！這太難了。』可是，如果你先降到四百五十或四百美元，不需要大幅改變生活方式就可以做到。下個月你再多砍五十到一百美元，每個月少個百分之二十，直到降到可控制的範圍為止。」

何不公開資訊？

自我控制進行了前兩個步驟——訂定目標和監控行為——就會碰到一個反覆出現的問題：到底是要著重既有的成就，還是未完成的部分？並沒有放諸四海皆準的答案，但根據芝加哥大學的艾莉特·費許巴哈（Ayelet Fishbach）的實驗結果來看，這兩者的確會產生不同的效果。她和韓籍同事Minjung Koo來到一家韓國廣告公司，請員工描述他們在公司的角色和手上負責的計畫。[14]然後，隨機讓一半的員工回想自己從進入公司後，在工作崗位上有哪些成就。另一半員工則須思考他們有哪些計畫要完成但還沒有完成。寫下既有成就的那一半員工對於目前工作和案子的滿意度，要比那些把重點放在未完成事項的員工還要高。不過，後者比較具有追求目標的動力，而且更有挑戰新案子的野心。著重既有成就的員工似乎無意挑戰困難度更高的案子；他們對於現狀和眼前的工作相當滿意。若想感到滿意，顯然應該著重於你已經完成的成就；但如果想補充戰鬥力和野心，就要放眼未來。

無論是哪一種方式，和別人做比較都有好處，而且，現在網路上資訊充足，要做比較輕而易舉。Mint會告訴你，你的房租、上館子的花費、買衣服的費用和你的鄰居或全國平均相比，是高還是低。RescueTime能讓你看到你的生產力——或你漫無目的上網的時間——在所有使用者中的排名。Flotrack和Nikeplus等網站則可讓跑步者將他們的里程和所花時間與朋友和隊員分享。還有一些新玩意兒和智慧型手機應用軟體，可以讓你了解自己和鄰居的水電費狀況——這類比較非常有用，加州有項水電費調查也證實這一點。如果水電費帳單上還能看到整個社區的平均費用，那些高於平均的人就會努力設法降低自己的電費。

當你開始公開與人分享資訊時，這類比較就更具有效果。我們撰寫這本書的時候，聽聞許多人從監控自己的行為而大大受惠，計步器就是其中一例。不過，最勤奮走路的還是那些與朋友共享每日計步結果的人。他們使用的是一種非常棒的心理原則，早在鮑梅斯特注意到自我控制之前，他早期的實驗已證實這個原則：**公開資訊比私有資訊更具影響力**。[15]相較於自己對自己的看法，人們更在乎別人對自己的看法。一次失敗、一次偷懶、一次失控，如果只有自己知道，很容易隱瞞、逃避。你大可編個理由，或乾脆假裝沒看到。但如果別人也知道，就沒有那麼容易逃過了。畢竟，不管你對於自己編的理由有多滿意，別人還是可能不會相信。若面對的是整個社群網絡，要說服別人相信你的理由就更困難了。

一切公開，不僅得冒著丟臉的風險，還能把監督的工作交託出去，減輕自己的負擔。外人往往能點出你所忽略的進步，讓你大受激勵。若情況不見好轉，則不妨請求外援。有個具有「量化自我」效果的應用軟體叫做心情觀測器（Moodscope），是一位企業家為了對抗憂鬱症所發展出來的個人監督軟體。⓰這套軟體能讓他透過快速的每日測驗來測量自己的心情。除了用它來記錄心情起伏，以便從固定模式中找出原因之外，他還額外設計出將結果自動寄給朋友的選項。如此一來，當他心情不佳，他的朋友就會看到數據、跟他聯絡。

「這些電子工具和數據是讓人們激勵自己、互相鼓勵的催化劑，」戴森說。「你可以找出最適合自己的模式。也許你為了不想在朋友面前出糗，就可以拿朋友的數字來比較，或者，你不想讓你的朋友替你擔心。每個人受到激勵的模式都不一樣。」

如果你一向揮霍無度，就可以找個密友，在你每次要開始血拼時提醒你，做為自我控制的方法。如果你和他一起研究你的消費模式，你便能開始了解造成你揮霍的原因。你會在心情不錯和意志力耗損的時候衝動購買嗎？或者，你的血拼衝動來自於沮喪和不安全感？——如果是這樣，你遭受的是心理學家所謂的「錯誤規範」，誤以為買東西能讓心情變好，事實上，事後心情只會更糟。

就算你不是揮霍的人，了解花費狀況並和鄰居們相比較，也能讓你受惠。⓱你可能會發現自己很吝嗇——雖不是最嚴重的問題，但仍是個問題，而且令人驚訝的是，這種情況相當常見。行為經濟學家發現，神經質小氣可能要比神經質揮霍更為普遍，平均每五個人就有一個很吝嗇的人。[18]大腦掃描結果也得到類似結論：想到要掏錢，腦島就會出現極端恐懼的反應。

研究人員將這種情況稱為遠視（近視的相反）：太過擔心未來，而損及眼前的生活。[19]這樣的吝嗇心態會讓人花更多時間、與朋友疏離、讓家人抓狂也讓自己痛苦。研究顯示，吝嗇的人不比敗家子快樂到哪裏去，而且他們一直活在後悔當中。當人生走到盡頭，當你累積的不是家產而是一輩子的生命，你不會想在那時候才覺悟「生不帶來、死不帶去」的古老諺語。量化的自我衡量的不只是金錢而已。

註釋

❶ 達爾文給兒子的家書：F. Burkhardt, S. Evans, and A. M. Pearn, eds., *Evolution: Selected Letters of Charles Darwin, 1860–1870* (New York: Cambridge University Press, 2008), 248.

❷ 史丹福的磁振造影：J. Tierney, "The Voices in My Head Say 'Buy It!'" *New York Times*, January 16, 2007.

❸ **艾倫・帕澤與Mint**：可參考http://www.mint.com/.

❹ **鏡子測驗**：關於鏡子測驗的經典論文，見G. G. Gallup, “Chimpanzees: Self-Recognition,” *Science* 167 (1970): 86–87.

❺ **早期的自我意識研究**：偉克勞德和杜伐爾的研究於1970年代發表，並多記錄於他們的著作S. Duval and R. A. Wicklund, *A Theory of Objective Self-Awareness* (New York: Academic Press, 1972).

❻ **卡爾佛和謝爾的諸多實驗**：C. S. Carver and M. F. Scheier, *Attention and Self-Regulation: A Control Theory Approach to Human Behavior* (New York: Springer-Verlag, 1981).

❼ **萬聖節研究**：A. L. Beaman, B. Klentz, E. Diener, and S. Svanum, “Self-Awareness and Transgression in Children: Two Field Studies,” *Journal of Personality and Social Psychology* 37 (1979): 1835–46.

❽ **酒精與自我意識**：J. G. Hull, “A Self-Awareness Model of the Causes and Effects of Alcohol Consumption,” *Journal of Abnormal Psychology* 90 (1981): 586–600.

❾ **特羅洛普**：Anthony Trollope, *An Autobiography of Anthony Trollope* (New York: Dodd Mead, 1912), 104–5, 237.

❿ **RescueTime的統計數據**：T. Wright, “Information Overload: Show Me the Data!” The RescueTime Blog, June 14, 2008, http://blog.rescuetime.com/2008/06/14/information-overload-show-me-the-data/. 另見S. Scheper, “RescueTime Founder, Tony Wright, on Life and Focus,” *How to Get Focused,* http://howtogetfocused.com/chapters/rescuetime-founder-tony-wright-on-life-and-focus/.

⓫ **量化的自我**：見QuantifiedSelf.com, http://quantifiedself.com; 以及Gary Wolf, "Know Thyself: Tracking Every Facet of Life, from Sleep to Mood to Pain," *Wired,* June 22, 2009, http://www.wired.com/medtech/health/magazine/17-07/lbnp_knowthyself.

⓬ **湯瑪斯・傑弗遜**：*Jefferson's Memorandum Books,* July 1776; April–July 1803.

⓭ **Mint.com 消費趨勢分析**：人們加入Mint後，可以看到過去幾個月的交易歷史，因此能夠比較加入前和加入後的消費行為。在本研究中，Mint科技創新集團(Technology Innovation Group)成員Chris Lesner在Intuit個人金融集團(包括Mint和Quicken)研究主任Jacques Belissent的協助下，蒐集並分析三百多萬匿名用戶共二十多億筆交易。負責監督Mint數據小組的工程經理T. J. Sanghvi、Intuit個人金融集團（包括Mint和Quicken）工程部主任David Michaels、還有Todd Manzer也協助提供資料。

⓮ **艾莉特・費許巴哈的實驗**：M. Koo and A. Fishbach, "Climbing the Goal Ladder: How Upcoming Actions Increase the Level of Aspiration," *Journal of Personality and Social Psychology* 99 (2010), 1–13.

⓯ **公開資訊比私有資訊更具影響力**：見R. F. Baumeister and E. E. Jones, "When Self-Presentation Is Constrained by the Target's Knowledge: Consistency and Compensation," *Journal of Personality and Social Psychology* 36 (1978): 608–18. 文獻綜述見R. F. Baumeister, "A Self-Presentational View of Social Phenomena," *Psychological Bulletin* 91 (1982): 3–26. 其他相關資料來源，見R. F. Baumeister, ed., *Public Self and Private Self* (New York: Springer-Verlag, 1986).

⓰ **心情觀測器**：http://www.moodscope.com/.

⓱ **與他人比較的好處**：見P. Wesley Schultz et al., "The Constructive, Destructive, and Reconstructive Power of Social Norms," *Psychological Science* 18, no. 5 (May 1, 2007): 429–34; 另見R. H. Thaler and C. R. Sunstein, *Nudge: Improving Decisions About Health, Wealth, and Happiness* (New Haven, CT: Yale University Press, 2008), 和C. Thompson, "Desktop Orb Could Reform Energy Hogs," *Wired,* July 24, 2007.

⓲ **神經質小氣**：S. I. Rick, C. E. Cryder, and G. Loewenstein, "Tightwads and Spendthrifts," *Journal of Consumer Research* 34 (April 2008): 767–82.

⓳ **遠視**：A. Keinan and R. Kivetz, "Remedying Hyperopia: The Effects of Self-Control Regret on Consumer Behavior," *Journal of Marketing Research* (2008).

第6章

意志力可以鍛鍊嗎？——耐力藝術家的啟示

身體越受苦，靈魂越綻放。

——魔術師大衛．布蘭恩的人生哲學，

源自於五世紀時的聖西門修士（St. Simeon Stylites），

他住在敘利亞沙漠的高柱上長達幾十年

我們想幫大衛・布蘭恩（David Blaine）[1]找個符合科學的解釋。

我們指的不是為布蘭恩的魔術解密，因為那是不可能的事，至少心理學家做不到，連精神病學家也沒辦法。當布蘭恩沒在表演他那些頗受歡迎的魔術時，他說自己是一個耐力藝術家（endurance artist），表演的內容需要的是意志力，而非幻術。他曾經在紐約布萊恩特（Bryant）公園裏，高達八十多英呎、只有二十二吋寬的圓柱上方站了三十五個小時，而且沒有任何防護措施。他把自己裝入一個巨型冰塊裏，在時代廣場上不眠不休地待了六十三個小時。他還曾把自己關在頭部空間只有六吋的棺材裏長達一個禮拜，除了喝水以外什麼都沒吃。後來，他又進行了一次只喝水的斷食表演，其結果還被發表在《新英格蘭醫學期刊》（*New England Journal of Medicine*）：四十四天內減了五十四磅。這四十四天當中，他把自己封在一個透明的箱子裏，懸吊在泰晤士河的高空，箱中溫度的變化從冰點到華氏一百一十四度，而且他完全沒有進食。

「打破舒適區似乎才能讓我成長，」布蘭恩說，這段話也呼應了聖西門修士所說的苦難讓靈魂綻放的說法。我們無意去分析其中的邏輯——他為什麼能撐下去，那已經超出我們的知識範圍。

我們感興趣的是，布蘭恩是怎麼辦到的？他是如何忍受那些非耐力藝術家所無法忍受的困境？無論人們如何看待他面對的嚴酷考驗（或他的心理），他背後的動力都值得我們去了解。如果能找出他斷食四十四天的祕密，也許我們其他人也可以效法一下。如果能知道他是如何忍受活埋一個禮拜，我們也許能學會如何度過兩個小時的預算會議。他到底是如何建立和維持他的意志力？當他準備打破憋氣的世界紀錄時，過程中卻諸事不順，如何能不馬上放棄呢？為了這項表演，他準備了一整年，練習讓他的肺充滿純氧，然後待在水裏一動也不動，盡量節省精力以保留氧氣。布蘭恩讓身心完全放鬆，心跳居然能降到每分鐘五十次以下，有時甚至降到二十次以下。有一次，他在大開曼島的游泳池練習，他開始憋氣後，脈搏數降了一半，他輕輕鬆鬆地就在水裏憋氣達十六分鐘。最後，他不但打破了十六分三十二秒的世界紀錄，還一派輕鬆、表示不覺任何痛苦，而且幾乎感覺不到自己的身體和周遭的一切。

然而，幾個星期之後，他上《歐普拉脫口秀》，準備在評審面前打破金氏世界紀錄，卻因為在觀眾面前表演，而有了壓力。這一次，他得在攝影棚內的巨型玻璃池裏面對觀眾，而不是像上次一樣面朝下浮著。為了保持站在水裏不浮起來，他必須將雙腳扣在池底的釦環裏。他吸滿氧氣後，開始擔心讓雙腳固定的肌肉動作會消耗太多的氧氣。他的脈搏比平常還快，當他開始憋氣時，脈搏並沒有下降，依舊維持一分鐘一百下。更糟糕的是，脈搏測量器離他太近，他可以聽得到自己的脈搏快速跳動，嗶—嗶—嗶的聲音不斷讓他分心和氣餒。到了第二分鐘，他的脈搏已經升高為每分鐘一百三十，他知道自己已經無法控制脈搏了。整個憋氣過程中，他的脈搏都維持在一百以上，他的身體漸漸用光了氧氣。這一次，他沒有進入冥想的極樂境界，而是隨時都清楚他快速的脈搏，並苦於二氧化碳快速累積。

到了第八分鐘，連紀錄的一半都不到，他便堅信自己一定會失敗了。進入第十分鐘，他的身體開始將四肢的血液送進重要器官，手指頭因而出現刺痛感。第十二分鐘，他雙腳抽痛，耳朵出現雜音。到了第十三分鐘，他手臂痲木，胸口疼痛，他害怕他要心臟病發。下一分鐘，他感到胸口痙攣，幾乎壓抑不住想要呼吸的衝動。第十五分鐘，他的心跳不規律、脈搏混亂，一下跳到一百五十下、降到四十下、又回到一百下。此時，他堅信他就要心臟病發作了，於是鬆開了釦環，好讓急救人員把臉色發黑的他拉出來。他直直浮起，還勉力留在水面下，並做好再度失去知覺的準備，此時他卻聽到觀眾熱烈的歡呼，這才發現他已經打破十六分三十二秒的舊紀錄。他抬頭看時鐘，然後又撐到下一分鐘才浮出水面，創下了十七分零四秒的新金氏紀錄。

「那是完全不同層次的痛苦，」他事後回憶道。「我還能感覺到，那就像是有人用盡全力在我肚子上給我一拳。」

那麼，他究竟是如何撐過去的呢？

「這就是所謂的台上一分鐘，台下十年功，」他說。「平日的訓練讓你有度過困境的信心。」

雖然他一年來做了不少憋氣練習，但他所說的訓練不光是這些。每天早上，他會做一連串的普通憋氣（從一般空氣開始，慢慢換成純氧氣），每次稍做間隔，然後慢慢增加時間和痛楚。一個小時下來，他總共可以憋氣四十八分鐘，不過，他總是因此頭痛一整天。那些每日憋氣訓練讓他的身體習慣二氧化碳累積造成的痛楚。不過，他從五歲以來，就開始進行各式各樣的訓練，至今已達三十多年，這些經驗也都很重要。他一直相信意志力像肌肉一樣，是可以鍛鍊的。他之所以有這樣的想法，一半是因為他讀到他的英雄胡迪尼（Houdini）進行維多利亞式訓練的故事，一半則是從嘗試錯誤當中得到的結論。

生長於紐約布魯克林區的布蘭恩，從小逼自己每天練習牌技一個小時。他學會用完全不換氣的方式贏得單趟的游泳比賽——然後，幾經練習，他成功地不換氣游了五趟，而贏了五百美元的賭金。冬天時他故意不穿外套，只著短袖T恤在寒冬中走上好幾哩路。他固定洗冷水澡，偶爾還會光腳走上雪地。他睡在臥房的木板地上，還有一次在衣櫥裏待了兩天（由他寬容的母親送三餐）。他約束自己持續訂定目標，並一一完成，像是每天跑一定的距離，或每次經過某棵樹下，就要跳起來抓下一片樹葉等等。十一歲讀過赫曼．赫塞（Hermann Hesse）的《流浪者之歌》（*Siddhartha*）之後，他也試著模仿，沒多久就能只喝水撐過四天。到了十八歲，他已經能光喝水酒斷食十天。他成為專業的耐力藝術家之後，他會在主秀前先表演這方面的技巧，其中也包括和主秀沒有直接相關的一些小花招。

「每次我準備進行長期挑戰時，就會出現某種OCD（強迫症）徵兆，」他告訴我們。「我這輩子訂過成千上萬個奇怪的目標，像是，我在公園的自行車道上慢跑時，每次經過地上的自行車手圖案，就要踩上去。而且不光是踩上去而已——我的腳必須踩在車手的頭上，讓運動鞋剛好落在頭型中。這種小事讓跟我一起慢跑的人感到困擾，但我相信，如果我不做到，我就不會成功。」

可是，為什麼要相信這種事情呢？踩到車手圖案和訓練憋氣有什麼關係？

「讓你的大腦習慣訂定小目標，並加以達成，能幫助你做到原本做不到的大事情，」他說。「不光是為了練習特定的技能，還要把困難度加高，絕不寬貸，如此一來，你才會行有餘力，超過原本設定的目標。對我來說，這就是紀律。全靠不斷重複和練習而來。」

這些練習顯然在布蘭恩身上奏效，可是，他的耐力事蹟沒什麼科學根據——別人也難以效法。大衛．布蘭恩只能算是特例，一個自小就願意洗冷水澡、還斷食四天的人，當然不足以代表普羅大眾。也許布蘭恩的技藝不是來自於鍛鍊，而是因為他天生意志力就強過一般人。也許所有的訓練只證明了他的確是個自律的人。他像維多利亞時代的人一樣，相信訓練能讓意志力像肌肉一樣，越練越強，可是，搞不好他天生肌肉就比別人強壯。想知道這些訓練技巧是否真的有用、或能否在別人身上奏效，就得找耐力藝術家以外的一般人來測試看看——但是一般人絕不會把住在圓柱上的聖人奉為偶像。

鍛鍊意志力的方法

在社會科學家看來，鍛鍊意志力乍聽之下似乎不可行。畢竟，鮑梅斯特實驗室裏的自我耗損實驗顯示意志力用太多，會讓人們的自制力降低。放棄巧克力餅乾，改選生蘿蔔來吃，馬上就會耗損意志力，沒有道理假設同樣的練習久了以後會增強意志力。

不過，如果真有辦法鍛鍊意志力，則是好處多多。自從最早的自我耗損研究發表之後，研究小組就不斷討論如何增強意志力。負責設計並率先執行自我耗損實驗的研究生馬克．穆拉文，和他的指導教授鮑梅斯特與戴安．堤斯討論到強化練習方面的事。❷由於沒有人知道該怎麼做才有用，他們決定亂槍打鳥。他們打算分配不同的訓練給每位參與者，看看誰會有效果。這當中有個明顯的問題，那就是：每個人一開始的自制力有高有低，就像有些運動員原本就肌肉發達、精力旺盛。為控制這樣的因素，研究人員必須用測量肌肉力量和精力的方式，來測量每個人的情況。首先，他們讓這些大學生在實驗室裏接受自我控制基線測試，緊接著進行快速的耗損運動，看看自我控制力降低了多少。然後，每個人便回家去，各自進行幾個禮拜的鍛鍊，然後再到實驗室做一次測驗。研究人員選出不同的鍛鍊方式，以測試各種和「人格養成」有關的概念——或者，更精確地說，是要了解哪些心理資源得到了強化。自我控制令人筋疲力盡，是因為做抉擇需要耗費精力嗎？或者，是因為監控自我行為耗費了精力？又或者，是因為改變心態而耗費了精力？

有一組學生必須在家中練習姿勢兩個禮拜。他們要隨時提醒自己挺胸、坐正。多數大學生都已習慣懶散、隨便，這項練習迫使他們花精力打破原本習慣的姿勢。第二組則是測試意志力是否因為自我監控很費神而跟著耗損。這些學生必須將兩週內吃了什麼記錄下來。他們不需改變飲食內容，不過，很可能有人會基於羞愧而稍微調整飲食習慣。（嗯，禮拜一，披薩和啤酒。禮拜二，披薩和紅酒。禮拜三，熱狗和可樂。偶爾吃個沙拉和蘋果，會好看一點。）第三組則用來分析改變心態的影響。這兩個禮拜當中，他們得努力營造好心情。這一組學生只要發現自己心情不佳，就必須努力振奮起來。研究人員覺得這一組最有希望，所以讓這一組的人數比其他兩組多了一倍，以便獲得最具統計可信度的結果。

然而，研究人員的直覺大錯特錯。結果，他們所偏好的辦法一點都沒有用。人數最多的這一組，連續兩個禮拜控制情緒之後，再度回到實驗室進行自我控制測驗，結果一點都沒有改變。現在回想起來，我們對這次的失敗已不如當初那麼意外。**意志力無法控制情緒。**人們不能靠意志力愛上某人、或感到狂喜、或消除罪惡感。情緒控制一般得靠各種技巧，例如改變對眼前問題的看法，或者讓自己分心。因此，**練習控制情緒並不能強化你的意志力。**

不過，其他練習倒是有幫助，留意姿勢和記錄飲食這兩組便顯示這一點。兩個禮拜後，他們回到實驗室進行自我控制測驗，得分明顯提高，而且進步程度遠高於對照組（兩週內沒有做任何練習）。這是非常值得注意的結果，仔細分析數據之後，結論更清楚、更穩固。效果最佳的，居然是矯正姿勢那一組，這真是出乎意料之外。「坐正！」這個煩人的叮嚀居然比想像中更有用處。這組學生摒棄懶散的習慣後，居然能強化意志力，提高自我控制力的測驗分數。其中，進步程度又以那些最認真遵循指示的人（學生在日誌中記錄每天強迫自己挺胸、坐正的次數）最為顯著。

這項實驗也顯示自我控制當中，有兩種不同的力量：**精力和耐力**。第一次進實驗室時，學生們先進行了彈簧握力器測驗（實驗已顯示這項運動不僅能測量握力，也能看出意志力），看看能握多久。接著進行「試著不要想到白熊」這個需要耗費心理能量的典型測驗，然後再做一次握力測驗，以了解他們意志力耗損的狀況。等他們矯正姿勢兩個禮拜以後，再回到實驗室進行握力測驗，第一次的測驗結果沒有多大進步，這表示意志力肌肉並沒有變得更強。不過，他們的耐力卻變強了，因為，在研究人員設法讓他們疲累後所進行的第二次握力測驗，結果出現了進步。拜這些學生的姿勢矯正練習之賜，他們的意志力已不像以前那麼容易耗損殆盡，因而有毅力進行其他活動。

你也可以進行兩週的姿勢實驗，或者試試其他練習。後來研究人員測試了其他方法，也得到類似結果，這才發現，並不是只有挺胸坐正才有這方面的效果。你可以沿用他們經過實驗的技巧，也可以自創新招。**關鍵在於要改變你的一些習慣性的行為。**

一開始，不妨試著改變使用左右手的習慣。許多習慣都和慣用的那隻手相關，特別是右撇子，往往不假思索就用右手做各種事情。因此，**強迫自己改用左手就是一種自我控制的練習**。你可以特地改用左手來做那些習慣用右手做的事：刷牙、使用電腦滑鼠、開門、或拿杯子喝水等等。如果換手一整天太過麻煩，你可以每天嘗試一段時間看看。有些研究要求受試者，每天早上八點到晚上八點之間換用左右手，讓人們在辛勞一天、身心俱疲之後回復原有的習慣。（左撇子請注意：這項策略對於左撇子可能不那麼有用，因為很多左撇子其實用兩隻手都很習慣，而且在這個以右撇子居多的世界裏，不乏使用右手的機會。因此使用右手對於左撇子鍛鍊意志力的效果不大。）

還有一種訓練方式是改變說話習慣，因為這也是根深柢固的習慣，需要加把勁才能改變。例如，你可以試著每個句子把它說完整。戒掉年輕人的口頭禪，像是「like」、「you know」等等。避免使用縮寫，每件事情都要說全名。好好的說「yes」和「no」，不要說「yeah」或「yup」、「nah」或「nope」。❸

以上這些練習應該能夠增進你的意志力，做好暖身，以迎接更大挑戰，像是戒菸或控制花費等等。不過，你可能會發現，這些技巧要持之以恆非常困難。研究人員在第一次的意志力鍛鍊實驗後持續追蹤，發現要堅持一項沒有明顯益處、不知為何而戰的練習，是非常困難的。初步實驗結果讓研究人員士氣大振，因為自我控制是可以為人類帶來廣泛利益的兩大特質之一，而另一項特質，智力，則已經證明很難經由後天加強。像是「先鋒計畫」（Head Start）這類做法似乎能提高學生的智力表現，然而一旦計畫結束，學生成績很快又回到原點。整體來看，天生的智力似乎很難提升。因此，自我控制更加彌足珍貴，社會科學家已著手測試強化自我控制力的系統性計畫。十年下來，結果成敗各半，因為研究人員發現要人們落實強化練習的確很困難。光找到理論上能強化意志力的練習是不夠的，它必須是真正能夠奏效的練習。[4]

從加強到更強

梅根．歐騰和肯．陳兩位澳洲心理學家發展出了非常成功的策略。[5]他們廣召想要改善生活某個層面的志願者，並聲稱可以幫助他們。其中，一半的志願者立刻獲得協助，另一半則先成為對照組，稍後才獲得協助。這種做法叫做「等待式控制組」（waiting-list control group），是確認測試組和控制組都擁有類似目標和欲望的好方法。每個人都可獲得相同的協助，只不過有些人得先等一下，在等待的期間，他們進行一些可以強化意志力的練習。那些練習都是和每個人的目標直接相關的，因此能立竿見影，激勵人們持續下去。

其中一項實驗的受試者全都是想要塑身，但又沒有定期健身的人。有些人立刻獲得健身房會員證，並且在研究人員的協助下，訂定了定期健身計畫。他們將每次的運動和健身記在日誌上。另一項實驗是針對想要改善讀書習慣的學生。那些被分配到立刻獲得協助的人，和實驗人員一起訂下長期目標和計畫，再將這些計畫分解成較小的步驟。他們的讀書計畫還配合一些義工性質的工作，學生們也須記錄讀書進度和日誌，來監督進度。還有一項實驗讓人們有機會加強金錢管理，在研究人員的協助下，訂出預算和省錢計畫。這一組人除了得記錄支出外，也要將自己不花錢的感受和掙扎寫在日誌裏——包括，他們是如何強迫自己留在家裏、抗拒出去逛街的誘惑、犧牲度假機會來省錢，或者延後他們以往固定的消費。

在以上所有實驗中，受試者不時得回到實驗室，進行和自我改善計畫似乎無關的練習。受試者必須盯著電腦螢幕上的六個黑色正方形。其中三個正方形會先快速閃動，接著，所有正方形繞著螢幕，隨機改變位置。五秒鐘後，受試者得用滑鼠點出一開始閃動的那三個正方形。要做到這一點，你得在心中記下那三個正方形的位置，並且緊盯著它們移動。更難的是，在測驗期間，旁邊的電視機同時播放艾迪．墨菲的脫口秀。如果你轉頭看電視，或太專心聆聽他的笑話，你就會跟丟那三個正方形。要得到好成績，你必須不理會那些笑話和笑聲，專心盯著無聊的正方形，這絕對需要自我控制才做得到。受試者每次來訪都會做兩次測驗。剛到實驗室精神還很好時先做一次，之後意志力耗損後再做一次。

在以上所有實驗當中，找正方形的測驗結果大致相同。幾週後，這些人分別在健身、讀書或金錢管理上積極自我控制了一陣子之後，結果他們更能夠不理會艾迪．墨菲的笑話，正確地找出正方形。其中，在對抗耗損的情況下進行測驗（也就是每次來到實驗室所做的第二次測驗），成績進步最大。因此，鍛鍊提升了人們的耐力，即使在心理資源耗損的情況下，他們仍能成功抗拒誘惑。

可想而知，他們也離各自的目標更接近。進行健身計畫的人身材變好；執行讀書計畫的學生更準時繳交作業；而參與金錢管理計畫的人則省了更多錢。可是——還有個令人開心的意外——他們在其他方面也出現進步。參加讀書計畫的學生表示他們更常運動、衝動花錢的情況也減少了。參加健身和金錢管理的人也說他們更努力用功了。

在某一方面實行自我控制，似乎能一併改善生活其他的層面。他們抽菸和喝酒情形都跟著減少，家裏環境也更清潔。現在他們會洗碗，不再把用過的碗盤堆在流理台，也更常洗衣服。耽擱的情況少了很多。他們會犧牲看電視或與朋友外出的時間來寫功課和做家事。他們吃得更健康，較少碰垃圾食物。你也許會想，那些開始健身的人本來就會變得比較注重健康飲食，但事實上，以往的研究總是顯示相反的情況：你開始運動後，就會覺得自己很棒，應該吃高熱量食物做為獎勵。（這是「道德許可證效應」〔licensing effect〕的例子：做了一件**好事，就覺得自己有權可以使壞一下。**）可是，在這一次的實驗當中，健身那一組並沒有向誘惑屈服。堅持預算的那一組，也沒有因為要刪減買菜錢就放棄較貴的新鮮食物和其他健康飲食，而改買便宜的食物。要說有什麼不同，那就是他們開始花更多錢來買健康食物，這顯然是因為整體自我控制力增強的關係。

有些受試者甚至表示他們更能夠控制脾氣，歐騰和西北大學的艾莉．芬柯（Eli Finkel）等心理學家在隨後的家庭暴力研究中，得到了這個發人深省的結果。研究人員詢問受試者他們若遇到另一半「不尊重」他們、或抓姦在床等各種情況下，會動粗的可能性——像是呼巴掌、揮拳頭或以武器攻擊等等。然後，研究人員要他們進行意志力鍛鍊兩個星期，另外還安排一個不進行任何鍛鍊的對照組。兩週之後，進行鍛鍊的那一組表示被另一半激怒而動粗的情況，無論是比自己以前、還是比對照組都來得少。（基於道德和務實理由，研究人員必須相信受試者自己的陳述，而不是企圖測量他們實際上對另一半動粗的次數。）自制力增加，可以降低家庭暴力。❻

整體來說，這些實驗結果顯示：鍛鍊意志力好處多多。人們在不自覺當中，因為這些鍛鍊而在其他一些不相干的層面也跟著受惠。實驗室的測驗為此提出解釋：意志力逐漸強化，就比較不容易耗損。專心鍛鍊某一形式的自我控制力能獲得廣大效益，這也是富蘭克林和布蘭恩等這些自我實驗者一直持續的做法。實驗顯示，你不需做到像他們那樣超凡的自我控制境界，也一樣能夠產生效益：只要你決心持續某一鍛鍊，你的整體意志力就會得到改善，這一點至少在實驗期間已經獲得證明。

但之後會如何呢？儘管這些結果非常漂亮，但整個實驗也不過只有幾個禮拜或幾個月的時間。無限期持續自我紀律到底有多麼困難呢？

大衛・布蘭恩的例子再度給予我們啟示。

大衛・布蘭恩的史上最艱難表演

在把意志力的科學研究結果告訴布蘭恩之前，我們先問他一個問題：哪一次表演是他認為最困難的。可想而知，對他來說，這問題並不好回答。每一次表演都有其折磨、痛苦之處。在《歐普拉脫口秀》現場憋氣十七分鐘儘管可怕，卻相對短暫。他曾經歷過持續的恐懼，在高柱上待了三十五個小時，在最後階段，他要努力抗拒幻覺和瞌睡蟲（還有從八層樓高的地方墜落的危險）。他也曾經歷過長久的痛苦，困在玻璃箱裏被吊在泰晤士河上方，長達四十四天沒有進食。他不僅目睹下方人們快樂地享受美食，目光還逃不過眼前一幅巨型的電池廣告，上面寫著：「電力比意志力更強。」他試著體會箇中幽默，但越來越感到困難。「到了第三十八天，我嘴巴裏都是硫磺味，因為我的身體開始吃它自己的器官，」他回憶道。「我全身無一處不痛。當身體開始吃自己的肌肉時，感覺就像一把刀刺進了手臂。」

不過，布蘭恩告訴我們，他做過最困難的表演，是在冰塊裏待了六十三個小時。他在時代廣場上，被封在重達六噸的冰塊裏，冰面離他的臉不到半吋。他面臨難以想像的幽閉恐懼，而且從一開始就冷得一直顫抖。這三天當中，這個透明冰室讓他凍壞了，然而外面的天氣出奇地暖和，因而產生一個新問題：中國式冰滴的酷刑——融化的冰水流進他的脖子和背部。同時，他得小心不讓自己睡著，否則皮膚靠在冰上會造成凍傷。到了最後一天，想睡覺的渴望成為最大問題，但他得撐到電視黃金時段的特別節目開始，才能夠出關。

「我開始覺得不對勁，」布蘭恩說。「器官衰竭的經驗我不是沒有過，但心理問題才是最糟糕的。我透過冰塊，看到有個男人站在我面前，我問他現在幾點。他說，『兩點』。我對我自己說，『哦，天哪，這場表演要到十點才能結束，還要等八個小時！』我告訴自己，等到時間還剩六個小時，就會好過多了，因此，我只要再撐兩個小時。我每次進行耐力表演，都會使用這種時間轉變的技巧來幫助我度過全程。於是我至少又等了兩個小時，光是要耐心等待都很難做到。我聽到周遭的聲音。我可以看到人影幢幢。而當時我並不知道這是睡眠不足而產生的幻覺。你搞不清楚孰真孰假——你以為你醒著，看到的就是真的。於是我感覺已經過了兩個小時，看到冰室外面有人，我又問，『現在幾點？』」

布蘭恩透過冰塊，還有足夠的理智能看出這個人長得很像兩點鐘遇到的那個人。接著，他便發現根本就是同一個人。

「他說，『兩點零五分，』」布蘭恩回憶道。「這時，情況已經糟到了極點。」他自己都不知道是如何撐到節目播出，不過，冰室打開時，他已經頭暈目眩、四肢不協調、軟弱無力，必須直接爬上救護車。「最後我開始以為自己身在煉獄。我真心相信我正在接受末日審判，等著要上天堂或下地獄。最後那八小時是我這輩子最痛苦的時候。要撐過這麼恐怖的過程而不放棄——絕對超出我的能力。」

沒錯，這聽起來的確是最艱難的演出。可是，等到布蘭恩聽到鮑梅斯特等人所做的實驗後，又想到了別的事情。他了解到意志力強化練習能產生廣泛的益處後，點點頭說，「這的確非常有道理。透過鍛鍊強化自律。現在回想起來，我在練習某項技藝時先訂下目標，便能改變一切。我在生活中的每個層面都嚴厲自律。我每天閱讀、我飲食健康、我做善事——我到醫院拜訪病童，盡一己之力。我精力充沛時，會力行自我控制，基本上，我吃東西以營養為考量，不放縱、不喝酒、不浪費時間。可是，一旦精力耗盡，我會走到另一個極端，完全失去自我控制，其他所有的事情也跟著失控。當我不注意飲食時，好像同時也無法靜心讀書，無法像以前那麼專心。我也不再能夠好好利用時間。我虛度光陰，喝酒這類蠢事樣樣都來。每次表演後，我會在三個月內從一百八十磅胖到兩百三十磅。」

我們和布蘭恩在他位於格林威治村的公寓裏聊天，此時他正在休息階段。他之前完成了一項短時間的表演——對他來說算短——在毫無防禦措施的大海裏，每天和鯊魚相處四個小時，一連好幾天。接下來，他打算要進入巨型玻璃瓶裏，漂過大西洋，不過還不是很確定。所以，他先鬆懈下來，體重也增加了幾磅。「真不巧被你看到我處於自律的另一個極端，」他說。「我控制飲食五天，然後會狂吃十天。控制飲食十天，然後再像餓鬼一樣狂吃二十天。然後，我就會再開始訓練，當我真正認真起來，我可以一個月減掉十二磅。五個月內，我就可以脫胎換骨，達到極高的自律境界。真是神奇，我在工作上自律甚嚴，但有時在生活上卻完全放縱。」

與鯊魚共舞、憋氣十七分鐘、冰凍六十三小時、以及身處人間煉獄——他全都做到了，但日常瑣事仍然會讓他心煩。他的冰凍耐力創下了世界紀錄，但卻沒有被列入金氏紀錄，因為他一直沒有填寫申請表。他早就拿到表格，只是一直拖延。他曾在倫敦斷食四十四天，但如今卻沒有意志力去抗拒冰箱裏的食物。當然，原因之一就是因為，這些食物隨手可得。「如果我待在我的公寓裏，我不認為我可以成功斷食四十四天，」他說。「我在倫敦被困在透明箱裏、吊在半空中，絕不可能受到誘惑。這也是我讓這個活動公開的原因之一，因為我知道，我自己一個人可能撐不下去。」但就算他不能自己在家斷食七個禮拜，難道連每天少吃一點也做不到嗎？在這個時候，為什麼連保持一丁點紀律——飲食、讀書和工作——也變得那麼難呢？

因為他沒有動機。他不需要向大眾或自己證明什麼。他和別人都已經知道只要他想做，就可以做得到，沒有表演的時候放鬆一下，沒有人會指責他。即使他曾展現驚人的意志力，他依舊和一般人一樣，必須面對最大的自我控制挑戰：保持紀律不只是幾天或幾個禮拜，而是年復一年。要做到這一點，你得綜合運用各種類型的耐力藝術家的技巧。

註釋

❶ **大衛・布蘭恩**：他的事蹟和引言出自親訪布蘭恩。也參考他的自傳 *Mysterious Stranger: A Book of Magic* (New York: Random House, 2003), 與他的網站 http://davidblaine.com/; 約翰・提爾尼在《紐約時報》報導他的閉氣訓練 (April 22, 2008) 與嘗試創下的紀錄 (April 30, 2008); 以及 Glen David Gold 的文章 "Making a Spectacle of Himself," *New York Times Magazine*, May 19, 2002.

❷ **透過鍛鍊來強化自我控制的原始研究**：出自 M. Muraven, R. F. Baumeister, and D. M. Tice, "Longitudinal Improvement of Self-Regulation Through Practice: Building Self-Control Through Repeated Exercise," *Journal of Social Psychology* 139 (1999): 446–57.

❸ **改變使用左右手和說話習慣的研究**：見 R. F. Baumeister, M. Gailliot, C. N. DeWall, and M. Oaten, "Self-Regulation and Personality: How Interventions Increase Regulatory Success, and How Depletion Moderates the

Effects of Traits on Behavior," *Journal of Personality* 74 (2006):1773–1801.

❹ 研究人員都清楚「先鋒計畫」與其他改變的效果終究會衰退：見 D. K. Detterman, "Intelligence," Microsoft Encarta Encyclopedia (2001), http://encarta.msn.com/find/Concise.asp?z=1&pg=2&ti=761570026.

❺ 梅根・歐騰和肯・陳的自我控制鍛鍊研究論文：M. Oaten and K. Cheng, "Improved Self-Control: The Benefits of a Regular Program of Academic Study," *Basic and Applied Social Psychology* 28 (2006): 1–16; M. Oaten and K. Cheng, "Longitudinal Gains in Self-Regulation from Regular Physical Exercise," *British Journal of Health Psychology* 11 (2006): 717–33; M. Oaten and K. Cheng, "Improvements in Self-Control from Financial Monitoring," *Journal of Economic Psychology* 28 (2006): 487–501.

❻ 家庭暴力研究：E. J. Finkel, C. N. DeWall, E. B. Slotter, M. Oaten, and V. A. Foshee, "Self-Regulatory Failure and Intimate Partner Violence Perpetration," *Journal of Personality and Social Psychology* 97 (2009): 483–99.

第7章

戰勝黑暗之心

自我控制比子彈更重要。❶

——亨利·莫頓·史丹利❷

西元一八八七年，亨利・莫頓・史丹利（Henry Morton Stanley，一八四一～一九〇四）來到剛果河邊，不慎展開一場災難性的實驗。在此之前，他早在一八七一年就以記者身分首度來到非洲，並因為尋獲一位蘇格蘭傳教士因而聲名大噪，史丹利將這段經歷化成文字：「您是李文斯頓（David Livingstone）醫生吧，我猜？」這一次，四十六歲的史丹利已經是探險老手，第三次來到非洲。他要部分隊員留守在河邊，等待物資補給，自己則進入幅員遼闊的雨林區。這批「後援部隊」的領導份子來自英國幾個最顯赫的家族，但後來卻鬧出了國際醜聞。

除了這些人以外，還有負責守住要塞的一位英國士兵和醫生，史丹利一離開，他們就群龍無首，情況開始失控。他們拒絕治療生病的本地人，任由手下的非洲人因疾病和有毒食物而喪命。他們擄來年輕的非洲女性當作性奴隸。其中有個非常年輕的女孩子哭喊著要回去找父母，他們充耳不聞；有人企圖逃走，還被抓回來綁住手腳，以防再逃跑。駐守要塞的英國指揮官粗暴地將非洲人打成重殘，有時甚至用尖銳的鋼棍刺傷他們，因為細故就把人槍傷到半死不活。要塞附近住著一些非洲侏儒——一位母親和幾個小孩——他們偷取營隊的食物被逮個正著，居然被施以割去耳朵的酷刑。其他的偷竊者則被槍殺，斬首示眾。「後援部隊」有位軍官號稱是自然主義者，繼承了愛爾蘭尊美醇（Jameson）威士忌家族的遺產，他甚至付錢讓人殺害一名十一歲的女孩，並讓食人族吃掉——好讓他在旁邊將整個食人儀式畫下來。

此時，約瑟夫・康拉德（Joseph Conrad）正準備啟程前往剛果，還要再過十年，他才會寫下《黑暗之心》（*Heart of Darkness*）這本小說，創造出庫茲（Kurtz）這位野蠻的帝國主義者，只因為「內心空虛」和「蠻荒使他迷亂」，就「荒淫無度」。❸可是，許多歐洲人讀過史丹利「後援部隊」的故事後，都對非洲荒野的險惡一清二楚。各界呼籲停止這類探險，而讓史丹利氣餒的是，這也是他最後一次從事這類活動。他站出來同聲譴責其他隊員的行為，他非常清楚荒野上的種種危險，但他並不認為克服不了。

就在「後援部隊」失去人性時，史丹利在茫茫雨林中努力地維持自律。他和同行的隊員們在茂密的依圖里（Ituri）雨林中迷途數月，遭受傾盆大雨灌頂、橫渡及腰的泥濘，還得不斷揮趕千萬成群的叮人蒼蠅和咬人螞蟻。他們因飢餓而衰弱，因腳部化膿潰爛而跛行，因瘧疾和痢疾而倒下。他們傷殘、死亡，有時還被土著用毒箭射中並且被吃掉。❹甚至有一段時間，每天都有好幾人因為疾病和飢餓而死亡。一行人和史丹利一起出發，艱苦跋涉挺進他所謂的「最黑暗的非洲」這片陰暗的廣大叢林，最後只剩下不到三分之一的人生還。

歷史上很難找出另一位深入蠻荒，忍受如此持久困境和恐懼的探險家。也許唯一能與之比擬的，是史丹利之前的另一次跨洲之旅，挺進尼羅河和剛果河的源頭。然而，年復一年、一次次的遠征，史丹利熬過了一切困苦。他的歐洲同伴讚嘆於他「強大的意志」。非洲人稱他為「布拉馬塔里」（Bula Matari）：破石者。探險中存活下來的非洲嚮導和挑夫總是一而再、再而三地加入他的隊伍，這些本地人崇拜的不光是他的勤奮和決心，還有他的親切與臨危不亂的鎮定。很多人認為是蠻荒環境讓探險隊員性格大變，但是史丹利卻表示他身受其惠：「就我自己而言，我不認為我具有超凡的體力。有人說非洲經驗讓歐洲人性格變壞，但早年窮困、失學、缺乏耐心的我，卻在這些歷險當中學到了許多東西。」❺

這些探險經歷教導了他哪些事情呢？蠻荒為什麼沒有使他迷惑？在那個年代，史丹利的事蹟讓人們著迷，讓藝術家和知識分子嚮往。馬克．吐溫（Mark Twain）預測，史丹利將是同時代中唯一能享譽百年之後的人物。「史丹利的一生可能比我更短暫，但若和他的成就相比，」吐溫表示，「我如十層樓高的自信將立刻夷為平地，只剩下地窖。」❻契訶夫（Anton Chekhov）甚至還說，一個史丹利抵得過十幾間學校和上百本好書。這位俄國作家認為，史丹利「頑固不屈地追求某個目標，無懼困苦、危險，並抗拒一切享樂誘惑，」❼堪稱「最高道德力量的具體實踐」。

可是，英國和多數歐洲國家並不怎麼信服這位來自美國的毛躁記者，嫉妒他的對手總是在他的探險策略中挑毛病，「後援部隊」的醜聞爆發後，他更是動輒得咎。後來，自傳作家和歷史學家紛紛抨擊他的探險活動，再加上，他在一八八〇年代初期和比利時營私舞弊的國王利奧波德二世（Leopold II）關係匪淺，該國王手下的象牙商人後來還成了《黑暗之心》

的故事題材，史丹利的聲望因而直落谷底。隨著殖民主義衰退、維多利亞式品德教育式微，史丹利不再被視為自我控制的典範，反而像個自私的控制狂。他被描述成殘忍的剝削者，靠著一路掠奪而橫越非洲的無情的帝國主義者。這位殘酷的征服者常常被拿來和聖潔的李文斯頓醫生相比，後者獨自橫越海峽，無私地尋求拯救靈魂的機會。

不過，最近史丹利的第三種形象出現了，無論是和之前勇敢無懼的英雄、或殘酷的控制狂相比，這個新形象更加吸引現代觀眾。這位探險家成功闖蕩蠻荒，不是基於私心，也不是因為他不屈不撓的意志，而是因為他體悟到意志的限制，並採用當今心理學家開始逐漸了解的長期策略。

發現史丹利新形象的不是別人，正是為李文斯頓醫生作傳的英國小說家暨維多利亞時代的專家，提姆．吉爾（Tim Jeal）。吉爾研究李文斯頓的生平，對於人們一直將李文斯頓和史丹利視為兩個極端提出了質疑。十年來，數千封史丹利的信件和文件公諸於世，吉爾根據這些內容創造出完全不同以往的力作《史丹利：最偉大非洲探險家的非凡人生》（*Stanley: The Impossible Life of Africa's Greatest Explorer*）。這本備受讚揚的傳記描述了一位充滿缺點的人物，他有野心、不安、美德、也有詭計，反而更突顯了他的勇敢和人性。原來他內心深藏著那麼多的祕密，那麼，他在蠻荒中的自我控制更加難能可貴。

情緒差距

如果自我控制部分來自於天生——這很有可能——那麼史丹利的出生更不可能有什麼優秀的遺傳基因。他出生於威爾斯，他母親生他的時候只有十八歲而且未婚，在他之後，他母親又和至少兩名男子生了四個私生子。他對於父親完全沒有記憶。他一出生，他母親就立刻把他丟給父親，父親扶養他直到他六歲時過世。之後，另一個家庭接手照顧他，但有個監護人把他帶走，說要帶他去他嬸嬸家，結果，滿心困惑的史丹利被帶到一棟大石屋前。這是一座囚犯工廠，即使成年後，史丹利依舊清楚記得騙他的監護人把他拉進去、關上大門後就離開的情景，他「第一次感受到徹底荒蕪孤獨的恐懼」。

史丹利早年名叫約翰．羅蘭德斯（John Rowlands），他一生都努力掩飾住過囚犯工廠的恥辱和私生子的污名。他十五歲離開工廠、來到紐奧良後，開始斷絕他的威爾斯血統，假裝自己是美國人，還學會了美國口音。他改名為亨利．莫頓．史丹利，並且對外宣稱他的養父住在紐奧良，是個為人善良、工作勤奮的棉花商人，而他的姓名則是養父幫他取的。❽史丹利捏造出一整套關於收養家庭的故事，還表示他的養父母自小就培養他自制的能力。在他的想像當中，養母臨終前的遺言是「要做個好小孩」。

「道德抗拒（moral resistance）是他最喜歡的話題，」史丹利如此描寫他捏造出來的養父。「他說，力行道德抗拒能增強意志，猶如鍛鍊肌肉一般。意志需要鍛鍊，才能抗拒不潔的欲望和放蕩，成為意識的最佳夥伴。」可想而知，這個捏造的養父忠告，和史丹利不想重蹈其親生父母之惡，其道理是一致的。他十一歲時，雖然住在絲毫稱不上豪華的威爾斯囚犯工廠，他已經開始透過苦修，來「試煉意志」：

> 我午夜即起和我缺德的一面搏鬥，當其他室友甜蜜入夢時，我屈膝下跪，將赤裸的內心呈現在全能的上帝面前……我承諾我會壓抑飢餓的渴望，證明我對空胃和腹痛不屑一顧；我會把一餐分為三份，和鄰居分食；我的牛油布丁應該分一半給為貪婪所苦的弗爾克一家人。若我擁有任何別人覬覦的東西，我將會立刻拱手讓出。❾

他發現，美德的培養需要時間。「抗拒邪惡表面上看來往往徒勞無功，但其實它在每個階段會有一些小進展。人格得以逐漸發展。」二十歲以後，他已經是成功的戰地記者，也是友人間自律的鼓吹者。朋友建議他去度假，他以長篇大論（和自負態度）駁斥對方：「我只能過著緊張快速的生活。」他寫信告訴這位朋友，度假無法讓他享受，因為他的良心會譴責他浪費時間。沒有任何事能阻礙他追求目標：「透過修身、克己、孜孜不倦，成為我自己的主人。」

不過，史丹利來到非洲之後，慢慢了解到人的意志力是有極限的。儘管他認為自己在非洲的經驗是很好的鍛鍊，但他也親眼目睹這塊土地是如何耗人精力、令人腐化。他在描述不見天日的依圖里雨林探險時，寫道：「沒有類似經歷的人，很難了解我們在這樣的環境中，一天冒險十五個小時，需要用掉多少自制力。」當史丹利首度聽聞「後援部隊」的暴行和破壞行為，他在日記裏寫了一段話，許多人誤以為他意指「人性本惡」。史丹利了解，文明社會的人們無法想像這群離開英國的人經歷了何種變化：

> 這些人在家鄉時，不會有激發他們兇殘本性的事由……突然間，他們來到非洲承受種種痛苦。鮮肉、麵包、美酒、書籍、報紙、社會和朋友的影響，一切的一切都越來越遠。發燒擊垮了他們的心智和身體。焦慮驅走善良，勞累消弭快樂，內心的悲傷擊退樂觀心情……最後，他們的身心都轉變成與以前在英國社會時相反的黑暗面。⑩

史丹利所描寫的，正是經濟學家喬治．魯文斯坦（George Loewenstein）所說的「**冷熱情緒差距**」（hot-cold empathy gap）：「我們在冷靜、理性、和平的時候，無法理解我們在情緒高漲、面對誘惑時的行為。」⑪這些人在英國家鄉冷靜地展現正直行為，但他們無法想像自己在非洲叢林裏會有什麼樣不同的感覺。冷熱情緒差距至今仍是自我控制最常見的挑戰之一，只不過一般的情況沒有那麼兩極化罷了。我們面臨的差距，比較像是我們在加拿大長大的一位友人所觀察到的現象。她生長在充滿嬉皮理想主義者的社區，是當地唯一一個小孩。這些人的哲學包括只吃最健康、最天然型態的食物。不過，她的母親認為，小孩子偶爾也該吃吃超市買的餅乾。每次她母親在超市買餅乾，就得忍受旁人的揶揄和說教，說糖分多麼有害、吃垃圾食物有發胖的危險、以及支持跨國糧食集團有多不道德等等。她母親不加理會，繼續購買，但沒多久就遇到另一個問題——她買來的餅乾總是無故消失。到了晚上，居民們享用過葡萄酒和大麻這些天然物質後，意志力耗損，對集團垃圾食物的厭惡敵不過對奧利奧（Oreo）餅乾的渴望。別的父母把餅乾藏起來，是為了「防小孩」；只有這位母親藏餅乾是為了「防大人」——因為這些大人遭受了冷熱情緒差距。白天他們譴責垃圾食物時，無法體會當他們疲累、吸了大麻之後，是如何渴望吃到這些邪惡的甜餅乾。

訂定未來行為規範時，你多半處於平和、冷靜的狀態，因此會做出不切實際的承諾。「不餓的時候，要你同意節食，輕而易舉，」在卡內基美隆大學任教的魯文斯坦說。沒有性慾時要禁慾當然也很容易，魯文斯坦和丹．艾瑞利詢問異性戀成年男子一些私人問題時，就得到這樣的結論。這些問題包括：如果他們喜歡某個女人，而對方建議3P，他們會不會同意？他們能否想像和比自己大四十歲的女人發生關係？他們會不會愛上十二歲的小女孩？他們會不會只為了和女人上床，就謊稱愛上她？對方說「不」以後，他們會不會繼續努力追求？他們會不會企圖灌醉她，或給她下藥解除心防？

這些人回答以上問題時，是坐在實驗室的電腦前面——非常冷靜的狀態——他們真心相信自己不太可能會去做這些事。不過，實驗的另一部分，則要這些男人自慰，讓自己處於高漲的性慾當中，並同時回答這些問題。結果，在火熱的狀態下，他們回答會做出上述行為的可能性提高許多。一開始看起來完全不可能的事情，此時變得更有可能發生。這只是個實驗，不過它也顯示蠻荒如何使人們迷亂。水深火熱時，難以想像的事情變得意想不到的可行。

我們說過，**意志力是人類最大的優勢，可是最好不要動不動就依賴它。把它留到緊急時刻再用。**就像史丹利了解到的，有些心理手段能幫助你將意志力保留到非用不可的時候。矛盾的是，這些技巧又需要意志力才能實行；可是，時間久了，它能減少平日意志力耗損的程度，留待生死交關的時刻全力發揮。

自我約束的方法：事先承諾

史丹利三十歲時首度踏上非洲土地，遭受苦難，當時，《紐約論壇報》（*New York Herald*）派他到這塊神祕大陸尋找李文斯頓醫生。旅程之初，他跋涉過沼澤，還染上瘧疾，在昏迷的一個禮拜當中，他說他經歷了「瘋狂幻覺、腦部劇痛、病入膏肓」。後來的行程，只為了逃離內戰的屠殺。六個月後，同行的隊員多被殺害或拋棄，即使增派援手後，整團的人數只剩下三十四人，連原本探險隊規模的四分之一都不到，這麼少的人數，非常不利於在這塊充滿敵意的土地上繼續前進。史丹利一直斷斷續續的發燒，加上同行的阿拉伯探險老手又警告他再這樣下去他會死掉，使得他意志消沉。可是，有天晚上，就在他發燒暫退的時候，他藉著燭光寫了一段備忘錄：

> 我曾鄭重發誓，這輩子只要我還有一點希望，就絕不讓誘惑打斷我的決心，絕不放棄搜尋，一定要找到李文斯頓，生要見人，死要見屍……除非我死，否則沒有任何一個人或一群人能夠阻止我。可是死亡——死亡也打不倒我；我不該死、我不會死、我也不能死！⓬

即使考慮到史丹利的發燒和幻覺狀況，還是很難想像他或他的文字能夠對抗死神。不過，撰寫備忘錄倒是他為了保存意志力，一再使用的成功策略：**事先承諾**。這個策略的本質，是把自己鎖在道德正途上。你知道你將面臨可怕誘惑讓你脫軌，而且你的意志力會軟弱下來。因此，你設法讓自己不可能離開正軌——或讓它變得可恥、罪惡，連想都不敢想。奧德修斯（Odysseus）也是利用事先承諾，讓他和他的部屬安然度過女妖們的死亡之歌。他把自己綁在船桅上，並下令無論如何都不能將他鬆綁。他的手下則用另一種方式來事先承諾，那就是戴上耳塞，讓自己聽不到女妖的歌聲。他們預防自己受到誘惑，這通常是兩種做法當中比較安全的一種。如果你想確保自己不去賭場賭博，與其在賭桌邊閒晃，要朋友阻止你下注，不如根本就不要踏進賭場一步。更好的做法是，將自己的名字列入不得兌現賭資的名單（美國有些州的賭場有這類名單）。

當然，沒有人能預期誘惑的出現，尤其是今日社會。就算你努力避免前往實體賭場，虛擬賭場近在咫尺，更別提網路上還有一大堆其他誘惑。不過，科技創造了新罪惡，同樣也創造了新興的事先承諾方法。現代奧德修斯可以透過軟體來阻止他聽到或看到某些網站。現代史丹利也能以當初他利用社會媒介的方式來利用網路。史丹利在他的私人信件、新聞報導和公開聲明當中，一再承諾會達成目標、誠實不欺——他也知道，一旦他成名，任何失敗都會成為頭條新聞。他曾正義凜然地告誡他的隊員在非洲酗酒的危險，以及克制性誘惑的重要，他知道若沒有以身作則的後果。他公開將自己塑造成「布拉馬塔里」這位不屈不撓的破石者，強迫自己身體力行。由於他的誓言和形象，吉爾表示，「史丹利事先斷了自己因意志軟弱導致失敗的後路。」

今天，要約束自己堅守意志力不需要靠成名。你可以利用能夠揭露罪行的社群網站工具，事先承諾自己謹守道德關卡，作家杜魯·馬家利（Drew Magary）使用的「公開羞辱節食」（Public Humiliation Diet）網站就是其中一例。[13]他發誓每天量體重，並即時將結果放在推特（Twitter）上——他信守承諾，並在五個月內減了六十磅。如果你願意讓別人負責羞辱你，則你可以安裝「公眾之眼」（Covenant Eyes）軟體，它能夠把你瀏覽過的網站紀錄用電子郵件寄給你預設的名單——像是老闆或另一半等等。⓮或者，上stickK.com簽下「承諾契約」，這家公司的創辦人是耶魯大學的兩位經濟學家伊恩・艾爾斯（Ian Ayres）和狄恩・卡爾蘭（Dean Karlan）以及研究生喬丹・哥德伯（Jordan Goldberg）。該網站讓你任選目標——減重、不再咬指甲、少用石化燃料、停止打電話給前夫或前妻——未達成目標就得接受懲罰。⓯你可以親自監督自己，或者選個裁判來記錄你的成敗。懲罰內容可能只是由stickK.com寄電子郵件給你事先預設的名單——通常是親友，你也可以挑選幾位宿敵。不過，你也可以設定從信用卡自動扣款，捐給慈善機構，讓懲罰變成金錢上你要付出的代價。為了額外增強動機，你還可以設定將款項匯給某個「反慈善機構」，也就是你極不願意支持的團體——例如柯林頓或小布希的總統圖書館等等。可想而知，stickK.com使用者似乎頗受罰金（史丹利也是一樣——他知道他必須有精彩經歷才能讓報紙和著作大賣）和第三者裁判的激勵。契約中不含罰金或裁判的使用者，成功率只有百分之三十五，而那些承諾捐款、並請裁判監督的使用者，成功達成目標的機率接近百分之八十。又，捐款超過一百美元者，表現比捐款不到二十美元者更好——至少stickK.com的紀錄顯示如此，不過網站方面並不會確認這些結果。其實，真正的數字應該會比較低，因為有些裁判不願將失敗結果上報，以免讓他們的朋友有金錢上的損失。不管成功率為何，這些人都是原本就有意改變而自願報名的，所以很難看出stickK.com契約是否真有效果。不過，訂定契約來找人監督，並明訂懲罰內容的做法曾在非網路環境的實驗中測試過，卡爾蘭等一些經濟學家就曾在菲律賓募集了兩千多位想要戒菸的抽菸者參加實驗。

實驗人員隨機分配這些菲籍抽菸者與銀行訂定契約，讓他們能每週存入一筆款項到無息帳戶。⓰實驗人員要他們將平日買菸的錢省下來存入帳戶，不過全屬自發性，並不強迫——每個禮拜，他們想存多少錢都可以，不存也沒關係（許多抽菸者最後也真的一毛未存）。六個月後，他們得接受驗尿，如果尿液中發現尼古丁，則他們存入的錢將全數被沒收（由銀行捐給慈善機構）。光從理財的角度來看，這份契約根本稱不上是理想的投資策略。這些抽菸者隨便選個其他的有息帳戶並定期存款，保證能獲得更高的報酬。他們不僅放棄了利息，還涉入了一無所有的風險——事實上也的確如此，六個月後，有一半以上的人沒有通過測試。菸癮太強，讓多數人屈服，就算存款拿不回來也在所不惜。

不過，好消息是，這項動機的確幫助一些抽菸者戒菸成功，而且經過六個月的測試之後，受試者還繼續戒菸、繼續把省下的錢存入帳戶。不過，研究人員希望了解效果能持續多久，所以又繼續暗中觀察了六個月，整整一年之後，在所有受試者出其不意之下，請他們再做一次驗尿。即使這些人已經沒有遠離尼古丁的金錢誘因，這項計畫的成效還是非常顯著。和接受另一種戒菸計畫的對照組相比，與銀行簽約的抽菸者在一年後依舊不抽菸的比例高出了百分之四十。提供短期戒菸的誘因，就能讓他們做出持久的改變。從事先承諾開始做起，最後能轉變成持久而且更有價值的狀態：養成習慣。

養成習慣，讓大腦自動導航

想像一下，假設你是亨利．史丹利，早上一醒來就是多災多難的一天。你走出依圖里雨林中的帳篷，當然，天色依舊黑暗。天空已經黑暗了四個月。你的腸胃在前幾次的探險中，已經被寄生蟲、反覆發作的疾病、和過量的奎寧等藥品給搞壞，現在情況更糟糕了。你和你的隊員只能吃野果、樹根、菌類、毛毛蟲、螞蟻和蛞蝓充飢——如果運氣夠好，能找到這些東西的話。最近吃過最美味的一餐是你的驢子，你把牠射殺後，讓大夥分食。所有人狼吞虎嚥，每一個部位都不放過，甚至搶著啃驢蹄，就連滴到地上的血，也趁它滲入泥土之前舔得一乾二淨。

有好幾十人再也走不動——因為飢餓、生病、受傷、皮膚潰爛——只得被留在雨林中一處，他們視這個可怕的據點為「餓死營」。你帶著身體狀況較佳的隊員前往尋找食物，但一路上不斷有人猝死，食物依舊沒有著落。你害怕你才剛離開一個餓死營，又進入了另一個，而且你開始在腦中鉅細靡遺地想像你和其他人將如何就此倒地死去。你似乎已經能看到林中昆蟲如何咬食著每個人的屍體，「趁屍體冰冷之前，先出現一隻蟲來偵查，接著兩隻、一群，最後，兇猛的黃色的食屍蟲堆積成小山一樣高，頭上堅硬的觸角閃閃發亮；幾天之內，便只剩下零碎的屍塊，頂著一個閃著光芒的白色骷髏頭。」

不過，到今天早上為止，你還沒有死。營中已經沒有食物，但至少你還活著。現在你已經醒來、上了廁所，接下來該做什麼呢？

對史丹利來說，這是個簡單的決定：刮鬍子。他在英國的管家後來回憶道：「他常常告訴我，他每次探險都規定自己要仔細刮鬍子。在大雨林、『餓死營』中的每個早晨掙扎而起，無論情況有多險惡，他絕不略過這個習慣；他告訴我他多半用冰水或不鋒利的刀片刮鬍子。」就快餓死的人為什麼還堅持要刮鬍子呢？我們詢問史丹利傳記的作者他在雨林中一絲不苟的態度，吉爾回答說，這是史丹利自律的典型表現。

「史丹利總是盡量維持整潔儀容——服裝也是——並且嚴格要求筆跡清晰、日記和書本乾淨、物品箱子有組織，」吉爾說。「他曾稱讚李文斯頓和他一樣有條不紊。**建立秩序是他對抗大自然毀滅力量的唯一解藥**。」史丹利對於自己在叢林裏每天刮鬍子的行為，也提出類似的說明。「**基於自律和自重，我總是盡量維持體面的外表**。」

現在，你可能會認為把刮鬍子的精力用來尋找食物，不是更好嗎？自我控制的練習難道不會讓你更筋疲力盡，遇到重要的事情反而無法發揮意志力？可是，長期來看，這類良好習慣可以啟動自動心理過程，不需要花費多少精力，反而能提高自我控制。史丹利堅信外在秩序和內在自律彼此相關，這一點已被最近幾項傑出的研究所證實。在其中一項實驗中，有一群受試者坐在舒適整齊的實驗室房間裏回答問題，另一群人則來到一間父母看到就想大叫「整理你的房間！」的地方。在凌亂環境下回答問題的人，在許多測驗中都顯示較低的自我控制力，例如，他們寧願馬上拿一筆小錢，也不願等一個禮拜後獲得較大的金額。實驗人員提供各類零食和飲料，待在整齊房間的人選擇蘋果和牛奶，而待在豬窩似的房間的人則選擇甜食和可樂。

另外還有一項類似的網路實驗，參加者上網站回答問題。其中一群人上的是乾淨、設計完善的網頁，每一項目都排列整齊。另外一群人則進入充滿拼字錯誤和一堆問題的拙劣網頁。兩組人都要回答相同的問題。上拙劣網站的那一組比較多人選擇賭博，而放棄領取固定金額，他們會口出髒話，也偏好快錢，不願稍後再領取更大獎賞。拙劣網頁的慈善募捐金額也低很多。慈善和慷慨往往讓人聯想到自律，部分是因為人們需要克服天生的自私獸性，部分則因為為別人著想能提高我們的自律，稍後會詳述這一點。至於整齊的網頁則像整齊的實驗室房間一樣，微妙地引導人們在潛意識中做出自律的決定和幫助別人的行為。[17]

史丹利每天刮鬍子，不需花太多精力就可以從這種有條理的小事當中受惠。他不需要每天刻意決定去刮鬍子。一旦運用意志力讓這件事成為習慣，它就變成相當自動化的一段心理過程，不需要再進一步耗費意志力。他在「餓死營」的日常習慣雖顯得極端，卻符合鮑梅斯特和兩位荷蘭研究人員丹尼斯・德瑞德（Denise de Ridder）和卡特琳・芬肯納爾（Catrin Finkenauer）最近所觀察到的模式。[18]他們分析大量已發表和未發表的研究，以了解那些在性格測驗中自我控制獲得高分的受試者。這些研究針對人們的各種行為進行了實驗，並將其粗分為：以自動為主和以控制為主兩種。研究人員認為，依照邏輯推論，自我控制得分較高者，會特別執行那些他們控制最多的行為。可是，綜合分析之後，卻得到完全相反的結果。自我控制力高的人特別會出現那些屬於自動進行的行為。

起初，研究人員相當不解。他們的結果顯示我們在可控制行為上不使用自制力。這怎麼可能呢？他們一再檢查他們的程式碼和計算過程，確認結果無誤。直到他們回頭看到原版的研究，才開始了解這個結果的意義。這表示，我們得改變對於自我控制的看法。

他們編碼為自動的行為，多半是和習慣有關，而偏向控制的行為一般則是僅此一次的行為。結果發現，自我控制效果最好的情況，是當人們用它來建立好習慣、破除壞習慣的時候。有自我控制力的人更常固定使用保險套，並且避免抽菸、常吃零食和酗酒等習慣。培養健康的行為模式需要意志力——這也是意志力較強的人在這方面表現較佳的原因——可是，等到變成習慣後，就可以在日常生活中平順的進行，在某些生活層面更是如此。

綜合分析後，還出現了另一個意外發現，那就是，自我控制在學校課業上特別有用，而在飲食和節食上效果最低。雖然自制力相對高的人在控制體重上成效稍微好一點，但和其他生活層面比起來，效果大打折扣。（我們稍後會討論箇中原因，以及自我控制對節食無用的案例。）在調整情緒（變得快樂、擁有自尊自重的健康心態、避免沮喪）以及和密友、情人和親戚的相處上，他們的自我控制發揮的效果有限。不過，他們自我控制的最大成效展現在學校課業和工作表現上，符合其他關於好習慣造就好學生和好員工的證據。畢業典禮發表告別致詞的學生代表多半不是那種大考前才開夜車的人，反之，他們一整個學年都跟上讀書進度。表現持續穩定的員工多半也會獲得長期的成功。

舉例來說，對於大學教授而言，獲得終身職是一大關卡和里程碑，而多數學校審核終身職的主要依據是發表高品質的原創研究。研究人員鮑伯．波伊斯（Bob Boice）檢視剛入教職的年輕教授的寫作習慣，並持續追蹤他們的發展。[19]可想而知，由於教授這一行沒有真正的老闆，沒有人幫你訂定進度或告訴你該做什麼，因此這些年輕教授各自採取非常不同的做法。有些人先蒐集資料，等一切準備就緒，就花一、兩個禮拜的時間，甚至還會日以繼夜地、竭盡全力寫出一篇文章。也有人維持穩定步調，每天勉力寫個一、兩頁。還有人介於兩種做法之間。幾年後，波伊斯追蹤這群受試者的表現，發現他們的命運大不相同。每天寫作的人發展得很不錯，而且多半都已經獲得終身職。而所謂的「暴寫者」境況遠遠落後，而且許多人甚至已經離開教職。很明顯的，對於年輕作者和有志向的教授來說，最佳建議是：每天寫。利用你的自制力來塑造這個日常習慣，長期就能更輕鬆地達到更大的成效。

我們往往把意志力和英勇事蹟聯想在一起，以為它是生死攸關時的重要一步——馬拉松賽跑的最後衝刺、度過生孩子的痛苦、忍受病痛、處理危機、抗拒難以拒絕的誘惑、趕上不可能達成的期限等等。這些都是我們記憶當中最精采的事蹟。就連最愛挑剔的史丹利傳記的作者，也大大讚賞史丹利發奮圖強趕在期限前寫出一本書。當他滿受折磨地穿過依圖里雨林，重回文明社會後，很快便寫出了一本國際暢銷書《黑暗非洲》（*In Darkest Africa*）。他每天從早上六點寫到晚上十一點，短短五天內，就寫出了上下兩冊、共九百多頁的鉅著——堪稱最極端的暴寫例子。不過，若不是他一路上寫了詳實日記和有條不紊的資料，他絕不可能將整段探險過程記錄下來。他寫日記就像刮鬍子一樣，已經養成了習慣，因此可以日復一日不間斷，同時又能保有意志力，留待下一次叢林裏的險惡意外時再加以發揮。

忘我與無私

史丹利三十三歲、才剛剛在非洲大陸找到李文斯頓醫生後不久，他陷入了愛河。他一直認為自己不可能找到真愛，但他回到倫敦時，新名聲為他創造了許多社交機會，因而遇到了從美國來訪的艾莉絲．派克（Alice Pike）。她才剛滿十七歲，年齡不過史丹利的一半，他在日記裏寫道，她「對非洲地理毫無概念，可能對其他的事情也一樣。」可是他卻意亂情迷，並且在短短一個月內就與她訂婚了。他們說好，等到史丹利的下一次非洲探險結束，就立刻結婚。他從非洲東岸出發，將她的照片用防水布包好，收藏在胸口。隊員們吃力地搬運拆解下來的二十四呎長的「艾莉絲小姐號」——史丹利在他首次有紀錄的非洲內陸大湖區探險時，就曾使用過這艘船。當時，他已經跋涉了三千五百英哩，並且繼續朝西深入這段旅程最險惡的部分。他計畫帶著「艾莉絲小姐號」沿著盧阿拉巴河（Lualaba River）而下，看看它的盡頭是何處——也許是尼羅河（這是李文斯頓的理論）、也許是尼日爾河、也許是剛果河（這是史丹利的直覺，結果證明他是對的）。沒人知道答案，因為，就連勇猛的阿拉伯奴隸商人也被許多關於沿岸兇惡食人族的故事嚇得裹足不前。

史丹利在上船之前寫信給他的未婚妻，告訴她他的體重只剩下一百一十八磅，比他倆上次見面時少了六十磅。他病痛纏身，而且又染上瘧疾，體溫曾一度高達華氏一百三十八度。他預期會出現更糟的狀況，不過，在這段航程之前最後一次寄信的機會當中，他對於這些問題並沒有多加著墨。「我對妳的愛此生不渝，妳是我的綺夢、我安歇的港口、我的希望、我的燈塔，」他對她寫道。「無論生死，我都將珍視妳為至寶，期待再相見。」

史丹利緊抓著這個希望，乘著「艾莉絲小姐號」沿剛果河而下，又前進了三千五百英哩，還從一群高叫著「尼阿馬！尼阿馬！」（意指「鮮肉！鮮肉！」）的食人族追殺中死裏逃生。歷經三年的時間，只有一半的隊員活著抵達大西洋岸，除了史丹利以外，所有同行的歐洲人都已喪生。回到文明世界後，史丹利急著尋求未婚妻的情書，結果，卻從出版商得到一個難堪的消息（而且在很詭異的地方加了驚嘆號）：「我一直無法決定是該先寫信給你，還是等你回來親自告訴你。不管用什麼方式，只想讓你知道你的朋友艾莉絲．派克已經結婚了！」聽到被夢寐以求的女人拋棄（嫁給了俄亥俄州火車車廂製造商之子），史丹利幾乎發狂，她留下的短箋中，輕輕帶過她結婚的消息，並恭喜他探險成功，讚賞「艾莉絲小姐號」要比艾莉絲本人更忠誠，然而這並沒有讓史丹利感覺好過些。對史丹利來說，這段婚約還象徵著他愛錯了人。他還懷抱著她的照片橫越了整個非洲。

不過，不管結局有多糟，史丹利還是從這段關係和這張照片裏有所斬獲：讓他在惡劣的環境下分心。他也許錯信了她的忠誠，不過，他在整段旅程中，無視環境險惡，專心想念著他的「港口」和「燈塔」，這倒是明智之舉。這是兒童接受棉花糖實驗的進階版。一直盯著棉花糖看的孩童，意志力很快就耗損，最後受不了誘惑，立刻把糖吃掉；至於那些轉頭環顧房間四周（有時乾脆閉上眼睛），努力分心的孩童，則成功忍了下來。同樣的，醫護人員和病人聊天、談談和病情無關的事，就是為了讓他們分心；而助產士常常要孕婦做點事情，而不要閉起眼睛（因為閉眼睛會讓她們更意識到疼痛）。他們了解史丹利所說的「忘我」。他把「後援部隊」的失控怪罪於帶隊者讓他們留守太久，日復一日等待更多挑夫到來，不讓他們盡早挺進叢林、展開探險。他寫道，與其「忍受千篇一律的單調日子，只有行動才能消除他們的不安和懷疑」。儘管史丹利深入雨林遭遇疾病、飢餓和死亡的威脅，但這段旅程「占據他們全部的時間，種種引人入勝的有趣事情讓他們腦中沒有卑鄙思想的餘地。」史丹利視勞動為一種心理解脫：

> 為了讓自己不沮喪發狂，我必須使用「忘我」的方式；我得著重我的努力成果……我了解我的同伴都知道我盡了最大努力，心中便得到安慰，我們患難與共。這種信念鼓勵著我，讓我全心為他們服務，靈魂更加充實。[20]

「患難與共」和「全心服務」這種話，不像是史丹利這種高傲嚴肅的人會說的話。畢竟，這個人曾說過史上最冷漠的招呼語：「您是李文斯頓醫生吧，我猜？」就連維多利亞時代的人，也覺得這兩位英國人在非洲內陸相遇的情況困窘到荒謬的地步。可是，最值得思考的是，吉爾表示史丹利從未親口說出這件事。這段文字首次出現，是在史丹利於兩人會面後，在《紐約論壇報》發表的報導當中。兩個人的日記裏都找不到這段文字。史丹利撕去了日記上這最重要的一頁，銷毀了兩人見面後正要交談的那一段。史丹利長年對於他生長於囚犯工廠的背景有很深的不安全感，因此很顯然地，是他捏造了這句話，以便讓自己顯得高貴。他一向欣賞探險團隊中那些英國紳士講話時堅定的口吻，他有時也會試著模仿他們的沉著態度，為整段探險注入一些冷靜的氣氛。不過，他欠缺他們的天分——和機巧。那些英國隊員會刻意省略或冷處理他們非洲探險中的暴力場面和懲戒行為，而史丹利則過度誇大這些事情，一半是因為想讓它聽起來更艱鉅，另一半則是因為要促銷報紙和著作。

因此，各界以為史丹利是當時最嚴格、最暴力的探險家，但事實上他對非洲人非常仁慈，吉爾說，他在這方面甚至不輸給李文斯頓醫生。在當時的背景，史丹利卻很難得的絲毫沒有種族偏見。他說得一口流利的斯瓦希里語（Swahili），還和他的非洲隊員們建立起一輩子的友誼。他嚴厲處分虐待黑人的白人指揮官，並且一再禁止隊員欺負和侵犯當地居民。雖然有時在談判和送禮無用後，他也會和非洲人起爭執，但是，史丹利拿著槍殺遍全非洲的畫面純粹是神話。他探險成功的祕訣並不是他在文字當中生動敘述的那些戰役，而是他在探險後歸結出來的兩大原則：

> 我從危急關頭的實際壓力中學到：第一，自我控制比子彈更重要。第二，若非真心關懷那些非洲土著，絕對無法在險惡的非洲探險中展現持續的自我控制。

史丹利了解到，**自制就是不自私。意志力使我們與人和平相處，壓抑坐享短利的衝動。**可說是史丹利經歷的現代版的海豹突擊隊（Navy SEAL）也學到相同的教訓：在著名的地獄週訓練中，隊員得忍受不斷跑步、游泳、匍匐前進，還得撐過一天睡不到五小時的考驗。[21]

每一期海豹突擊隊當中，平均至少有四分之三無法完成訓練，而根據突擊隊排長艾瑞克・葛瑞騰思（Eric Greitens）的說法，通過的那四分之一不全然是肌肉強壯者。他回想起和自己一起通過地獄週的隊員，指出大家共通的特質：「他們能夠無視身體痛楚，放下心中恐懼，而且自問：我該如何幫助我旁邊的隊友？他們擁有的不僅是強壯身軀和匹夫之勇。他們還有一顆關懷別人的偉大善心。」

在人類歷史中，讓人們放下私心最常見的方式，就是透過宗教教義和誡律，研究也顯示，這依然是自我控制的有效策略，我們稍後會加以介紹。不過，要是你像史丹利一樣，沒有任何宗教信仰呢？他很早就不信上帝，失去信仰（他將之歸因於目睹美國內戰的殺戮場面），於是就面臨了其他維多利亞時代的人也感到困擾的問題：沒有宗教的傳統制約，人們如何維繫道德呢？許多像史丹利這樣的非教徒，回應這個問題的方式，就是一面推崇宗教的力量，一面又尋求世俗的方式為自己反覆灌輸「使命」感。當他在依圖里雨林中艱苦跋涉時，他常用他最愛的詩句來鼓勵大家，詩句出自丁尼生（Alfred Tennyson）的〈威靈頓公爵之死頌歌〉（Ode on the Death of the Duke of Wellington）：

> 英島事蹟一再訓示，
> 謹守使命才得榮耀。

史丹利的隊員並非全都了解他的用意——對某些人來說，丁尼生的詩句太過陳舊——不過，他的做法體現了正確的自我控制原則：專注於崇高思想。㉒最近，紐約大學的藤田健太郎（Kentaro Fujita）和他的論文指導教授亞可夫・特洛普（Yaacov Trope）率研究團隊測試了這項策略的效果。他們使用一連串方法來將人們的心理過程移到更高、或更低層次。在他們的定義中，高層次是指抽象、長期的目標，而低層次則與之相反。例如，他們詢問受試者回想他們為什麼做某件事，或者如何做某件事。「為什麼」的問題能將注意力提高到高層次思維，專注於未來。「如何」的問題則將注意力拉低到低層次思維，專注於眼前。另一種結果類似的過程，則是讓人們從一個概念提高或拉低想法，例如「歌星」一詞，為了引出高層次想法，研究人員會問，「一位歌手是什麼群體的一部分？」為引出低層次想法，研究人員會問，「請舉一位歌手為例？」因此，答案會分別促使受試者放眼整體或聚焦於特定範圍。

這些心態的操弄和自我控制並不必然相關。可是，那些被促使思考高層次意義的人自我控制力有提升的現象，而思考低層次意義者自我控制力則出現下降。各種實驗所用的測量方式不同，但結果都很一致。人們專注於高層次思維後，更容易捨棄近利，而選擇未來更佳的報酬。要他們握緊握力器，他們也能持續更久。這些結果顯示，狹隘、具體、此時此地的思緒對自我控制不利，而廣泛、抽象、長期的思緒則對自我控制有幫助。這是教徒在自我控制測驗得分較高的原因，也說明像史丹利這樣的非教徒可以從其他崇高思想和持久意念受惠。

史丹利一直將個人榮耀的野心和「向善」的欲望結合，因此才會幻想出養母臨終前講了那樣的話。當他看到阿拉伯和東非奴隸交易者日益猖獗地蹂躪非洲大陸，也興起了和李文斯頓醫生一樣崇高的理想。從那時起，他便將終結奴隸交易視為終身的職志。

到最後，支持史丹利闖蕩叢林，度過被家人、未婚妻和英國社會拋棄的難關的，是他從事「神聖任務」的信念。以現代標準來看，他的態度似乎太誇張虛偽，但他絕對是真心的。「我來到這世界不是為了享樂，」他寫道，「我有特別任務在身。」他在剛果河航行時，會用文字告誡自己，例如：「我憎恨邪惡，熱愛良善。」航程中，他曾因兩名最親密的夥伴溺斃而傷心不已，自己幾乎餓死，而且覓食無望，在這些最惡劣的情況下，他用他所能想出最崇高的思想來安慰自己：

我可憐的身軀遭受可怕苦難……它被剝蝕、受罪和患病，幾乎無法負荷；但這只是我的一小部分。真正的我悄悄地困在這軀殼當中，它是如此傲慢崇高，絲毫不為每日折磨身體的淒慘環境所苦。

在極端沮喪的時候，史丹利是否尋求宗教協助，想像自己有靈魂的存在？也許吧！不過，想想他一輩子所受的苦難，以及他在蠻荒中為保留意志力所使用的種種計策，他內心訴諸的似乎是更世俗的東西。從「布拉馬塔里」的觀點來看，他的「真我」就是他的意志。

註釋

❶「**自我控制比子彈更重要**」：Henry Morton Stanley, *The Autobiography of Sir Henry Morton Stanley* (Breinigsville, PA: General Books, 2009), 274.

❷ **亨利・莫頓・史丹利**：史丹利生平與探險過程主要參考自提姆・吉爾（Tim Jeal）撰寫的傳記*Stanley: The Impossible Life of Africa's Greatest Explorer* (New Haven, CT: Yale University Press, 2007), 以及親自詢問吉爾本人。其他資料來源包括Stanley's *Autobiography;* Stanley's *In Darkest Africa, or the Quest, Rescue, and Retreat of Emin Governor of Equatoria* (Kindle, 2008); 他本人對於1887-89年探險的描述，以及他人的描述：D. Liebowitz and C. Pearson, *The Last Expedition: Stanley's Mad Journey through the Congo in Darkest Africa* (New York: Norton, 2005).

❸ **庫茲荒淫無度**：Joseph Conrad, *Heart of Darkness* (Boston: Bedford Books, 1996), 74.

❹ **傷殘、死亡，有時還被吃掉**：「他們每天荼毒非洲大地，用長茅和毒箭殺戮，傷害男人、女人和小孩，有時還會把他們拖入叢林任其被吞噬。」*The Last Expedition,* 236 (描述1888年的情況).

❺「**就我自己而言，我不認為我具有超凡的體力**」：Stanley, cable to *The Times* (London), December 8, 1890, reprinted in *Autobiography,* 274.

❻「**若和他的成就相比**」：Mark Twain, *Mark Twain's Speeches* (New York: Harper & Brothers, 1910), 157. 關於吐溫預測史丹利留名千古，見 Jeal's *Stanley,* p. 468.

❼「頑固不屈地追求某個目標，無懼困苦、危險，並抗拒一切享樂誘惑」：Rosamund Bartlett, *Chekhov: Scenes from a Life* (London: Free Press, 2004), 163.

❽ **捏造養父的故事**：吉爾認為，這個威爾斯年輕人在紐奧良時，從未遇過他後來聲稱是他養父的美國棉花商人亨利・霍普・史丹利。

❾「我午夜即起」：Stanley, *Autobiography,* 24.

❿「這些人在家鄉時……」：Stanley's January–June 1889 notebook, quoted in Jeal, 358.

⓫「冷熱情緒差距」：D. Ariely and G. Loewenstein, "The Heat of the Moment: The Effect of Sexual Arousal on Sexual Decision Making," *Journal of Behavioral Decision Making* 19 (2006): 87–98.

⓬「我曾鄭重發誓」：Stanley, *How I Found Livingstone* (London: Sampson Low, Marston, Low, and Searle, 1872), 308–9.

⓭「公開羞辱節食」：D. Magary, "The Public Humiliation Diet: A How-To," Deadspin.com, http://deadspin.com/5545674/the-public-humiliation-diet-a-how+to?skyline=true&s=i.

⓮「公眾之眼」：http://www.covenanteyes.com/.

⓯ **stickK.com**：資訊參考自 http://www.stickk.com/；以及 I. Ayres, *Carrots and Sticks: Unlock the Power of Incentives to Get Things Done* (New York: Bantam, 2010).

⓰ **經濟學家提供菲律賓抽菸者無息帳戶**：X. Gine, D. Karlan, and J. Zinman, "Put Your Money Where Your Butt Is: A Commitment Contract for Smoking Cessation," *American Economic Journal: Applied Economics* 2

(2010): 213–35. 另見 D. Karlan and J. Appel, *More Than Good Intentions* (New York: Dutton, 2011).

⓱ 髒亂的房間和拙劣的網頁：R. Rahinel, J. P. Redden, and K. D. Vohs, "An Orderly Mind Is Sensitive to Norms" (unpublished manuscript, University of Minnesota, Minneapolis, MN, 2011).

⓲ 荷蘭研究員的綜合分析：D. De Ridder, G. Lensvelt-Mulders, C. Finkenauer, F. M. Stok, and R. F. Baumeister, "Taking Stock of Self-Control: A Meta-Analysis of How Self-Control Affects a Wide Range of Behaviors" (submitted for publication in 2011).

⓳ 波伊斯研究年輕教授的寫作習慣：詳細內容請見R. Boice, *Advice for New Faculty Members* (Needham Heights, MA: Allyn & Bacon, 2000).

⓴「為了讓自己不沮喪發狂」：Stanley, *Autobiography,* 281.

㉑ 海豹突擊隊的地獄週：E. Greitens, "The SEAL Sensibility," *Wall Street Journal,* May 7, 2011.

㉒ 崇高思想：K. Fujita, Y. Trope, N. Liberman, and M. Levin-Sagi, "Construal Levels and Self-Control," *Journal of Personality and Social Psychology* 90 (2006): 351–67.

第8章

戒癮的真相

聖母瑪莉亞，請聽我哭泣，
我已詛咒你千百遍。
我感到憤怒充滿我的靈魂；
聖母瑪莉亞，我控制不了。

——節錄自艾瑞克．克萊普頓❶的曲子〈聖母瑪莉亞〉（Holy Mother）❷

如果你一年前告訴我……我會像現在這樣告解罪惡、跪著念玫瑰經，我一定會笑掉大牙。我寧願做其他消遣，鋼管女郎、國際間諜、毒蟲、殺手。

——瑪莉．卡爾❸，《瑪莉卡爾回憶錄》（*Lit*）

當「吉他之神」艾瑞克．克萊普頓（Eric Clapton）再也無法從財富、名聲和音樂本身獲得滿足時，他常常想自殺。每次把他從死亡邊緣拉回來的總是一個想法：如果他自殺，就不能再喝酒了。酒是他的最愛，另外再搭配古柯鹼或海洛英等各種他能夠拿到的毒品。當他年近四十，第一次到海索頓（Hazelden）勒戒診所，在勒戒期間他差點毒癮發作，因為他沒有告訴醫療人員他長期服用「煩寧」（Valium）——他認為這是藥效過輕的「女人藥」，根本不值一提。

這一次的勒戒後，克萊普頓戒毒了好幾年，可是，有個夏天晚上，他在英國住家附近開車經過一家爆滿的酒吧時，突發奇想：「我選擇性的記憶告訴我，如果能在這仲夏之夜靠在吧檯，來一杯大杯的淡啤酒加萊姆，將猶如天堂一般美好，我選擇不去憶起那些與伏特加酒瓶、古柯鹼、獵槍和自殺意念為伍的夜晚。」

他叫了啤酒，沒多久，那種狂熱、想自殺的感覺又回來了。一個情緒特別低落的夜晚，他寫下了〈聖母瑪莉亞〉這首歌，以尋求神的協助。他的事業大受影響、婚姻也告吹，可是，即使他在一次酒駕意外中受了重傷，他還是無法戒酒。兒子的出生激勵他回到海索頓勒戒所，可是，一直到勒戒期結束，他還是覺得無力抗拒酒精。

「我腦中時時刻刻都想喝酒，」他在他的自傳《克萊普頓》（*Clapton*）中寫道。「我極度沮喪，害怕極了。」有天晚上，他獨自待在勒戒所房間，沒來由的恐慌擊倒了他，於是，他屈膝下跪，開始禱告。

「我是在跟誰講話，我一點概念都沒有，我只知道我已經無計可施，」他回憶道。「我毫無反擊力量。這時，我想到了臣服，這是我一輩子不曾想過的事情，我的驕傲不允許我這麼做。可是，我深知自己過不了這一關，於是我尋求協助，跪下來，全心臣服於神。」他說，自從那天晚上以後，他就沒有真正想要再碰酒，就連在紐約那個傷心欲絕的日子，當他確認了從五十三樓墜樓死亡的正是他兒子康納時，他也沒有藉酒澆愁。

在海索頓的那一晚，克萊普頓突然充滿了自制力，可是，他究竟是如何重拾自制力的，這比他之前如何失去自制力更難解釋。他的酗酒問題是完全可以用生理學來解釋的。和大眾認知相反的是，**酒精並不會提高人們的愚行和破壞衝動；反之，它只是消除了約束力。它從兩方面削弱自我控制力：降低血糖和降低自我意識。**因此，它影響的主要是那些會出現內心衝突的行為，也就是，一部分的你想要去做，另一部分的你又不想去做的事情，例如：和不對的人上床、花太多錢、與人起爭執——或再叫一杯酒，一杯接一杯。這種內心衝突的狀況常常被漫畫家畫成善良天使和邪惡天使各站在一邊肩膀上，不過，幾杯黃湯下肚後，情況就一面倒了，善良天使被迫消失。你得早點下手，在失控前就加以阻止。在海索頓勒戒所這樣的地方，有專人的協助，要做到這一點並不難。可是，是什麼東西賜給他自制的力量？為什麼克萊普頓決定「臣服」後，會獲得更多的自制力？

「無神論者可能會說這是因為態度的轉變，」他說，「在某個程度上的確是如此，但還有其他原因。」自從那一次起，他晨昏禱告，至於跪下的原因，則是他覺得他必須謙卑。為什麼要跪下禱告呢？「因為它有用，就這麼簡單，」克萊普頓說。他體認到幾千年來新享樂主義者（hedonist）一再的體認。這種轉變有時立即發生，除了克萊普頓之外，聖奧古斯丁（St. Augustine）也說他直接接獲上帝的指示，要他停止喝酒，當下「所有疑慮撥雲見日」。

有時則得花點時間。發生在美國作家瑪莉・卡爾（mary Karr）身上的情況就是這樣。她是個極端憤世嫉俗的不可知論者，她的暢銷書《大說謊家俱樂部》（*The Liars' Club*）是關於她在東德州煉油鎮的成長故事。根據這本自傳，她酗酒的母親結過七次婚，會把女兒的玩具丟到火裏，也曾差一點把女兒刺死。卡爾長大後，成為非常成功的詩人，但也受到酗酒問題所困擾。有一次她喝酒過量，車子在高速公路上失控旋轉，之後，她便遠離酒精，並謹遵「戒酒無名會」（Alcoholics Anonymous）尋找更高力量的建議。她在地板上放了個墊子，破天荒地跪下來禱告——至少是她自己的禱告方式。她絞盡腦汁想出的禱告詞是：「更高的力量，你滾到哪去了？」她不相信任何神的存在，可是，她決定每晚感謝她能持續戒酒成功。她在《瑪莉卡爾回憶錄》寫道，一個星期後，她擴大每晚禱告的內容，加入其他她所感激的事情，並且開始提及她想要的東西，例如金錢。

「我花了整整五分鐘才禱告完畢，」她回憶道，「聽來很瘋狂，但這是我一個星期以來第一次完全不想喝酒。」她對這種更高的力量依舊心存懷疑，「戒酒無名會」裏的人要她「臣服」，她抗議：「但如果我不相信上帝呢？這感覺就像他們要我坐在一個人體模型前，要我愛上他一樣。你不可能用意志左右感覺。」宗教沒有道理可言，可是，有一次她參加摩根圖書館為紐約市閱讀大眾舉辦的雞尾酒會時，迫切渴望喝酒，她居然走進女廁，進入隔間，拋去一切理性跪下來禱告：「請讓我遠離酒精。我知道我不曾真正請求，但我非常需要它。拜託，拜託，拜託。」就像克萊普頓一樣，禱告在她身上也發揮效果：「我腦中的雜音突然消失，就像有巫師對它施法一樣。」

對於包括我們在內的無神論者來說，這種法術尤其難以理解。（本書兩位作者都是不夠虔誠的基督徒，很少花時間在家或在教會跪下來向任何崇高力量禱告。）可是，看到這些數據後，我們很容易就相信，在十二步驟戒酒會和宗教聚會上，的確有某種力量存在。雖然許多科學家對於倡導屬靈的團體半信半疑——不知為何，其中以心理學家最不相信宗教——但自我控制研究人員卻對這些實際效果給予起碼的尊重。社會科學家就算不能接受超自然信仰，也承認宗教幾千年來善用自我控制機制，是一種影響深遠的人類現象。「戒酒無名會」如果毫無功能，是不可能吸引包括艾瑞克．克萊普頓和瑪莉．卡爾等上百萬人的加入。相信崇高力量真的能增加自我控制力嗎？或者，這當中有其他因素存在——連非教徒也能相信的因素？

「戒酒無名會」之謎

除了宗教團體以外，「戒酒無名會」可能是規模最大的自我控制促進計畫。它吸引的酗酒者人數，遠多於所有專業和臨床計畫受試者的總和，許多專業治療師也會定期送他們的病人參加「戒酒無名會」聚會。不過，社會科學家依然不確定「戒酒無名會」的效果何在。如果不透過系統性的記錄，很難好好研究這樣一個分散的組織：「戒酒無名會」匿名運作，當然，所有人都匿名參加。地方分會遵行十二步驟計畫的大方向，但這些步驟並不具系統性——起初會選十二個步驟只是想符合耶穌有十二位使徒。起碼，研究人員會想一次測試一個步驟，以便找出哪一個步驟（如果有效的話）最有效果。

「戒酒無名會」會員喜歡將酗酒比擬成疾病，像是糖尿病、高血壓、憂鬱症和阿茲海默症等等，可是，這樣的比喻是有問題的。❹的確，酗酒是有生理上的問題——有些人的體質比較容易酗酒——可是，參加「戒酒無名會」和上醫院完全不同。糖尿病和高血壓患者不會圍坐在一起、藉由談論自身經驗來治病。各界懷疑者也發現，臨床醫生不認為讓憂鬱症患者聚在一起對他們的病情會有什麼幫助。沒有人能突然下定決心就戒掉心臟病或阿茲海默症。酗酒問題比較複雜，其複雜性也讓研究人員對於研究「戒酒無名會」而得到的矛盾結果百思不解。有些人說，由於缺乏一致性的證據，「戒酒無名會」的效果令人質疑；也有人說，一切只因為研究人員還不知道如何釐清所有混亂的變數。

「戒酒無名會」的擁護者指出，常常參加聚會的酗酒者要比不常參加的人喝得少，可是，批評者卻懷疑這是因果的問題。究竟是因為常常參加聚會讓戒酒意志更堅定，還是戒酒的意志使得人們常常參加聚會？也許那些戒酒後又開始喝酒的人不好意思再現身，也不一定。也許他們只是一開始戒酒動機就比較低，而且心理問題比較嚴重。

姑且不論這些不確定性，研究人員還是發現某些證據，證明「戒酒無名會」有其效果。當兩件事相輔相成，研究人員想要究其因果時，他們有時會長期追蹤，看誰先發生——假設其中一件事一直領先發生，就表示這個起因先於效果。由史丹福大學的約翰・麥凱勒（John McKellar）率領團隊，追蹤兩千多位酗酒男性長達兩年的時間，發現參加「戒酒無名會」聚會的確降低了未來酗酒問題的發生（但反之則不然——他們未發現證據證明酗酒問題是否影響出席聚會）。此外，若將酗酒者最初的戒酒動機和心理問題列入考量，則「戒酒無名會」依舊有其效果。其他研究人員也同樣發現，參加「戒酒無名會」至少比放任不管有效。會員的戒酒失敗率很高——對他們來說，偶爾酒癮復發是正常的——可是，他們都會繼續戒酒。事實上，「戒酒無名會」的效果至少和專業勒戒不相上下。

「MATCH專案」是一九九〇年代進行的一項大規模研究專案，它要測試的是，所有戒酒方式都有效，但在每個人身上效果不同的理論。❺理論上，有些人參加「戒酒無名會」比較有效果，而有些人則需要專業的勒戒治療。該專案中，部分酗酒者被分配參加「戒酒無名會」，而部分酗酒者則接受專家進行的臨床計畫：認知行為心理治療（cognitive-behavioral therapy）或動機強化心理治療（motivational-enhancement therapy）。有些酗酒者是隨機分配治療方式，有些則是讓他們用最適合自己的方式。該專案歷經好幾年，斥資數百萬美元，結果發現所有的治療方式都一樣有效果，但是給予他們「最適合他們」的方式則成效極小。（事實上，他們甚至無法確定這些治療是否好過什麼都不做，因為該專案並未設計完全未接受治療的對照組，因此無法辨別這些人如果靠自己是否也能戒酒。）

總而言之，「戒酒無名會」的效果就算比不上收費貴很多的專業治療，但至少也不相上下。即使研究人員說不出它之所以有效的原理何在，我們還是能找出「戒酒無名會」可能有效的幾個原因。我們知道，自我控制要從訂定標準或目標開始做起，我們可以看到，「戒酒無名會」協助人們訂定清楚可及的目標：**今天不喝酒**。（「戒酒無名會」的座右銘是「一天一天來」。）自我控制有賴監督，「戒酒無名會」在這方面也提供協助。若連續幾天未碰酒精，會員便能獲得胸章或籌碼，他們每次起身發言，都要先報告自己已經有幾天不喝酒。會員還要挑選擔保人，必須定期、甚至每天和對方聯絡——這也能發揮監督的強大效果。

關於參加「戒酒無名會」和少碰酒精的關聯，還有其他幾種解釋。較不具說服力的解釋是「倉儲」（warehousing），這個名詞是某些持懷疑態度的社會學家用來解釋中學的功能時所提出。他們把學校視為某種倉庫，日間儲藏學生，讓他們遠離麻煩，這麼做的主要好處並非來自於在課堂上獲得知識，而是避免他們在其他地方可能惹上麻煩。依照類似的邏輯，晚上參加「戒酒無名會」就不會去喝酒。我們不認為倉儲功能能夠說明「戒酒無名會」的一切益處，不過，它無疑也是部分原因。❻

另一個比較正面的解釋是，聚會提供了社交支持。酗酒者和毒癮者也和其他人一樣，為了能讓社會接受，會展現強大的自我控制力。事實上，渴望獲得同儕認同往往是他們最初惹上麻煩的主因。❼多數人一開始並不喜歡菸或酒的味道，也害怕讓不熟悉的藥物進入體內。第一次注射海洛英需要極大的自律。青少年什麼都不管——內心的恐懼、父母的警告、身體的痛楚、坐牢或死亡的可能——因為他們堅信，要獲得同儕接受，不僅得甘冒風險，還得展現豁出去的酷炫態度。他們發揮自制力去克服心中的阻力，還花了更多自制力去隱藏負面的感受。艾瑞克．克萊普頓年輕時和朋友去英國鄉下參加爵士音樂節，在酒吧猛灌黃湯，最後居然在桌上跳起舞來——這是他隔天早上醒來時的最後記憶。

「我身無分文，全身上下又是屎、又是尿、又是嘔吐物，我根本不知道身在何處，」他回憶道。「可是，最瘋狂的是，我等不及再經歷一次。我認為，整個喝酒文化有一種超脫的感覺，喝醉讓我成為某個奇怪神祕的俱樂部的一員。」

這是同儕壓力的負面影響。正面影響則來自於渴望獲得別人的接受和支持，就像「戒酒無名會」成員幫助克萊普頓和卡爾成功戒酒一樣。聚會上的成員遠比十二步驟或崇高力量的信念更加重要。甚至他們本身就可能是這股崇高力量。

有人相伴就是天堂（也可能是地獄）

最近幾項很有野心的實驗當中，有一項是研究巴爾的摩地區一群男性接受戒酒治療的情況。❽這當中有許多人是被法院判決必須在接受治療或入獄當中二選一，因此，他們並不是有心戒酒的理想族群，他們接受戒酒治療可能只是為了避免入獄。由馬里蘭大學卡爾羅・迪克萊門特（Carlo DiClemente）率領的研究團隊量測了非常多的心理學變數，並且密切追蹤這些人長達數個月，以測試他們提出的諸多假說，其中有許多假說並未成立。可是，研究人員成功獨立出一個可預測這些人能否持續戒酒及再犯程度的外部因素——不管這些人是一次喝個痛快，還是先從一兩杯開始然後才又開始酗酒。他們詢問這些酗酒者在戒酒時是否有別人提供協助和社交支持。那些有獲得支持的人比較常克制自己，喝酒的次數也明顯減少。

社交支持是很獨特的力量，其運作方式有兩種。有非常多的研究顯示，孤獨自外於世界會造成極大的壓力。獨行俠和孤獨者要比社交豐富的人更易罹患各種身心疾病；一部分原因是，有身心疾病的人不容易交朋友，而的確有些人面對看起來不對勁的人會打退堂鼓。可是，光是獨身或孤獨就會造成問題——缺少朋友比較容易導致酗酒和吸毒。

不過，社交支持也有各種不同的情形。交朋友也許有益身心，但如果你的朋友全是酒鬼或毒蟲，對於你克制衝動就沒什麼幫助。他們可能會用社群的力量，強迫你去喝酒。例如，十九世紀的美國社會有所謂的「烤肉法則」，男人聚在一起烤肉時一定要喝酒，一直到喝醉為止。❾拒絕喝酒被視為對主人不敬，也會受到大家嘲笑。近期許多研究也發現，人們在朋友的慫恿之下，酒會喝得比較多。苦於酗酒或吸毒問題的人需要「不喝酒」的社交支持，這也是「戒酒無名會」這種團體之所以有用的原因。但是許多酗酒者和其他酗酒者鬼混太久，已經無法想像另一種同儕壓力。克萊普頓一直到進了海索頓勒戒所，才開始尋求其他有意戒酒者的協助。瑪莉．卡爾第一次想要戒酒時，也乖乖地定期參加附近教會的「戒酒無名會」，可是，一開始她卻因龍蛇雜處的會員和太過坦白的故事而卻步。

於是，她一直不願打開心房，直到一次失控的狂歡之後，她接受戒酒無名會的建議，挑了一位會員當她的擔保人，對方來自波士頓，和她一樣是老師。她根本沒有耐心聽這位擔保人高談崇高的力量，不過，每天與她對話的確讓情況有了改變：「在她的協助之下，我長達兩個月沒有喝酒：這一段握緊拳頭、咬緊牙關的過程，只有我每週幾次在教堂地下室遇到的那群人知道箇中辛苦，外人無法理解。」歷經兩個月滴酒不沾的日子後，兩位女子相約喝咖啡慶祝，卡爾抱怨「戒酒無名會」裏幾個爛人和獨來獨往的人，以及他們滿口「宗教偽善」。卡爾回憶道，她的擔保人聽到後，建議她改用另一種方式來看待崇高力量和教堂地下室這群人：

「他們是『一大群人』。他們人數比妳多、賺得比妳多、體重比妳重。所以啊！他們是——簡單的說——是一股比妳更強大的力量。他們當然比妳更懂得如何遠離酒精……如果你有任何問題，就帶到聚會上吧！」

團體的力量部分來自於坐下來聆聽的被動行為。對於新加入者來說，「戒酒無名會」似乎毫無意義，因為大家只是輪流講自己的故事，並不提出回應和建議。可是，講故事這個舉動迫使你整理你的思緒、監督你的行為，並討論未來的目標。個人目標在大聲講出來之後，感覺更為真實，再加上，你知道聽眾們也會一起監督你。最近有項研究觀察接受認知治療的人，結果發現，若有別人在場，尤其是伴侶，則他們更能說到做到。顯然地，答應治療師你不會再喝酒，並不會提高自制力，但如果你答應另一半不喝酒，效果就強多了。畢竟，另一半才是每天聞得到你是否有酒氣的人。[10]

經濟學家為了量化同儕壓力的強度，特別研究了智利的路邊攤販、裁縫，以及其他低收入、向非營利團體貸款的微型創業者。[11]這些人以女性居多，他們每一兩週聚會一次，接受專業上的訓練，並且互相了解償還貸款的狀況。菲利普・卡斯特（Felipe Kast）、史蒂芬・梅爾（Stephan Meier）和迪娜・龐莫倫茲（Dina Pomeranz）等經濟學家隨機分配這些人參與不同的儲蓄計畫。有些分配到無服務費的儲蓄帳戶；有些人則除了帳戶以外，還可以定期聚會、公開他們的儲蓄計畫，並和大家討論儲蓄進度。那些由大家一起檢視進度的女性，存下的錢幾乎是其他人的兩倍。此結果似乎證實了團體的力量，可是，這份力量究竟從何而來？透過「虛擬同儕團體」也能達到這些效果嗎？在後續實驗中，這群智利女人不再定期聚會公布她們的儲蓄進度，而是定期收到手機簡訊，報告她們每個禮拜的進展（或不足），以及組裏其他人的表現。令人意外的是，簡訊和聚會一樣有效，這顯然是因為簡訊提供的雖然是虛擬版，仍然具有同樣的關鍵因素：定期檢視，以及和同儕相比較的機會。

抽菸一直被視為由吸菸者大腦和身體過度衝動而造成的個人生理強迫作用。因此，當《新英格蘭醫學期刊》（*New England Journal of Medicine*）於二〇〇八年發表一項研究，顯示戒菸行為似乎會沿著人際網絡擴散開來，這結果相當令人意外。兩位研究人員尼古拉斯・克里斯塔吉斯（Nicholas Christakis）和詹姆斯・弗勒（James Fowler）發現，戒掉壞習慣似乎具有感染性。有個人戒菸，另一半跟著戒菸的機率大幅增加；讓兄弟姊妹和朋友戒菸的機率就更大了。只要公司規模不大，即便是同事也會受到很大影響。

研究吸菸的專家對於那些很少有人吸菸的地方特別感興趣，因為他們認為在這些地方，少數抽菸者一定是菸癮極深。事實上，有個相當普遍的理論指出，能輕易戒菸的人早就已經戒菸了，剩下的，都是無法因為愛情或金錢就改掉惡習的老菸槍。雖然不顧他人、到處吞雲吐霧的吸菸者大有人在，但如果周遭都是非吸菸者，則戒菸的機率就比較高，這再度顯示社會影響和社交支持對於戒菸的力量。針對肥胖的研究也發現類似的社會影響力，我們稍後會詳細討論。⓬

神聖的自我控制

如果你在宗教聚會上請求神明讓你延年益壽，則你很可能如願以償，不管你問的是哪一位神明都一樣。心理學家邁可・麥克庫羅（Michael McCullough，他自己沒有任何信仰）指出，無論參加哪一種宗教活動，都能增加你的壽命。他曾分析過三十幾份詢問受訪者宗教信仰，並長期加以追蹤的研究報告。研究結果發現，無信仰者比較早死，在任一時點，信仰虔誠者活下去的機率都要比無信仰者多出百分之二十五。這是非常大的差距，而且攸關生死。該研究結果於二〇〇〇年時發表，之後陸續獲得其他研究人員的證實。⓭有些長壽者堅信是神明直接回應了他們的請求。可是，神明的力量並非能夠說服社會科學家的假說，而且，它根本難以在實驗室加以測試。但是他們發現了比較世俗的原因。

相較之下，有宗教信仰者比較不會養成不健康的習慣，像是喝酒、從事不安全的性行為、服用非法藥物和抽菸等等。他們比較可能乖乖繫安全帶、定期檢查牙齒、服用維他命。他們有較良好的社交支持，而且，面臨不幸時，他們的信仰能安撫他們的心靈。他們的自我控制力也比較強，麥克庫羅和他在邁阿密大學的同事布萊恩·威羅比（Brian Willoughby）最近分析近八十年上百份宗教和自我控制的研究報告後，得到這個結論。⓮兩人的分析於二〇〇九年發表於《心理學公報》（*Psychological Bulletin*），這是該領域最嚴謹、最具權威性的期刊之一。有些宗教影響在意料之中：宗教提升了家庭價值和社會和諧，部分是由於有些價值因為和神明或其他宗教價值相符而備受重視。該分析結果較不顯著的益處則包括：宗教降低了人們內心對於不同目標和價值的掙扎。我們之前提過，相互衝突的目標會阻礙自我規範，顯然宗教能提供信眾清楚的優先順序，因而減少這類問題的產生。

更重要的是，宗教會影響自我控制的兩大核心機制：培養意志力和改善監督。早在一九二〇年代，研究人員就曾指出，上主日學的學生接受實驗室自律測驗時表現較佳。信仰虔誠的兒童被父母和老師評為比較不容易衝動。我們不知道是否有研究人員專門測試過那些定期禱告或參加其他宗教活動的人在自我控制上的表現，不過，這些儀式應該能夠培養人們的意志力，其作用就像我們之前提過的強迫自己抬頭挺胸、或說話用字更精確等等練習。

宗教冥想通常需要明確和刻意地控制注意力。打禪的第一步，就是數自己的呼吸，從一數到十，一遍又一遍。一般人通常思緒紛亂，因此，將注意力限制在呼吸這件事情上，能夠培養心理紀律。另外，像是唸玫瑰經、吟唱猶太詩篇、默念印度教真言等都有一樣的作用。神經科學家觀察人們在禱告或打坐時的腦部狀況，發現大腦中出現強烈活動的兩個部分，都和自我規範和注意力控制有重要關聯。⓯心理學家也曾嘗試讓人們下意識接觸到宗教語言，雖然這些字句只是快速閃過，根本來不及反應它的意思，但他們還是觀察到其效果。下意識聽到《聖經》字句的人，對於像毒品或婚前性行為等誘惑性字眼的反應會比較慢。⓰「這似乎顯示人們往往將宗教和克制誘惑聯想在一起，」麥克庫羅說，他並指出，禱告和打坐都是一種「鍛鍊自我控制的厭氧（anaerobic）運動」。⓱

有宗教信仰者會強迫自己打斷作息去禱告，因而有助於培養自制力。有些宗教，像是伊斯蘭教，要信眾每天在固定的時間禱告。許多宗教也規定信眾斷食一段時間，例如猶太教的「贖罪日」（Yom Kippur）、伊斯蘭教的齋戒月（Ramadan）和基督教的四旬齋（Lent）等。每種宗教各有特定的飲食規定，像是「潔淨」食物和素食等等。有些儀式和打坐需要信眾維持特定姿勢（例如下跪、蓮花盤腿），時間過久會感到不舒服，需要自律才能持續下去。

宗教也能增進自我控制的另一個核心步驟——行為監督。有信仰者往往會覺得有個重要的人在看著他們。這個監督人也許是神明，它會隨時留意你的行為和思想，而且不會被偽善所瞞騙。馬克・鮑德溫（Mark Baldwin）等人做了一項值得注意的研究：讓女大學生觀看電腦螢幕上一段有性暗示的文字。接著，他們讓部分女學生下意識地看到教宗的照片，然後要她們為自己評分。信天主教的女學生（接受教宗的宗教權威地位，並將他和上帝的戒律聯想在一起）給自己的分數最低，這應該是因為她們無意識地閃過教宗的形象，讓他們覺得自己剛剛閱讀情色文字，而且還可能享受其中是會被譴責的行為。[18]

姑且不論有信仰者是否相信全知神靈的存在，他們通常會意識到有別人在監督他們：宗教團體裏的其他成員。如果他們定期參加聚會，他們就會感到壓力，會敦促自己遵守團體的規定和準則。即使不在教會的時候，他們也常常和教友在一起，並覺得自己不檢點的行為會被別人注意、譴責。宗教也透過儀式來鼓勵監督，像是天主教的告解聖事和猶太教的贖罪日等，都要信眾反省自己的道德過失和其他缺點。

當然，就連要開始信教都需要紀律，因為你得定期聚會、記住禱告詞，並遵守規定。當然，宗教信仰者的自我控制力比較高，有一個原因是因為，聚會所裏的樣本並不客觀，會來這裏的人原本的自我控制力就高於平均。可是，即使把這個因素考量進去，研究人員還是可以看到信教能增加自我控制的證據，而許多人也認為這理所當然——所以當人們希望更能掌握自己時，就會選擇信教。還有人會在遇到困難時，重拾小時候信奉但後來放棄的宗教。他們重拾信仰時，心中滿是懊悔，認為當初如果好好過著侍奉神的生活，就不會遇到今天的麻煩（酗酒、吸毒或欠債），不過，在懊悔的背後，他們很可能非常清楚宗教的紀律能幫助他們回到正軌。

瑪莉・卡爾一輩子都是不可知論者，她最後卻完全臣服、受洗成為天主教徒，甚至完成了聖依納爵神操（Spiritual Exercises of St. Ignatius），一連串費時費力的進階禱告和冥想。她的經歷顯然不是每個人都適用。就算你願意為了提高自制力而信仰天主教或其他宗教，若沒有真心相信，可能也不會收到什麼效果。心理學家發現，基於某個因素而信教的人，例如想給人好印象或建立社交關係，自我控制的程度比不上真心信奉的教徒。麥克庫羅推論，教徒的自我控制力不僅來自於懼怕神明發怒，還來自於他們所吸取的價值系統為他們的個人目標增添了神聖的光環。

他建議不可知論者尋找自己的神聖價值，例如，下定決心幫助別人，就像亨利・史丹利把終結非洲奴隸交易視為「神聖的任務」一樣。也可以是立志改善他人健康，或傳播人性價值，或為下一代愛護環境等等。在傳統宗教式微的富裕國家裏，環保主義特別興盛也許不是巧合——對上帝的崇拜已經轉變成對於自然之美和超越（transcendence）的熱愛。環保主義者倡導減少消耗和浪費，就像是宗教佈道和維多莉亞時代的小學教育一樣，都教導孩子們相同的自我控制觀念。環保概念似乎改變了自律和相關準則的形式：有機食物取代「潔淨」食物，永續性取代救贖。

無宗教信仰者紛紛開始購買新生活準則的書籍，這也不是巧合。他們用十二步驟、八正道或七個好習慣來取代十誡。就算他們不相信神人摩西，但還是喜歡聖碑戒律的那種概念。

這種規定和教條也許讓你不寒而慄——使你緊張——但別以為它們都是毫無用處的迷信。可以用另一種方式來看待這些規定，這當中包括足夠的統計圖表、賽局理論、以及經濟學術語，足以讓最世俗的科學家感到滿意。

明確界線

當艾瑞克．克萊普頓在那個夏天夜晚故態復萌，當他開車經過酒吧，經不起誘惑而停下來喝酒時，他是毀於「**雙曲線折扣效用**」（hyperbolic discounting）。[19]最精準的解釋方式是使用圖表和雙曲線，不過，我們想試試比較形象化的比喻（並融入古老寓言）。

讓我們把那個週六夜晚的艾瑞克．克萊普頓想成一個懺悔的罪人，正往救贖的方向邁進，就像十七世紀的寓言《天路歷程》（*Pilgrim's Progress*）裏的主角一樣。假設他也踏上了往天國的旅程。來到視野廣闊的鄉間時，他已經能看到遠方的黃金天梯，於是他繼續朝那個方向前進。這天晚上，他看到前方有家酒吧就在彎道口，直接橫阻於來往的旅客之前。從遠處看來，這家酒吧很小，因此他依舊持續盯著遠方的宏偉天梯。不過，當朝聖者艾瑞克越來越接近，酒吧就變得越來越大，完全擋住了他的視線。他已經看不到遠方的天梯了。突然之間，和這間小小的酒吧相比，天國變得微不足道。就這樣，他醉倒在酒吧地板上，朝聖之旅就此告終。

這就是雙曲線折扣效用：當誘惑還沒來到眼前時，我們大可忽視它，可是，等它橫阻在面前，就會蒙蔽了我們的理性，讓我們忘卻遠大目標。美國退伍軍人事務部（Department of Veterans Affairs）知名精神病學家暨行為經濟學家喬治・安斯利（George Ainslie）利用幾個測試長短期報酬的實驗，為這種人性弱點找出了數學原理。舉例來說，假如你中了樂透，可以選擇獎金，你會希望六年後獲得一百美元，還是九年後獲得兩百美元？多數人會選兩百美元。可是，如果選項是今天立刻獲得一百美元，還是三年後獲得兩百美元？以理性的折扣推論，人們應該還是依據相同的邏輯，認為較高的報酬是值得等待的，可是，多數人卻選擇了一百美元的快錢。我們的判斷力被快錢的誘惑所扭曲，因而不合理地貶低了未來獎勵的價值。安斯利發現，我們越接近短期誘惑，把未來打折扣的幅度便呈陡峭的雙曲線，因此，這種趨勢就叫做「雙曲線折扣效用」。降低未來的重要性之後（就像佛蒙特州戒毒中心那些海洛因成癮者連下一個小時都無法設想），你根本不關心明天會有宿醉，也不管曾發誓一輩子不碰酒。和眼前酒吧的歡愉相比，那些未來的好處顯得微不足道。停下來喝一杯有何不可呢？

當然，對許多人來說，停下來喝一杯當然無傷大雅，就像有些人（但不多）只在朋友聚會時享受吞雲吐霧的快感，之後好幾個月內不會再抽菸。可是，如果你是無法控制喝酒或抽菸的人，你就不能把偶爾一次喝酒或抽菸視為獨立事件。你不能因為要在好友的婚禮上敬酒，就喝一杯香檳。你必須想到，一次例外會變成長期的模式。對我們故事中的朝聖者來說，他必須了解，如果他走進酒吧喝了第一杯酒，就很可能一杯接著一杯，最後永遠到不了天國。因此，在他太過接近，讓酒吧扭曲了他的判斷力之前，他必須先做好準備。

最簡單的方式是離酒吧遠一點。他可以早早繞道而行。可是，他要如何確保自己持續做到這一點呢？假設，就在他準備繞道、遠離酒吧的時候，他想到在更遠的下一個城市還有一家酒店是絕對無法避免的呢？它就在要過河的唯一那座橋旁邊。他擔心明晚到達下個城市時，再也無法抗拒誘惑。朝聖者艾瑞克想到滴酒不沾跋涉到天國的夢想可能幻滅，於是開始和自己討價還價：「就算今天不醉，明天也一定會醉，現在喝一杯有什麼差別呢？把握當下！乎乾啦！」要他今晚拒絕酒精，就需要確定明天他不會屈服於誘惑。

他需要「**明確界線**」（Bright Lines）的幫助，這是安斯利從法律界借來的用語。這些是清楚、簡單、明確的規則。當你越過明確界線時，你一定會知道。**如果你承諾自己「適量」喝酒或抽菸，這就不是明確界線，而是模糊界線，因為適度和過量之間沒有明顯的分界。一步一步地越雷池，你的內心已經習慣忽略自己的缺失，你根本不會注意到自己已經失控了。**所以，你無法確定自己是否會遵守飲酒適量的規定。反之，**零容忍**（zero tolerance）才是明確界線：任何時候都滴酒不沾，沒有例外。這並不適用於所有的自我控制問題——節食者不能什麼都不吃——但在許多情況下都很有用。一旦你決意遵守某個明確界線規則，你現在的自己就能確信未來的自己也會奉行它。如果你相信這條規則是神聖的——來自神明的指示，是崇高力量不可質疑的規則——那麼，它就更是明確的界線了。你更有理由指望未來的你會尊重它，因此，你的信念成為自我控制的一種形式：一種自我實現的指令。我認為我不會，因此我就不會。

艾瑞克．克萊普頓在海索頓勒戒所找到了那條明確界線。在他兒子死後不久，他主持「戒酒無名會」的聚會時，更極力推崇這股力量。他在會中提到十二步驟當中的第三步——將你的意志和生活交託給這股力量——並告訴會員，他在海索頓跪下求助於神的當下，喝酒的衝動立刻消失不見。他告訴大家，從那個時候起，他從不懷疑自己擁有滴酒不沾的意志力，就連他兒子死的那一天也不例外。會後有個女人走上前來跟他說話。

「你剛剛奪走了我最後一個喝酒的藉口，」她告訴他。「我內心深處總是留有一個藉口，若是我的小孩發生任何事，我就有理由喝醉。你讓我知道這是不對的。」克萊普頓聽了，這才發現他已經找到了紀念他兒子的最佳方式。他贈與給那個女人的，不管你如何稱呼它——社交支持、對上帝的信仰、對崇高力量的信任——都讓她有了自救的意志力。

註釋

❶ **艾瑞克・克萊普頓**：生平和引文出自他的著作 *Clapton: The Autobiography* (New York: Broadway Books, 2007).

❷ **〈聖母瑪莉亞〉**：Eric Clapton and Stephen Bishop, “Holy Mother,” *Live at Montreux, 1986* (DVD, Eagle Rock Entertainment, 2006). 引文經作詞作曲者同意使用。

❸ **瑪莉・卡爾**：生平和引文出自她的著作 *Lit: A Memoir* (New York: HarperCollins, 2009) and *The Liars' Club* (New York: Viking Penguin, 1995).

❹ **將酗酒比擬為疾病的謬誤**：多位作者都提過，其中最具代表性的是J. A. Schaler, *Addiction Is a Choice* (Chicago, IL: Open Court/Carus, 2000).

❺ **MATCH專案**：已有許多著作廣泛討論，見J. A. Schaler, *Addiction Is a Choice* (Chicago, IL: Open Court/Carus: 2000). 亦可見G. M. Heyman, *Addiction: A Disorder of Choice* (Cambridge, MA: Harvard, 2009).

❻ **戒酒無名會有效的部分證據**：關於戒酒無名會效果無法獲得證實在理論和實務上的障礙，以及參加戒酒無名會的確有幫助的證據，請見 J. McKellar, E. Stewart, and K. Humphreys, “Alcoholics Anonymous Involvement and Positive Alcohol-Related Outcomes: Cause, Consequence, or Just a Correlate? A Prospective 2-Year Study of 2,319 Alcohol-Dependent Men,” *Journal of Consulting and Clinical Psychology* 71 (2003): 302–8.

❼ **渴望獲得同儕認同往往是他們惹上麻煩的主因**：C. D. Rawn and K. D. Vohs, "People Use Self-Control to Risk Personal Harm: An Intra-personal Dilemma," *Personality and Social Psychology Review* (in press).

❽ **最新、最有野心的酗酒研究之一**：本研究由Carlo DiClemente主導，目前正準備發表。鮑梅斯特擔任顧問，與研究人員討論計畫進度，並獲首肯將內容寫入本書。

❾ **美國的喝酒歷史與「烤肉法則」**：見W. J. Rorabaugh, *The Alcoholic Republic: An American Tradition* (New York: Oxford University Press, 1979).

❿ **當身邊有人，特別是另一半時比較容易戒酒**：DiClemente在巴爾的摩進行的酗酒研究也獲得同樣的結果（見註8）。

⓫ **智利路邊攤販**：F. Kast, S. Meier, and D. Pomeranz. "Under-Savers Anonymous: Evidence on Self-Help Groups and Peer Pressure as a Savings Commitment Device," working paper, November 2010.

⓬ **自我控制具有感染性**：關於抽菸，見N. A. Christakis and J. H. Fowler, "The Collective Dynamics of Smoking in a Large Social Network," *New England Journal of Medicine* 358 (2008): 2249–58. 關於肥胖，見N. A. Christakis and J. H. Fowler, "The Spread of Obesity in a Large Social Network over 32 Years," *New England Journal of Medicine* 357 (2007): 370–79; and E. Cohen-Cole and J. M. Fletcher, "Is Obesity Contagious: Social Networks vs. Environmental Factors in the Obesity Epidemic," *Journal of Health Economics* 27 (2008): 1382–87.

⓭ **關於宗教與長壽**：M. E. McCullough, W. T. Hoyt, D. B. Larson, H. G. Koenig, and C. E. Thoresen, "Religious

Involvement and Mortality: A Meta-Analytic Review," *Health Psychology* 19 (2000): 211–22.

⓮ 宗教與自我控制：M. R. McCullough and B. L. B. Willoughby, "Religion, Self-Regulation, and Self-Control: Associations, Explanations, and Implications," *Psychological Bulletin* 135 (2009): 69–93.

⓯ 宗教冥想所啟動的大腦區域，和自我規範時一樣：J. A. Brefczynski-Lewis, A. Lutz, H. S. Schaefer, D. B. Levinson, and R. J. Davidson, "Neural Correlates of Attentional Expertise in Long-Term Meditation Practitioners," *Proceedings of the National Academy of Sciences* 104, no. 27 (2007): 11483–88.

⓰ 下意識聽到宗教字眼：A. Fishbach, R. S. Friedman, and A. W. Kruglanski, "Leading Us Not into Temptation: Momentary Allurements Elicit Overriding Goal Activation," *Journal of Personality and Social Psychology* 84, no. 2 (2003): 296–309, http://dx.doi.org/10.1037/0022-3514.84.2.296.

⓱「鍛鍊自我控制的厭氧運動」：J. Tierney, "For Good Self-Control, Try Getting Religious About It," *New York Times,* December 30, 2008.

⓲ 教宗照片的研究：M. W. Baldwin, S. E. Carrell, and D. F. Lopez, "Priming Relationship Schemas: My Advisor and the Pope Are Watching Me from the Back of My Mind," *Journal of Experimental Social Psychology* 26 (1990): 435–54.

⓳ 明確界線與「雙曲線折扣效用」：G. Ainslie, *Breakdown of Will* (New York: Cambridge University Press, 2001).

第9章

教出堅強的下一代——自尊和自我控制

不管你是誰，從哪裏來，你都是超級巨星——這是天生的！

——女神卡卡

頑童並非天生，而是寵出來的。

——黛博拉．卡蘿（Deborah Carroll），又叫保姆黛博拜電視實境秀之賜，全美的中產階級父母現在也能體驗以往只有富人才能享受的特權：請一個英國保姆來幫忙帶小孩。每個家庭都有自己的故事——你可以想像那些不快樂的家庭會遇到的鳥事——不過，無論是《保姆九一一》（*Nanny 911*）還是《超級保姆》（*Supernanny*），這類節目每一集的基本故事都差不多。一開始都是來到一個小孩失控的家庭——大哭大鬧、尖叫、吐口水、扯頭髮、亂丟杯子、拿蠟筆在床單上亂畫、破壞玩具、對父母拳打腳踢、和兄弟姊妹互勒脖子。在《保姆九一一》一集叫做〈恐怖小屋〉的節目中，聖路易市郊某家的小孩爬上了他們平房的牆上。就在此時，一位英國保姆來到門口，她穿著維多利亞時代的禮服——黑襯衫、黑色細條紋背心、黑襪子、勃根地葡萄酒色的鐘形女帽，以及同花色、鑲有金釦和金鍊的披肩——此時，節目旁白以嚴肅的口吻宣布：「美國的父母們，幫手來了！」❶

怎麼會這樣？

你也許認為這些節目誇大了這些孩子的調皮，可是，節目製作人會告訴你，由於黃金時段的種種限制，有些最糟糕的狀況他們都沒有播出，例如，長島有個四歲小孩看著生他養他的媽媽，說：「去你的，媽！」出了什麼問題？直覺反應是把過錯推給父母；我們稍後會檢討住在聖路易的那對父母。不過，光是怪罪他們或其他尋求海外協助的父母，是不公平的。美國父母不可能獨自製造出這些頑童，過程中許多人也是同謀，包括全國知名的教育專業人員、新聞記者，還有最重要的，心理學家。

自我尊重（self-esteem）的理論立意很好，旨在利用心理學幫助社會大眾，一開始的確也似乎大有可為。鮑梅斯特早年也投入於自我尊重這個浪潮。研究顯示，自尊高的人成績好，自尊低的人成績差，這讓鮑梅斯特印象深刻。還有研究顯示，未婚母親、吸毒者和罪犯的自我尊重程度很低，雖然關連性不是很大，但還是具統計意義，而且，這類結果促使納薩尼爾・布蘭登（Nathaniel Branden）等心理學家發起了自尊運動。「我想不出有任何心理問題——從焦慮到憂鬱、恐懼親密、家暴或虐童——和自尊低落完全無關。」布蘭登寫道。❷擔任加州促進自尊特別小組主席的藥物治療專家安德魯・梅卡（Andrew Mecca）則解釋說，「幾乎所有社會問題都和人們缺乏自愛有關。」❸這項理論的熱潮還延燒到孩童教養，各界紛紛提出新教養觀念，這當中除了有心理學家、老師和媒體記者，還包括惠特妮・休斯頓（Whitney Houston）在內的藝人。她在一九八〇年代的排行榜歌曲〈最偉大的愛〉（The Greatest Love of All）就唱出了這樣的哲學，重點全放在自己身上。成功的關鍵就是自尊。她唱道，要讓下一代成大器，只要讓他們了解到「自己內在的美麗」。

這是個新穎而難以抗拒的觀念，全美父母開始鼓勵子女相信「我真的很棒」，以期提升子女的學業表現。在家裏，父母更是毫不吝嗇地讚美小孩。運動比賽時，不光是優勝者，教練讓所有的參賽者都有獎盃可拿。女童軍參加「獨特的我」計畫。在學校，學童們將最喜愛的個性製作成拼貼，並互相討論他們最喜愛同學的哪些特質。「互相欣賞的社會」（mutual admiration society）一度帶有輕蔑意味，如今卻是現在年輕人成長的社會標準。惠特妮．休斯頓的思想由女神卡卡繼續傳承，她曾在演唱會上告訴她的粉絲：「不管你是誰，從哪裏來，你都是超級巨星——這是天生的！」粉絲們自然報以熱烈迴響，為答謝粉絲的熱情，女神卡卡舉起火把，照亮觀眾。「嘿，小子們，」她大喊，「你們今晚離去後，不要愛我更多。你們要愛自己更多！」

這些互相鼓勵的做法都很正面，理論上也應該要比傳統的教育方式更具長期效果。加州州政府請研究人員評估自我尊重的成效，也顯示大有可為。負責撰寫報告的是柏克萊大學的傑出社會學家尼爾．斯梅瑟（Neil Smelser），他在報告的第一頁就宣稱「即使不是全部，可以說大多數危害社會的重大問題都是源自於許多人自尊過低。」[4]

他還在比較不為媒體注意的段落中指出，「至今」仍沒有確切證據能證明這一點，真令人「失望」。不過可以預期，等到更多的研究完成後，應該可以看到更佳的結果，而且自我尊重的研究資金非常充足。這類的研究持續進行，終於又有另一家機構公布了研究報告。這一次，公布報告的並不是州政府這樣的政治機關，而是美國心理學會（Association for Psychological Science）。他們的結論並不呼應惠特妮．休斯頓或女神卡卡的熱情演出。

從自尊到自戀

包括鮑梅斯特在內的審核委員過濾了數千份研究報告，希望能找到高品質的研究結果。委員們發現有好幾百份研究都是長期追蹤高中學生的學業表現，以了解自我尊重和好成績之間的關聯。的確，自尊高的學生成績較優，可是，到底孰為因、孰為果？是學生的高自尊造就高成績，還是高成績才會有高自尊？[5]結果顯示，學生在十年級的成績可以用來預測他在十二年級的自尊程度，但十年級時的自尊程度，卻無法預測十二年級的成績。因此，似乎要先有好成績，才會有高自尊。

唐納德．佛西斯（Donald Forsyth）還做了一項仔細控制的研究，希望能提高他在維吉尼亞聯邦（Virginia Commonwealth）大學心理學班上幾個學生的自尊。他隨機分配幾位期中考成績在C或以下的學生，每週收到一份促進自我尊重的勵志小語。每週一次的鼓勵應該能幫助學生變得較有自信，可是卻不能改善他們的成績——而且結果正好相反。等到期末考的時候，他們的成績不僅比控制組更差，而且比期中考還要退步，平均成績從五十九分掉到三十九分——從及格邊緣跌到毫無希望。[6]

全美各地的研究也顯示，學生成績退步時自尊卻提高了。成績退步居然讓他們自我感覺更良好。鮑梅斯特自己的研究結果也讓他困惑，他觀察到有些人從事傷天害理的事——像是職業殺手或強暴累犯——卻擁有極高的自尊。

這群心理學審核委員閱覽過科學文獻後，斷定低自尊並不普遍，至少在美、加和西歐地區是如此。（至於其他國家的人民，例如緬甸人如何看待自己則不得而知。）多數人原本就自我感覺良好，尤其是兒童，他們對於自己一開始都持非常正面的態度。科學文獻的一致結論剛好也符合鮑梅斯特家裏的情況，以下是他們家中的對話：

女兒（四歲大）：我無所不知。

母親：不，親愛的，你不知道的還很多。

女兒：不，我都知道，我什麼都知道。

母親：你不知道三十六的平方根是多少。

女兒（眼睛眨都不眨）：很大的數字是我的祕密，我不隨便透露。

母親：這數字並不大，只不過是六而已。

女兒：這我知道。

而且，這小孩的父母從來不曾用任何方法刻意提高她的自尊。

審核小組還斷定，高自尊通常不會讓人們更有效率或更好相處。自尊很高的人認為他們比別人更受歡迎、更迷人、更具人際關係技巧，可是，客觀研究卻未能發現箇中差異。自尊通常不會造就學校或工作上更佳的表現，也無法協助遠離香菸、酒精、毒品或過早的性行為。雖然自尊低與吸毒和青少年懷孕之間有關聯性，但這也不代表是低自尊產生這些問題。反而是反向比較有道理：十六歲就懷孕並染上毒癮，會讓你自我感覺較不良好。

審核小組表示，**高自尊似乎只有兩個明顯的益處。第一，它會增強動機**，這也許是因為高自尊會增強自信。自尊高的人比較願意言行合一、捍衛他們的信念、親近別人、甘願冒險。（不幸的，這也包括願意去做愚蠢或有破壞性的事情，就連別人相勸也沒有用。）**第二，它讓人感覺良好**。高自尊就像存滿了正面情緒的寶庫一樣，裏面裝滿了幸福的感覺，提供額外的自信讓你處理不幸、擊退沮喪、或從失敗中站穩腳步。這些益處對於某些職業特別有用，例如，能讓常常被拒絕的推銷員立刻恢復信心，不過，這種堅持有好有壞。它也會讓人無視於他人明智的告誡，固執地繼續把時間和金錢浪費在毫無希望的事情上面。

整體而言，高自尊的好處是損人利己，因為身邊的人必須面對驕傲和自大等副作用。**最糟的是，自尊變成自戀，形成自我優越感**。自戀者眼中只有自己，而且深陷於自己偉大的形象而無法自拔。他們極度渴望別人的讚賞（但卻不特別需要別人的喜歡——他們需要的只是奉承）。他們指望別人都把他們捧在手心上，難以忍受批評。他們給人的第一印象多半良好，卻無法持續。心理學家戴爾洛伊．保羅休斯（Delroy Paulhus）曾讓一群人相互評分，自戀者似乎都是大家最喜歡的對象，可是，這種情況只出現在最初幾次聚會。[7]幾個月後，這些人獲得的評分多半吊車尾。上天賜予的禮物似乎不那麼好相處。

多數心理學研究發現，近幾十年來自戀狂急遽增加，美國人尤其明顯。[8]大學教授常常抱怨學生根本不念書，就要求得高分；企業雇主也提及許多年輕員工不思努力就要求加薪升職的問題。這種自戀的趨勢在過去三十年來的流行歌曲歌詞裏更為明顯，以納森・迪沃爾（Nathan DeWall）為首的研究團隊就發現「我」這個字在流行歌曲裏出現的次數越來越頻繁。惠特妮・休斯頓的〈最偉大的愛〉啟發了瑞佛斯・古莫（Rivers Cuomo）這類樂手。古莫是威瑟（Weezer）合唱團的主唱，他在二〇〇八年自寫自唱了一首歌，歌名是〈史上最偉大的男人〉（The Greatest Man That Ever Lived）。這首歌講的就是他自己。[9]

自戀主義的盛行肇因於自尊運動，而且短期之內情況很難改變，因為，儘管已有證據顯示，自尊無法讓孩童更成功、誠實、或成為更優秀的國民，但這項運動依舊持續下去。太多學生、家長和教育者依舊受到自尊顯而易見的好處所吸引。就像佛西斯在維吉尼亞聯邦大學裏的學生一樣，當面臨困難時，自尊高的人通常決定置之不理。若別人不明白他們有多優秀，那是別人的問題。

例外的亞洲人

心理學研究在美國年輕一代觀察到的自戀趨勢，有個明顯的例外——它並未出現在亞裔年輕人身上，這也許是因為他們的父母一直受本國文化傳統的薰陶，而較未受到自尊運動的影響。有些亞洲文化十分重視提高自我控制，而且自小就開始培養，這種情況在美國和其他西方社會就相對少見。中國父母和幼稚園在幼兒年紀尚小的時候就施壓訓練他們坐馬桶，並要求他們做到其他基本的衝動控制。據估計，兩歲的中國幼童應該要做到的控制程度相當於美國幼童三、四歲才做得來的事情。

讓中國和美國幼童壓抑他們的自然衝動，最能看出兩者的不同。⓾例如，有項測驗給幼童看一連串的圖卡，並要他們在看到月亮時說「白天」，看到太陽時說「晚上」。另一項測驗則要幼童在高興時只能低聲說話，並和他們玩「老師說」的遊戲：「老師說」的命令要照做，沒有「老師說」的命令則要忽略。四歲的中國幼童在測驗中的表現通常比同年的美國幼童來得好。中國幼童高超的自我控制力也許來自於基因：有證據顯示注意力不足過動症（ADHD）的基因因子在中國孩童體內遠較美國孩童少見。不過，中國和其他亞洲文化傳統無疑在灌輸自律能力上扮演了重要角色，而亞裔美國人家庭裏的那些傳統讓孩童的自戀程度維持在低水準，也造就了他們長大後的成功表現。亞裔美國人只占全美人口的百分之四，但在史丹福、哥倫比亞和康乃爾這些頂尖大學裏，卻囊括了四分之一的學生比例。他們大學畢業的機率高於其他種族，所賺的薪水也比美國標準多了百分之二十五。

他們的成功讓人普遍相信亞洲人比美國和歐洲人聰明，可是，詹姆斯・富林（James Flynn）卻提出不一樣的解釋。他仔細檢視智力測驗，發現華裔和日裔的分數與祖先來自歐洲的白種人差不多。若硬要說有什麼特別之處，華裔的平均得分甚至還要低一點，不過，大多數分布在高分和低分兩個極端。最大的不同在於，他們會善用自己的聰明。那些從事富林所謂的菁英職業者，像是醫生、科學家和會計師等等，通常智商都在某一門檻之上。對美國白種人來說，這個門檻是一百一十分，但華裔美國人只需要一百零三分的智商，就有辦法從事這類菁英職業。此外，那些智商高於門檻的人當中，華裔實際從事這類職業的人數比較多，也就是說，智商在一百零三分以上的華裔要比智商在一百一十分以上的美國人更可能從事菁英職業。這些東亞移民憑著自制力——苦幹、勤勞、穩定、可靠——可以和智商更高的美國人做著一樣的工作。[11]

延遲享樂是許多亞洲家庭非常熟悉的話題，金傑和金黛夫婦倆出生於南韓，來到北卡羅來納州定居，育有兩個女兒。姊妹倆秀和珍分別當上了外科醫生和律師，並合著了《爬上長春藤》（*Top of the Class*）一書，談論亞洲父母教出成功子女的技巧。她們提到，她們的父母在她們兩歲之前就開始教她們認字母，小孩在超市吵著要糖果絕不會得逞。每次來到櫃台，在她們開口要求買糖果之前，金爸爸一定搶先開口，說她們如果在一個禮拜內各讀完一本書，下次就買糖果給她們。後來，金秀上大學，要求父母幫她買台便宜的二手車代步，他們馬上拒絕，但表示如果她順利進入醫學院，就給她買一台新車。諸如此類，這對父母給予女兒們的物質享受從沒少過——但每一次大放送都是女兒們達成重要成就後的獎勵。[12]

亞裔的成功故事迫使發展心理學家修正他們對於適當教養的理論。以往他們反對「集權式」教育，警告父母不應該訂定苛刻目標和嚴厲規定，而不顧小孩的感受。後來，他們改變態度，建議父母採取不同的做法，稱之為「權威式」教育，還是要訂定限制，只不過給子女多一點自主性，並且多留意他們的需要。這種較溫暖、重培養的方式理當教出適應良好、有自信的小孩，而且，他們的學業和社交表現都應該要優於在集權式家庭長大的孩子。可是，路絲·趙（Ruth Chao）等幾位心理學家研究美國的亞裔家庭，發現許多父母訂定極為嚴格的規定和目標。這些移民堅信他們的教養方式是一種奉獻，而非壓迫，他們的子女也多半認同這個觀念。華裔父母謹遵儒家思想，認為「教訓」就是訓練，「管」就是控制和愛，以期灌輸自律。[13]若以美國的標準來看，這些父母也許顯得冷漠和嚴厲，但他們的子女在學校內外表現優異，卻是不爭的事實。

一項針對洛杉磯地區幼兒母親的研究，顯示華裔和美國人觀念的不同。[14]研究人員問這些母親如何協助子女課業，移民自中國的母親多半提到訂定高目標，要求嚴格標準，以及要求子女做額外作業。另一方面，那些歐洲血統的本地母親則盡量不給孩子壓力。她們最重視不要過分強調課業表現，不要給孩子的社會發展施壓，並且提倡「學習是樂趣，不是苦差事」的觀念。另外，他們還關心孩子自尊的提升——而參與研究的中國母親對於這個理念則毫無興趣，蔡美兒（Amy Chua）也不例外，這位《虎媽的戰歌》的作者已成為她暢銷書裏提到的「中式教養」最坦率（又有趣）的倡議者。

蔡美兒的管教方式——不在外過夜，不到朋友家玩——對於我們來說未免太過極端，特別是每天三個小時的小提琴練習。可是，我們還是欣賞她對於自尊運動的見解：「我眼見那些美國父母連小孩做了最簡單的事情——畫了一條亂七八糟的曲線，或揮舞一根棍子——都大力讚美，因而發現中國父母有兩件事不同於西方父母：（一）對孩子的期望更高，以及（二）更關心孩子，因為他們知道孩子的能耐。」[15]蔡美兒的基本策略——訂定清楚目標、執行規定、懲罰失敗、獎勵優秀——其實和《保姆九一一》裏的黛博拉．卡蘿（Deborah Carroll）的做法並無不同。而卡蘿本身還是「世界級保姆團隊」的成員，實際處理過許多棘手的案例，就像〈恐怖小屋〉那一集裏的保羅一家。卡蘿說，她教養美國孩童的方法，其實就是參考她自己在威爾斯成長的經驗。

「我在學校時，」卡蘿回憶道，「得到金星或銀星是很了不得的事情。那種努力成就某事的感覺非常重要。我幫我祖父熨蘇格蘭裙，他堅持要付我錢，因為我做得太好了——他告訴我，我做得比我祖母還要棒，我很喜歡這種成就感。這才是獲得自尊的方式，而不是身旁的人一直說你很棒。」不管是蔡美兒、北卡州的金家、還是保姆黛博，他們各自摸索後，獲得的結論居然都和心理學審核小組不謀而合，那就是：忘記自尊，磨練自我控制。

保姆黛博和三胞胎的故事

黛博拉・卡蘿來到聖路易市郊的保羅家中，她並不特別擔心之前在錄影帶裏看到的那幾個爬牆、吐口水、在燈架上吊單槓的小惡魔。她知道四歲的小孩「連貓狗都嫌」，而且，這一家又有三個小孩同時撒野。不過，她憑著自己在其他恐怖的美國家庭裏的豐富經驗，很快就發現她需要處理的是更大的問題。

「這種家庭裏的小孩其實很好帶，」卡蘿說。「他們需要架構。他們需要感到安全，希望有人告訴他們：『我來負責。一切都沒問題。』要讓父母堅持原則反而是比較難的一點。他**們得先學會控制自己，才能控制子女。**」

卡蘿從十八歲開始擔任全職保姆後，就一直在應付這樣的父母。她在倫敦最早的雇主當中，有個嫁到英國的美國媽媽，每次她的小孩發狂，她只能無奈地旁觀。「這小孩發脾氣時，會站到茶几上打轉，」卡蘿回憶道，「而她媽媽只會對她說：『妳站的地方很不對，親愛的。』孩子鬧脾氣沒什麼大不了，再自然不過，但我們有責任教導他們用別的方式面對情緒。」

保羅一家不像那位母親那麼溫和，但是在紀律方面一樣無所適從。父親提姆下班回家，看到客廳滿是玩具，他會拿曲棍球棒把玩具全部掃到櫃子裏。母親辛蒂以前當過空姐，知道如何應付行為不檢的成人，卻罩不住三胞胎，叫不動他們去收玩具或自己穿衣服。保姆黛博要三胞胎穿襪子——快上小學的幼兒應該可以做得到——其中一個，蘿倫，拒絕自己穿，並跑到廚房把襪子交給她媽媽。她歇斯底里地啜泣，緊抓著她媽媽，一遍又一遍地懇求媽媽幫她穿。

「看了真是不忍心，」保羅太太說。「她可以這樣哭求半個小時，真是令人沮喪。當她情緒崩潰時，她可以一次又一次地要求同樣的事情。每次到了這個時候，我就會精神恍惚、不能專心，任何人來找我都會被我罵，要他們直接上床睡覺。」

這一次也和往常一樣，小孩贏了。保羅太太幫她穿上襪子，這讓卡蘿非常生氣。「已經四歲半了，每次她生氣，妳就讓著她，」卡蘿對保羅太太說。「等到她上二年級，如果她不高興做功課就不做，會怎麼樣呢？」

看到這樣的場面，很難相信傳統的父母會把體罰小孩當作他們自己的責任。「不打不成器」，寵壞小孩是父母之過。生於十七世紀的清教徒卡騰・馬瑟（Cotton Mather）更是直言：「鞭打總比咒罵好。」[16]我們並非主張回到體罰時代，更別提鞭打了，不過，我們的確認為父母應該找回紀律執行者的角色。這並不等於虐待、發脾氣、或殘酷懲罰，而是指要花時間觀察子女的行為，並祭出適當的獎勵或處罰。

無論是叫幼兒到一旁反省、或是撤銷青少年開車的特權，**所有處罰都有三個基本面向：嚴厲、速度和一貫性。**很多人認為培養紀律需要嚴厲的處罰，但那其實是三者當中重要性最低的。研究人員發現，嚴厲與否似乎最不重要，而且可能還有反效果：嚴厲的處罰不但不能鼓勵向善，反而會讓孩童了解生活的殘酷、以及攻擊別人是可以的。處罰的速度就重要多了，研究人員也從孩童和動物身上發現這一點。研究人員設法讓老鼠從錯誤中學習，做錯時通常會立即處罰，最好在一秒之內。在小孩身上，處罰不見得要那麼快，但拖得越久，他們越有可能忘記他們的過錯和犯錯的心路歷程。

處罰最重要的面向——也是父母最難做到的——是一貫性。理想中，每次小孩犯錯時，父母最好盡快訓導，不過，一定要耐著性子，甚至態度要溫和。如果能夠謹慎、夠規律，則一兩個嚴厲之詞就夠了。在這方面，父母要比小孩更難做到。他們疲累的時候，或者不想破壞氣氛，就可能會忽略或原諒小孩的某些過錯。父母可能藉口自已想要寬容一點；夫妻倆甚至還會彼此告誡好心一點，這次不要計較。可是，越早堅持紀律，長期就會越輕鬆。一貫性的紀律往往能造就出乖巧的子女。

心理學家蘇珊・歐莉瑞（Susan O'Leary）長期觀察幼兒和父母，發現像辛蒂・保羅這樣的父母，雖然一開始執行紀律時會覺得很不忍心，但如果責罵能夠減短、平和且有一貫性，其實小孩的反應都還不錯。當父母前後不一、讓犯錯的孩子逃過一罰，他們有時會趁孩子下一次犯錯時格外嚴格，連上次一起算帳。這就是父母的自我控制力不夠：心情好時就放過小孩一馬，被惹火了、或小孩實在太壞，就加重處罰。可是，想想小孩會怎麼想。有時候你語驚四座把大人都逗笑了，但有時候同樣的妙語卻招來巴掌或失去特別待遇。你的行為或整個情況幾乎沒有差別，遭遇卻是完全不懲罰或嚴厲懲罰的天壤之別。孩子除了覺得不公平之外，還會開始學到，最重要的不是你的行為本身，而是你是否被抓到、或你父母的心情如何。例如，你可能學到在餐廳裏可以拋開餐桌禮儀，因為大人愛面子，不會當眾教訓你。⑰

「做父母的覺得在公開場合很難管教小孩，因為會介意旁人的眼光，」卡蘿說。「他們怕別人說她是壞媽媽。可是，你得拋開這種想法。我曾把不禮貌的小孩拉出餐廳外，因而遭來路人異樣眼光，可是，你不能卻步。你必須對小孩做出正確的事情，前後一致真的很重要。他們長大後必須能夠區分適當和不適當的行為。」

卡蘿在保羅家中祭出她招牌的一貫性紀律，出現了奇蹟般的效果。她留宿一週後，三胞胎已經會自己鋪床、收玩具；蘿倫驕傲地自己穿襪子；父母也顯得平靜、快樂。至少，節目上看起來是如此，混亂終結，回歸秩序。可是，等到保姆黛博和電視鏡頭離開後，這種紀律真的能持續下去嗎？在卡蘿離開的六年之後，二〇一〇年，我們造訪了保羅一家，保羅太太表示這項實驗獲得長期成功。「家裏不再有什麼大問題，」她說，當年鏡頭下四歲大的頑童們如今已經十歲，學業成績良好，還擔任學生議會幹部。他們在家都會幫忙做家事。

「在保姆黛博出現以前，我從來沒想過他們會做家事，」保羅太太告訴我們。「我以為這個要求太過分了，結果發現，他們只是缺乏指導和架構，不知道該怎麼做。父母開個口當然簡單：『去整理房間，』可是卻沒有告訴小孩該怎麼做。這就像要他們盯著牆壁一樣。你需要強迫自己跟他們一起進去房間，親身示範該怎麼做——教他們如何疊衣服、放進衣櫃或正確的抽屜裏。」

保羅太太教了幾次後，三胞胎就可以自己做了，不過，偶爾還是需要父母的指導——這時不能一時心軟又幫小孩做。「有時候，」保羅太太說，「我走進廚房，看到吃麥片的碗還在桌上，我會很想順手把碗收掉。這比叫他們過來收容易多了。可是，不管他們在哪裏，我得記得要他們過來自己收自己的碗盤。在這些時候，我得要自制。」

因此，我們又回到了那個對父母提出的熟悉問題：你要如何強化和維持自我控制力？當你也像保羅太太一樣，發現放任不管實在太容易，此時，你如何冷靜地、持續地規範小孩呢？答案還是一樣，**從訂定目標和標準開始做起。**

嬰兒和吸血鬼

早在孩子能讀懂規則、幫忙做家事之前，他們就可以開始學習自我控制。只要問任何一位在嚴峻的佛柏里茲教育法（Ferberization）下長大的父母。這是維多莉亞時代教養小孩的一種技巧，當嬰兒在睡覺時間獨自一人在房內大哭時，父母得克制住衝動，不予理會。父母不能嬰兒一哭就跑去他身邊，得讓他哭上固定一段時間。整個過程一再重複，直到嬰兒學會控制哭泣，不假父母幫忙就自己入睡。父母硬下心忽略撕裂心扉的哭叫，需要極大的自制力，不過，嬰兒通常很快就學會不哭而睡著。一旦嬰兒學會自制，大家都輕鬆：嬰兒在睡前或者夜半獨自醒來時不再焦慮，父母也不需要一整晚守在嬰兒床邊。

我們也看過父母在小孩餓了大哭時，成功應用這種方法。當嬰兒哭著要喝奶時，母親會讓孩子知道她已經收到訊息，但必須等他安靜下來才會餵奶。同樣的，要不理會哭聲一開始很難做到，我們也知道，對於某些父母來說，就連去試一下也顯得殘忍。可是，等到嬰兒學會不利用大哭來要求食物後，孩子和父母都能變得更平和、更快樂。孩子會學到：他們有控制自己的能力，某些行為是被鼓勵的，而且任何行為都會有後果——這些教訓會隨著他們年齡增長越來越重要。

幾乎所有專家都同意，小孩需要，也想要清楚的規定，而且他有責任遵守規定，這是身心健康發展的重要特點。可是，規則要發揮作用，必須先讓小孩知道它們、了解它們，所以，界線越明確越好。保姆黛博很喜歡召開特別家庭會議，一一討論她的「家規」，然後，把每一個小孩負責的家事貼在他們的房間，並附上木桿以便記分。當孩子乖乖鋪床、整理房間或洗碗，就能獲得一個彩色環套在木桿上。每一個環代表看電視或玩電動十五分鐘的獎勵，每天以一個小時為上限。如果他們不乖，會先被警告，再不聽話，父母就會拿走他們的色環。

為了讓規定具一貫性，父母必須互相討論、並告知保姆，讓每一個人都知道該怎麼做。趁孩子年紀尚小，可以事先建立賞罰系統，每次祭出賞罰，要清楚說明原因。等他們大一點，就可以問他們要為自己訂定哪些目標。聽了他們的抱負後，你可以提供誘因協助他們達成目標，像是要拿零用錢就得做好家事，或者多做家事有額外獎勵等等。不過，這些金錢誘因要用在重要的事情上，父母自己也要克制。還記得來自南韓的金家嗎？金爸爸承諾女兒可以獲得她想要的車，但條件是她得考上醫學院。藍綠色的豐田Tercel也許不是你夢想擁有的車款，但金秀非常寶貝它，多年來定期洗車、上蠟。最後車子壽終正寢被拖走時，金秀情緒崩潰，忍不住哭了起來。這輛車對她意義重大，因為這是她靠自己努力獲得的。

有些小孩六歲就開始學習省錢，不過，心理學家安妮特・奧圖（Annette Otto）觀察孩童玩遊戲之後，發現孩童要做到這一點很不容易。在這項遊戲中，孩童可以存錢買自己想要的玩具，但在過程中，他們隨時可以把錢花在其他玩具和糖果上。許多六歲孩童從遊戲一開始就花錢，後來才逐漸發現他們剩下的錢可能不夠買原本想要的玩具（於是就乾脆不存錢了）。反之，一些九歲孩童和許多十二歲孩童能夠從一開始就存錢，最後存到了他們想要的額度，才開始把多餘的錢花在糖果點心上面。為鼓勵小孩日後也有這樣的金錢觀，父母可以幫他們開個存款帳戶，隨時了解存款明細，並訂出目標和獎勵。⓲研究顯示，有銀行帳戶的孩童長大後更容易有存錢習慣。⓳從小就和父母討論金錢的孩童也會習慣存錢。

有些父母喜歡用現金獎勵好成績；有些父母則不以為然，認為努力用功本來就是小孩應該做的事。駁斥金錢獎勵最有力的論點，是心理學家所謂的「過度賞酬效應」（overjustification effect）：獎勵使得遊戲也變成了工作。⓴說得更明白一點，研究顯示，當人們獲得獎勵去做自己喜歡的事情，就會開始覺得這件事情是有做才有拿的苦差事。照這個邏輯推論，獎勵好成績豈不破壞了孩童對學習的熱愛？

我們並不相信這種論點。首先，成績本身就已經是外在的獎勵，所以注入金錢因素和過度賞酬效應無關，不會影響熱愛學習的本性。其次，為金錢而努力是成人世界裏不爭的事實，因此為金錢而得高分可視為進入成人世界的準備工作。（老實說，我們這些研究人員那麼喜歡做研究，也難怪會高估熱愛學習這項動機。）金錢象徵價值，用它來獎勵好成績，能讓孩童了解社會和家庭對於學校教育的重視，若能將金錢獎勵保留給極優秀的表現，就更能傳達這項訊息。

但是我們得承認，出錢鼓勵小孩每天上學，可能會降低他們不拿錢就上學的欲望（如果真有這種問題的話）。可是，如果你出錢鼓勵他們額外用功、創下優秀成績，這會有什麼問題呢？隨機測試金錢獎勵成績，結果有好有壞：在有些地方，金錢對學生成績沒有幫助，但在有些地方，卻又顯得非常有用。㉑我們看不出在家裏使用這種方法有什麼缺點——你當然也可以繼續使用非金錢的獎勵。只要記得，如果你想培養孩子自我控制，無論使用哪一種獎勵，都要貫徹始終。不要看到小孩漂亮的成績單，就隨便從皮包裏拿錢給他。反之，要事先就訂好目標：九十分以上可以得多少錢、八十分以上可以得多少錢、哪一科獎勵最多等等。年紀輕一點的孩子，你可以訂出獎勵進度，但年紀大一點的孩子，則可以和他討論額外獎金和處罰，也許還可以訂個正式合約，讓雙方簽名。隨著孩子越來越大，規定和獎勵內容可以跟著調整，不過，一定要持續遵守紀律系統，即使到了可怕的青春期，也要克服萬難繼續下去。

青少年的問題是——從父母的角度來看——他們用小孩的自我控制力來應付成人的欲望和衝動。生理上的成長會產生性衝動、好鬥的衝動和追求刺激的傾向，打亂了九至十一歲孩子的乖巧和平靜。在某種程度上，青少年知道他們需要幫助。這也是《暮光之城》（*Twilight*）

小說會熱銷上百萬本的原因，在書中，吸血鬼愛德華和少女貝拉知道如果兩人發生關係，她將會失去人性、甚至生命。因此，他們非常掙扎：

愛德華：睡吧！貝拉。

貝拉：不，我要你再吻我一次。

愛德華：不要高估了我的自制力。

貝拉：哪一個比較吸引你，我的鮮血？還是我的身體？

愛德華：不相上下。㉒

這份掙扎也是十九世紀許多暢銷愛情小說的重要元素，像是《自制》（*Self-Control*）和《紀律》（*Discipline*）等（兩本書都是瑪莉．布蘭頓〔Mary Brunton〕的作品，她的書比同期的珍．奧斯汀〔Jane Austen〕還要暢銷）。㉓十九世紀的農人擔心他們的子女受工業城市新興的自由風氣所誘惑，可是，和今日市郊與網路上的誘惑相比，以前的誘惑根本不算什麼。現今青少年雖然沒有變成吸血鬼的危險，但也深深理解愛德華為什麼會對貝拉說：「和你在一起我絕不能失控，因為後果我承擔不起。」㉔

在青少年的自制力追上他們的衝動以前，父母必須吃力不討好地施加嚴格的外在控制，同時又得把孩子當成準大人來對待。也許，最佳的妥協方式是讓青少年在訂定規定的過程中暢所欲言，並且要在大家情緒都平靜的時候進行。如果讓青少年一起訂定規定，他們就能將規定視為自己的承諾，而非父母的管教。如果門禁時間是他們一起討論出來的，他們就更會遵守，或至少甘心接受不守規定的後果。訂定目標時，他們參與得越多，就越能夠發展到自我控制的下一步：監督自己。

監督的力量

瓦特・米歇爾（Walter Mischel）在史丹福大學對兒童進行知名的棉花糖實驗之前，曾赴千里達做研究，而有了另一個關於自我控制的發現。他前往千里達是為了研究種族刻板印象。千里達鄉下的兩大種族完全不同源，一是非洲、一是印度，兩方對彼此各有不同的負面刻板印象。印度人認為非洲人缺乏遠見，寧願及時享樂、不願儲蓄。非洲人則認為印度人對生命缺乏熱情，只存錢、不享樂。米歇爾決定測試這兩種刻板印象，他要來自兩個種族的兒童從兩種糖果棒中選一個。其中一種糖果棒比較大，價錢也是另一種的十倍，可是，選它的兒童必須等待一個禮拜才能獲得。較便宜的小糖果棒則是立刻就能到手。[25]

米歇爾的確發現這些種族刻板印象有跡可循，可是，在研究過程中，他發現了更大、更有意義的效應。和父親同住的孩子比其他人更願意等待延遲的獎勵。這項因素足以解釋兩個種族之間的多數差異，因為印度小孩多半和雙親同住，而非洲小孩則有不少只和母親同住。當米歇爾只分析非洲家庭時，也能明顯看出父親的價值：與父親同住的孩子當中，有一半選擇延遲獎勵，可是，家裏沒有父親的孩子卻全都不願等待。同樣的，不和父親同住的印度孩子也不願等待。

這些發現於一九五八年發表，無論是在當時、或是後來的幾十年都未引起太多注意，因為在這段期間內，沒有人敢賠上一生事業，指出單親家庭的缺點。（丹尼爾・派翠克・莫尼漢〔Daniel Patrick Moynihan〕就曾因做出這類評論而掀起批評聲浪。）自一九六〇年代開始，聯邦政策、社會標準和離婚率都出現改變，單親家庭的小孩人數暴增，而且通常是與母親同住。沒有人忍心在此時批評那些母親——我們當然也不想貶低她們的努力和貢獻。可是，越來越多的研究報告和米歇爾的結論不謀而合，我們再也不能忽略。一般來說——這當中不乏許多例外，包括前總統柯林頓和現任總統歐巴馬——在單親家庭長大的孩子不比有雙親陪伴的孩子成功。甚至在研究人員控制社經因素和其他變數之後，依舊顯示雙親家庭的孩子學業成績比較好。他們比較健康，也較善於調整情緒。他們擁有更滿意的社交生活，較少出現反社會行為。他們較可能進入名校就讀，入獄機率較低。[26]

關於這個現象，有個可能的解釋是，單親家庭的孩子天生就有自我控制方面的基因缺陷。畢竟，父親（或母親）當初會出走、拋棄家庭，可能就是因為他有衝動行為和破壞自我控制的基因，他的小孩可能也遺傳到同樣的個性。研究人員想要反駁這一點，因而專門挑選父親不在並非因為他拋棄家庭的單親小孩來研究（像是長期駐派海外、或英年早逝等等）。可想而知，結果介於中間。這些孩子還是有某些不足，但問題不像那些被父親拋棄的孩子那麼大。這項證據顯示，兒童的發展同時受基因和環境所影響。

無論基因扮演什麼角色，有個顯著的環境因素影響單親兒童：監督他們的人比較少。監督是自我控制的重要層面，雙親一起監督的效果通常比較好。單親太過忙碌——要讓全家有飯吃、照顧小孩健康、付帳單——訂定和執行規定變成比較不重要的事項。雙親都在時，可以分工合作，兩人都會有更多時間和精力來培養孩子的性格。一項六十年前就展開的研究顯示，更多大人監督會讓情況改善，而且效果持久。

一九四〇年代初期，為預防青少年犯罪，學校的指導老師曾每月兩次對兩百五十位男童進行家庭訪問。他們觀察家人、家庭環境和男童的生活，並且記錄下來。平均而言，研究開始時，這些男童的年紀大約十歲上下，研究結束時，他們約為十六歲。幾十年後，他們都已長大變成了四、五十歲的中年人，有位名叫瓊．麥寇爾德（Joan McCord）的研究人員閱讀了指導老師的記錄，想要了解青少年經歷是否影響後來的成人行為——特別是犯罪行為。[27]結果發現，青少年期缺乏大人監督成為犯罪行為最強大的指標。當初那批指導老師對男童的校外活動受成人監督的程度，是分為常常、有時、或很少。青少年受大人監督的時間越多，長大後犯下人身或侵占罪行的機率就越小。

幾十年的歲月並未抹滅父母親監督的價值。最近有份吸食大麻研究的綜合報告，共涵蓋了三萬五千多位參與者，證實父母監督有重要影響。當父母掌握子女在何處、做什麼、跟誰在一起，子女就比較不會濫用禁藥。[28]同樣的，最近幾份針對糖尿病童的研究也發現父母監督的種種好處。在父母監督下，青少年擁有較高的自我控制力，他們的父母通常都知道他們下課後和晚上在哪裏、閒暇時做什麼、有哪些朋友、以及花錢狀況。雖然第一型糖尿病很早就發病，而且可能主要和基因有關，但自制力較高、父母常在身邊的病童血糖比較低（因此較少出現嚴重病狀）。事實上，如果孩子的自制力較低，但有父母在旁監督孩子的活動、朋友和花錢習慣，或多或少能有幫助，可降低糖尿病的嚴重程度。[29]

孩童被監督的時間越多，越有機會培養自制力。父母可以引導他們進行我們之前提過的幾個意志力強化練習，像是刻意挺胸坐正、說話時注意文法、避免用「我」做句子開頭、不要用「yeah」取代「yes」等等。凡是能迫使孩童運用他們的自制肌肉的活動都很有用：上音樂課、背詩詞、禱告、注意餐桌禮儀、避免不敬的言語、寫感謝卡等等。

孩童鍛鍊意志力時，還需要知道有哪些時候不可以只依賴它。米歇爾在史丹福附近做的棉花糖實驗中，許多孩童抗拒誘惑的方式是直接盯著棉花糖，想用意志力使自己堅強。結果並沒有用。看著不可以吃的棉花糖只會不斷被它誘惑，一旦意志力稍微放鬆，他們便馬上放棄，把糖吃掉。反之，那些忍耐成功的孩童——為獲得第二顆棉花糖而等待了十五分鐘——多半採用分心的方式。他們蒙住雙眼、轉過頭去、蹲下來玩弄鞋帶。棉花糖實驗使得某些研究人員推斷控制注意力比培養意志力重要，我們不同意。的確，控制注意力很重要，但你需要先有意志力才能控制注意力。[30]

破關遊戲

半個多世紀以來，電視奪走了孩童的注意力，也成為孩童所有問題的眾矢之的。我們無意加入批評，因為我們也見過孩童從電視學到許多有用的知識。不過，他們卻學不到如何控制注意力。成功的電視節目知道如何吸引並留住觀眾的注意力，而且又不會像其他娛樂一樣需要花腦筋。上網比較沒有那麼被動，但也一樣對自律沒什麼幫助，如果你只是快速點擊一個又一個的連結，不停下來閱讀較長的內容，則情況更是如此。

那麼，孩童要如何學會專注於那些比簡訊更長、比YouTube影片更有挑戰性的內容呢？最常見的建議，就是要他們看書，而我們也非常樂意重申這一點。（會有哪位作者不贊成看書呢？）不過，他們也可以透過正確的遊戲來訓練注意力，而且這在他們能自己看書之前就可以開始。當代有幾個最成功的自我控制計畫，都是參考俄國心理學家李夫・維果斯基

（Lev Vygotsky）等人所做的一項經典實驗，他們利用遊戲來增進孩童的某些做事技巧。受試孩童多半無法長久站著不動，但如果要他們假扮成衛兵，他們便能站得比較久。同樣的，若要他們假裝去逛街，得記住要買哪些東西，則他們更容易記住一整頁單字。

這些實驗結果被應用在一個叫做「心智工具」（Tools of the Mind）的幼教計畫，鼓勵幼童玩角色扮演遊戲，這些遊戲都是事先規畫好（到某一程度），而且可以玩上好幾分鐘以上（甚至可以持續好幾天）。[31]我們已經知道，自我控制的重點在於長期整合行為——為未來利益放棄眼前獎勵——因此玩持續好幾天的遊戲能讓幼兒開始放眼未來。要和其他孩童玩持續的扮演遊戲，就得控制注意力，維持所扮演的角色。就連扮家家酒或打仗這類簡單的遊戲，也需要幼兒持續扮演，並遵守遊戲規則，才能和其他小朋友互動。獨立研究顯示，參與「心智工具」計畫的幼童在實驗室的自我控制測驗中，表現遠優於其他上傳統幼稚園的幼童。

年紀較大的孩童可以從另一種備受批評的遊戲方式受惠，那就是電玩。我們不否認，有些電玩遊戲很愚蠢、太過暴力，而且有些孩童把大把的時間都花在射殺電子壞人上面。不過，根據勞倫斯・克特納（Lawrence Kutner）和雪若・歐爾森（Cheryl Olson）的說法，大多數對於暴力電玩的批評，其立論只是根據以前針對漫畫暴力的科學研究，並沒有更多的證據。這兩位哈佛研究員廣閱文獻，並針對中學生進行研究，結果發現多數學生非但不因為玩電動而受到傷害，而且還能從中學習，像是學習音樂、各種運動或其他需要紀律的嗜好。[32]

玩複雜的電腦遊戲時，需要專注、學會難懂的規定，並謹遵確切的步驟才能破關。這比看電視需要更多自律。

還好，自尊運動並未阻礙電玩產業的發展，也許是因為，如果每一種遊戲都先告訴玩家他有多棒，孩童可能會感到無聊至極。事實是，孩童比較喜歡能從低等「菜鳥」開始玩起的遊戲，必須不斷破關才能晉級。他們得從一再失敗中學習技巧。青少年通常必須「死」過幾千次、歷經無數慘敗，但他卻擁有足夠的自尊繼續嘗試。當父母和教育者倡議人人有獎的哲學，孩童卻一直在尋找標準更嚴格的遊戲。玩家必須非常專心，才能打敗前仆後繼的歐克蠻族；他們需要極大的耐心累積虛擬金幣；他們需要懂得節儉，才能換到新武器和頭盔。

與其抱怨電玩對孩童有害，不如來探究電玩設計者所發展出來的技巧。電玩設計者對於**自我控制的基本步驟瞭若指掌：訂定清楚可及的目標、給予即時回饋、提供足夠的鼓勵讓玩家不斷練習、進步**。有遠見的人注意到人們玩電動時的認真，因此開始將這些技巧（像是建立「關卡」讓人們「晉級」等等）運用在學校、職場和電子合作上，以期追求生活「遊戲化」。[33]電玩遊戲為傳統道德注入了新魅力。成功與否不敢保證——但只要你擁有紀律不斷地去嘗試，還是有成功的希望。

註釋

❶ **黛博拉．卡蘿與保羅一家**：黛博拉和保羅一家的情況與發言出自電視節目訪問："The Little House of Horrors" episode of *Nanny 911* (on DVD, *Nanny 911: The First Season,* Fox Broadcasting Company, released 2008); and from the book by Deborah Carroll and Stella Reid with Karen Moline, *Nanny 911: Expert Advice for All Your Parenting Emergencies* (New York: Harper Entertainment, 2005).

❷ **布蘭登談自尊**：見N. Branden, *The Six Pillars of Self-Esteem* (New York: Bantam Books, 1994). 引文出自N. Branden, "In Defense of Self," *Association for Humanistic Psychology* (August–September 1984): 12–13.

❸ **梅卡引文**：出自I. Davis, "Ministry for Feeling Good," *The Times* (London), January 22, 1988.

❹ **斯梅瑟引文**：出自p. 1 of N. J. Smelser, "Self-Esteem and Social Problems: An Introduction," in A. M. Mecca, N. J. Smelser, and J. Vasconcellos, eds., *The Social Importance of Self-Esteem* (Berkeley, CA: University of California Press, 1989), 1–23.

❺ **大型的自尊研究報告**：R. F. Baumeister, J. D. Campbell, J. I. Krueger, and K. D. Vohs, "Does High Self-Esteem Cause Better Performance, Interpersonal Success, Happiness, or Healthier Lifestyles?" *Psychological Science in the Public Interest* 4 (2003): 1–44. 隔年又進行了另一項較精簡的研究，記錄在*Scientific American* and later reprinted in *Scientific American Mind.*

❻ **關於學生自尊與成績的實驗**：D. R. Forsyth, N. A. Kerr, J. L. Burnette, and R. F. Baumeister, "Attempting to

Improve the Academic Performance of Struggling College Students by Bolstering Their Self-Esteem: An Intervention That Backfired," *Journal of Social and Clinical Psychology* 26 (2007): 447–59.

❼ 自戀者受大家喜愛：D. L. Paulhus, "Interpersonal and Intrapsychic Adaptiveness of Trait Self-Enhancement: A Mixed Blessing?" *Journal of Personality and Social Psychology,* 74 (1998): 1197–1208.

❽ 自戀者增加：J. M. Twenge and W. K. Campbell, *The Narcissism Epidemic: Living in the Age of Entitlement* (New York: Free Press, 2009).

❾ 歌詞中的自戀傾向：C. N. DeWall, R. S. Pond Jr., W. K. Campbell, and J. M. Twenge, "Tuning In to Psychological Change: Linguistic Markers of Psychological Traits and Emotions over Time in Popular U.S. Song Lyrics." *Psychology of Aesthetics, Creativity, and the Arts* (2011), online publication, March 21.

❿ 中國與美國幼兒：M. A. Sabbagh, F. Xu, S. M. Carlson, L. J. Moses, and K. Lee, "The Development of Executive Functioning and Theory of Mind," *Psychological Science* 17 (2006): 74–81.

⓫ 亞裔美國人的智商：J. R. Flynn, *Asian Americans: Achievement Beyond IQ* (Hillsdale, NJ: Erlbaum, 1991).

⓬ 金家姊妹：Dr. S. K. Abboud and J. Kim, *Top of the Class: How Asian Parents Raise High Achievers—and How You Can Too* (New York: Berkley Books, 2005).

⓭ 著重「教訓」和「管」的儒家思想：見S. T. Russell, L. J. Crockett, and R. K. Chao, eds., *Asian American Parenting and Parent-Adolescent Relationships* (New York: Springer, 2010), especially chapter 1.

⓮ 洛杉磯的中國母親研究：R. K. Chao, "Chinese and European American Mothers' Beliefs about the Role of

Parenting in Children's School Success," *Journal of Cross-Cultural Psychology* 27 (1996): 403.

⓯ 蔡美兒：*Battle Hymn of the Tiger Mother* (New York: Penguin Press, 2011), 9.

⓰ 關於卡騰・馬瑟：E. S. Morgan, *The Puritan Family* (New York: Harper & Row, 1966), 103.

⓱ 關於父母教養的錯誤：S. O'Leary, "Parental Discipline Mistakes," *Current Directions in Psychological Science* (4), (1995): 11–13.

⓲ 關於子女和金錢觀：A. M. C. Otto, P. A. M. Schots, J. A. J. Westerman, and P. Webley, "Children's Use of Saving Strategies: An Experimental Approach," *Journal of Economic Psychology* 27 (2006): 57–72.

⓳ 有銀行帳戶的孩童長大後更容易有存錢習慣：見B. D. Bernheim, D. M. Garrett, and D. M. Maki, "Education and Saving: The Long-Term Effects of High School Financial Curriculum Mandates," *Journal of Public Economics* 80 (2001): 436–67. 父母對子女存錢習慣的影響，請見P. Webley and E. K. Nyhus, "Parents' Influence on Children's Future Orientation and Saving," *Journal of Economic Psychology* 27 (2006): 140–64.

⓴ 過度賞酬效應：相關文獻有很多，但早期較具權威的研究是M. R. Lepper and D. Greene, eds., *The Hidden Costs of Reward: New Perspectives of the Psychology of Human Motivation* (Hillsdale, NJ: Erlbaum, 1978).

㉑ 以金錢獎賞成績和成就方面的研究：R. G. Fryer Jr., "Financial Incentives and Student Achievement: Evidence from Randomized Trials" (working paper, Harvard University, EdLabs, and NBER, July 8, 2010), http://www.economics.harvard.edu/faculty/fryer/fi les/Incentives_ALL_7-8-10.pdf; 亦可見A. Ripley, "Should

Kids Be Bribed to Do Well in School?" *Time,* April 8, 2010.

㉒「睡吧！貝拉」：Stephenie Meyer, *New Moon* (New York: Little, Brown and Company, 2006), 52.

㉓瑪莉・布蘭頓的小說：關於布蘭頓的寫作生涯和作品《自制》和《紀律》，見H. J. Jackson, "Jane Austen's Rival," *Times Literary Supplement,* April 5, 2006.

㉔「後果我承擔不起」：Stephenie Meyer, *Twilight* (New York: Little, Brown and Company, 2005), 310.

㉕另一個關於自我控制的實驗：W. Mischel, "Preference for a Delayed Reinforcement: An Experimental Study of a Cultural Observation," *Journal of Abnormal and Social Psychology* 56 (1958): 57–61.

㉖單親兒童的不足：資料來源之一，是M. R. Gottfredson and T. Hirschi, *A General Theory of Crime* (Stanford: Stanford University Press, 1990).

㉗瓊・麥寇爾德：J. McCord, "Some Child-Rearing Antecedents of Criminal Behavior in Adult Men," *Journal of Personality and Social Psychology,* 37 (1979): 1477–86.

㉘吸食大麻研究的綜合報告：父母監督的重要影響：見A. Lac and W. D. Crano, "Monitoring Matters: Meta-Analytic Review Reveals Reliable Linkage of Parental Monitoring with Adolescent Marijuana Use," *Perspectives on Psychological Science* 4 (2009): 578–86.

㉙父母監督與糖尿病：A. Hughes, C. Berg, and D. Wiebe, "Adolescent Problem-Solving Skill and Parental Monitoring Moderate Self-Control Deficits on Metabolic Control in Type 1 Diabetics" (poster presented at Society for Behavioral Medicine meeting; manuscript in preparation).

❸⓪ 米歇爾與棉花糖研究：見“Mischel's studies of delayed gratification”其中Introduction的註解.

❸① 關於「心智工具」幼教計畫：見A. Diamond, W. S. Barnett, J. Thomas, and S. Munro, “Preschool Program Improves Cognitive Control,” *Science* 318 (2007): 1387–88.

❸② 多數孩童不會因為玩電動而受到傷害：L. Kutner and C. Olson, *Grand Theft Childhood: The Surprising Truth About Video Games* (New York: Simon & Schuster, 2008).

❸③「遊戲化」：見J. McGonigal, *Reality Is Broken: Why Games Make Us Better and How They Can Change the World* (New York: Penguin Press, 2011), and *The Gamification Encyclopedia*, http://gamifi cation.org/wiki/Encyclopedia.

第10章

節食風暴

我親愛的同胞，和肚子作對並不容易，因為它沒有耳朵。

——布魯達克（Plutarch），希臘歷史家

我怎麼會讓這種事又再度發生？

——歐普拉·溫弗瑞（Oprah Winfrey）

全世界的富有國家裏，人們最普遍的願望就是平坦的小腹。我們賺的錢越多，這個理想就似乎越不可能達成。年復一年，節食又開戒，減肥一直是紐約人最普遍的新年新希望。長期來看，節食者多半會失敗，因此，我們不會向你保證你能長期的維持苗條。但是，我們能告訴你減重的技巧，而且我們先透露好消息。如果你是認真想要控制體重，你就得規範自己遵守以下三大法則：

一、絕不節食。
二、絕不放棄巧克力或任何食物。
三、無論針對自己還是別人，絕不把體重過重和意志力薄弱畫上等號。

今年體重減十磅的願望或許很難實現，但這並不表示你得努力節食或遠離甜食。你也不應該對自己達成其他目標的能力失去信心，因為體重過重根本就不等於意志力薄弱，即使很多人這麼認為。隨便問問幾個美國人，他們把自我控制力用在何處，節食可能是最常聽到的答案。幾十年來，專家也一直以為如此。在學術研討會和科學期刊文章中，每當研究人員必須舉例說明自我控制問題時，節食是最常被提到的例子。

歐普拉困境

然而，最近研究人員發現，自我控制和減重的關係並不如一般人所想的那麼直接。他們有了新發現，我們稱之為「歐普拉困境」（Oprah Paradox），以向這位舉世聞名的節食者致敬。[1]歐普拉．溫弗瑞早期擔任新聞播報員時，體重從一百二十五磅增到一百四十磅，她求助於減重醫生，並展開每日一千兩百大卡的飲食計畫。她切實遵守，第一週就減了七磅，一個月內便回到一百二十五磅的理想體重。不過，她又慢慢復胖，最後重到了兩百一十二磅，接著，她四個月不吃固體食物、改吃液體代餐後，減到了一百四十五磅。可是，幾年之內，她的體重又創新高，胖到兩百三十七磅，她的日記裏寫滿了減重的禱告詞。當她入圍艾美獎時，還誠心希望她的對手——脫口秀主持人菲爾．唐納休（Phil Donahue）會贏。要不然，她後來回憶道，「若要我把我的巨臀從座位上拉出來，一路從走道上台，我會羞愧得無地自容。」就在她完全失去希望的時候，她遇到了擔任私人教練的鮑伯．葛林（Bob Greene），從此，這兩人改變了對方的一生。

他把他的養生法和幫歐普拉設計的食譜撰寫成書，成了暢銷書作家，並開始銷售他自己的「美好人生」（Best Life）食品。歐普拉在葛林、私人廚師（也寫了一本暢銷書）、以及她節目上的多位營養師、醫師和專家的協助之下，徹底改變所吃的食物、運動的方式和生活方式。她排定每週菜單，詳細標明什麼時候吃鮪魚、什麼時候吃鮭魚、什麼時候吃沙拉。她的助理確保她的工作行程完全不影響她的進食和健身。還有許多朋友提供情緒上的支持，其中，心靈作家瑪麗安・威廉森（Marianne Williamson）還與她探討體重和愛情的關係。

減重的成果登上了二〇〇五年歐普拉雜誌封面：容光煥發、時髦美麗、體重一百六十磅的女人。（不過，請注意，這個成果還是比當初她第一次開始節食時多了二十磅。）歐普拉的成功故事不但鼓舞了粉絲，也啟發了艾默里大學（Emory University）的人類學家喬治・阿爾梅拉果斯（George Armelagos）。他用這件事來說明一個歷史轉變，他將之命名為「亨利八世國王和歐普拉效應」。❷在英格蘭的都鐸王朝，任何人要維持像亨利八世那麼胖並不容易。他的飲食來自豐富的資源和勞力，包括農夫、園丁、漁夫、獵人、屠夫、廚子和其他僕人。可是，今日普羅大眾都有可能像亨利八世那麼胖——事實上，窮人往往比其他人更胖。苗條已成為地位的象徵，因為一般人除非很幸運，否則很難維持身材。為保持纖瘦，歐普拉得動用一切資源和各種專業的協助：私人教練、廚師、營養師、顧問和各類助理。

可是，即使像她這樣勞師動眾，也不保證能維持效果，《歐普拉脫口秀》的觀眾已經開始發現這一點，而在那篇歡欣慶祝的封面故事出版的四年後，歐普拉也撰文坦承不諱。這一次，她的雜誌封面把她體重一百六十磅時的舊照片，和目前兩百磅的照片放在一起。「我很氣我自己，」歐普拉告訴讀者。「我無顏面對江東父老。我不敢相信，我努力了這麼多年，了解了那麼多方法，我還是開口閉口離不開減肥。我看著以前苗條的自己，心想，『我要如何再瘦回那個樣子？』」她解釋說，這都是因為工作太忙，再加上健康問題，兩者都可能消耗她的意志力，但即便如此，歐普拉顯然是個非常自律的人。要是沒有自制力，她這一生不可能那麼成功。她擁有非凡的個人意志力，還有辦法獲得全世界最高超的專業建議，身邊又有專人隨時監督，再加上數百萬觀眾每天盯著她的體重變化。然而，儘管擁有這一切優勢、動機和資源，她還是無法甩掉肥肉。

這就是我們所謂的「歐普拉困境」：即便是意志力超凡的人，也可能無法持續控制他們的體重。他們在許多方面都可以靠意志力大放異彩——學業、事業、人際關係、內在的怡情養性——可是，在減重的成效上，卻和一般人沒有兩樣。鮑梅斯特和他在荷蘭的夥伴們綜合分析許多高自制力的人，發現**這些自律的人在控制體重上只比一般人成功一點點，其差異遠比不上他們在其他方面的成就。**❸

這種模式在鮑梅斯特的另一項研究中更為明顯，他和喬伊斯．爾林格（Joyce Ehrlinger）、威爾．克里斯昂尼（Will Crescioni）以及佛羅里達州立大學的多位同事研究了過胖大學生參與某減重計畫的情況。❹計畫之初，自我控制性向測驗得分較高的學生稍具優勢——他們剛開始的體重較輕，運動習慣也優於自我控制力較低的學生——而且，在維持十二週的減重計畫期間，他們的優勢逐漸拉高，因為他們比較能遵守嚴格的飲食限制和增加運動的規定。可是，儘管他們的自律能幫助他們控制體重，但在計畫前後並沒有多大差別。自制力高的人稍微優於自制力低的人，但差別不大。

如果研究人員能持續追蹤這些學生在計畫結束後的狀況，毫無疑問，一定有許多人立刻復胖，就像歐普拉和其他許多減重者一樣。他們把自我控制力善用在定期運動上，可是，光是運動並不保證體重會下降。❺多燃燒卡路里可以甩掉肥肉，這個論點看起來很合邏輯，但**研究人員發現，身體會因此更渴望食物，所以增加運動不必然能夠長期減重**。（但基於其他許多原因，運動依然很重要。）無論你的自制力如何、是否運動，靠節食長期減重的成功率都很低。❻

原因之一來自於基本的生物學。當你利用自我控制力讀完收件匣、寫報告、或去慢跑，你的身體還不會嚴重抗議。你犧牲看電視的誘惑而去努力工作，並不會對身體造成威脅，它不會在乎你是去寫報告還是去上網。當你運動太劇烈，身體會傳送疼痛訊息，但它也不認為慢跑是攸關存亡的威脅。節食就不一樣了，就像歐普拉年輕時所體認到的，**身體能夠忍受一、兩次節食，但之後它就會開始反擊**。實驗室裏的胖老鼠第一次接受節食實驗時，體重成功下降。但如果再讓牠們隨意吃，則他們會慢慢變胖，此時再次節食，就需要花比第一次還久的時間才能減重。這種「節食—大吃」的循環進行到第三或第四次，節食就完全沒有用了；此時，即使牠們攝取的卡路里更少，體重還是不會下降。

演化的本能讓人類能撐過饑荒，因此，**一旦身體經歷過吃不飽的苦，它就會全力反擊，力保一斤一兩**。你節食的時候，身體以為發生饑荒，因此會努力留住每一個脂肪細胞。所以，那種靠著徹底改變飲食的減重方法，是一生僅此一次的機會，應該好好把握。也許可以等到你年紀大一點，需要靠減重維持健康或生命時，再使用它。

在現今社會，與其快速減重，不如利用你的自制力做出小小的、長期的改變，不過，在選擇策略上要格外謹慎。在自我控制過程中的每一階段——從訂定目標、監督自己、到鍛鍊意志力——你都面臨重大的挑戰。當餐廳裏的點心推車朝你而來，你面臨的不是一般的考驗，而更像是狂風暴雨。

自我控制的第一步是設定務實目標。減重時，你可能會攬鏡自照、量體重、然後訂出合理的計畫來雕塑苗條身材。這是個不錯的方法，但很少人這麼做。人們的目標以不切實際者居多，英國一家賭博業者還讓減重者投注，讓他們以五十比一的賠率，訂好自己要在多少時間內減掉多少體重。❼業者不但讓投注者自己訂條件，還可以自己控制結果，這似乎很瘋狂——就像讓一個跑步者在自己設定的時間內跑到終點一樣。可是，儘管投注者擁有一切優勢，儘管賭金已經累積到七千多美元，投注者輸錢的機率還是高達百分之八十。

女性投注者特別容易輸，很多女性原本就喜歡訂定不切實際的目標，因此這也不令人意外。她們照著鏡子做白日夢——擁有「曲線苗條的身材」，這份熱望讓研究人員不解。理想中的三圍是三六—二四—三六，換算成衣服尺寸分別是四號的臀部、二號的腰圍和十號的胸部——這是體脂肪極低的大胸脯身材，要不是基因突變，就是透過整形手術而來。❽

有了這樣的理想形象，難怪有那麼多人會訂出不可能的目標。當你討厭鏡中的自己，你需要發揮自我控制力不要展開地獄式的節食。你得提醒自己，節食通常只有第一次有用，長期的成效慘不忍睹。❾為了解箇中原因，讓我們先介紹實驗室研究喝奶昔所發現的奇怪現象。

「管他的」效應

這個實驗找來了一些節食者和非節食者。當他們來到實驗室時，是處於研究人員所謂的「食物耗損狀態」，也就是一般所說的「飢餓」。他們已經有好幾個小時沒有進食。有些人獲得一小杯奶昔墊肚子；有些人則喝下兩大杯奶昔，補足了熱量，也獲得飽足感。接著，這兩組受試者，再加上什麼都沒喝的對照組被安排去試吃食物。

這是實驗策略。如果受試者知道他們吃東西的情況會受到觀察，做為暴食研究的參考，他們會突然失去胃口，面對美食也不動如山。因此，研究人員假裝只對各種零食的味道有興趣，讓每位受試者獨自待在隔間裏，手拿試吃評分表，面對好幾碗餅乾零食。這些人進行評分時，想嘗多少、就嘗多少——如果他們把碗裏的零食全部吃完，大可安慰自己他們只是在盡試吃的本分。他們並不知道這些評分一點都不重要，研究人員只想知道他們吃掉了多少餅乾零食、如何受到奶昔的影響、以及節食者和未節食者的表現有何不同。

非節食者的反應在意料當中。那些才剛喝下兩大杯奶昔的人，每樣點心都只嘗一小口，就完成了試吃評分表。只喝一小杯奶昔的人吃掉較多的零食。而餓了幾個小時、什麼都沒吃的那組人則狼吞虎嚥吃掉了大部分的零食。這些表現全都是可以理解的。

可是，節食者的反應卻完全相反。喝掉兩大杯奶昔的人吃掉的餅乾要比餓了幾個小時的人還要多。這結果讓以彼得．赫曼（Peter Herman）為首的一群研究人員跌破眼鏡。他們十分懷疑，因此進一步實驗，結果依舊類似。最後，他們開始理解為什麼就連那些平日自律甚嚴的人，在飲食上也無法發揮自制力。

研究人員為此現象取了一個正式的科學名詞「逆調節飲食」（counterregulatory eating），不過，他們在實驗室裏和同事把它稱為「**管他的**」效應（what-the-hell effect）。[10]節食者已經訂下每日最高卡路里攝取量，當他們因為某種原因而吃進超標的熱量時，例如為了實驗而喝了兩大杯奶昔，他們便認為當日的節食努力告吹。因此，無論還發生了什麼事，這一天的節食都算是失敗了，要等到明天才能重新開始。因此，他們心想，**管他的**，**今天就好好享受**

吧！——放縱的結果，往往讓體重增加得比原本（兩大杯奶昔的效應）多得多。這很不理性，但節食者甚至不知道這類放縱的後果有多嚴重，長期與赫曼合作研究的珍娜特．波莉維（Janet Polivy）在後續實驗中就發現這一點。這一次，同樣的，節食者和非節食者都「飢餓地」進入實驗室，研究人員讓一些節食者進食，吃進超過他們最高標準的熱量。接著，再端上切成小塊的三明治讓所有人享用。最後，研究人員再出其不意地詢問每個人吃了幾塊三明治。

多數人都能輕鬆回答出來，畢竟，他們才剛吃完，知道自己吃了幾塊。可是，有一組人很明顯答不出來——就是那些攝取熱量已超過當日極限的節食者。在他們當中，有些人高估，有些人低估。因此，他們的答案遠比非節食者和當日攝取熱量未超標的節食者更不準確。只要當天攝取的熱量沒有超標，節食者就會乖乖追蹤他們吃了哪些食物。可是，一旦破戒、屈服於「管他的」效應，他們對熱量便不再錙銖必較，在吃東西上變得比非節食者還要隨性。⓫我們已經知道，在自我控制中，監督是訂定目標後的下一個步驟，可是，如果節食者不再記錄他們吃了什麼，又如何能自我監督呢？有個替代做法，那就是**仔細留意身體告訴你它已經吃飽的訊息**。不過，對節食者來說，這又是一個必敗策略。

節食者的難題

人類天生就知道飲食要適量。嬰兒的身體需要食物時，會透過飢餓感傳達訊息。當身體補充了足夠食物，嬰兒就不再想吃東西。只可惜，幼童上學後，這份本能便逐漸流失，而且對某些人來說，年紀越大喪失的越多——而且往往是那些最需要這份能力的人。科學家從一九六〇年代開始進行幾項徹底改變飲食的研究實驗，自此，上述現象讓科學家困惑了好幾十年。

其中一項實驗，研究人員讓受試者於午後待在房間，一邊填寫多份問卷、一邊還可以吃零食，並且特別在牆上掛了一個時鐘。當時鐘被調快的時候，這些人會吃的比較多，因為時鐘顯示晚餐時間快到了，所以他們一定是餓了。受試者根據時鐘這個外在線索來進食，而不管身體傳出的訊息。還有另一項實驗，研究人員提供不一樣的零食，有時是帶殼花生、有時是去殼花生。這項變數對於體重正常的人來說似乎沒有影響，可是，去殼花生會讓肥胖的受試者吃得更多，這顯然是因為去殼花生傳達強烈的「拿去吃」訊息。⓬同樣的，肥胖者對於外在線索反應更強，這也符合研究人員最初的假設：他們之所以肥胖，是因為他們長期無視於身體所傳達的吃飽訊息。

這理論很合理，不過，最後研究人員才發現他們倒因為果。的確，肥胖者忽略體內吃飽的訊息，但這並不是他們變胖的原因。因果剛好相反：**是因為他們肥胖，所以很可能進行節食，而節食又讓他們倚重外在線索、而非內在線索。**飲食怎麼會變成依外在規定來進行的計畫呢？因為節食者學會依照計畫來進食，而不是依照體內的感覺和渴望。節食意味著多數時間都得挨餓（即便節食計畫的行銷者總是承諾不必挨餓）。

說得更清楚一點，節食是指學會在飢餓時不進食，而且最好是透過忽略身體的飢餓感，要盡量忽略「應該開始進食」的訊號，可是，開始和停止的訊號往往糾結在一起，因此，你多半也錯過了停止的訊號，如果你的飲食計畫告訴你該吃多少，則更是如此。你照著規定吃，只要你遵守規定，就不會有什麼問題。可是，一旦你像多數節食者一樣未守規定，就完全失去了飲食準則。正因如此，節食者和肥胖者即便猛灌了好幾大杯奶昔，還是繼續進食，而且越吃越多。奶昔已經餵飽了他們，但他們還不覺得飽。他們只有一條明確界線，一旦越過，就再無限制。

好吧，你可能會辯稱，這些實驗的教訓就是節食者不應該參加提供奶昔的實驗。要是他們沒有走進實驗室、喝下那些卡路里，他們就不會越過界線，打斷節食計畫。因此，如果節食者能夠一直謹守他們自己的規則，絕不超過每日限制，就不會遭受「管他的」效應。當然，他們的肚子會餓得咕嚕叫，但只要他們有足夠意志力來遵守規則，就永遠不會失控狂吃。

話是不錯，但如同凱薩琳．佛斯和陶德．海塞頓進行的一連串實驗所示，若用電影、冰淇淋和M&M巧克力來測試節食者的意志力時，他們便招架不住。⓭這兩位心理學家找來一群長期節食的年輕女性，給她們看了一段經典的催淚影片：電影《親密關係》（*Terms of Endearment*）裏，年輕的母親罹癌垂死，對兩個幼子、丈夫和她母親告別。一半的節食者得壓抑內外在情緒反應，另一半則可以抒發情感、恣意流淚。之後，所有人都填寫關於他們心情的問卷，然後各自被帶到不同房間進行另一項似乎毫不相關的測驗：評鑑各種冰淇淋。這些冰淇淋各自裝在好幾個半滿的大筒裏，讓他們覺得研究人員應該看不出原本有多少，以及他們吃掉了多少冰淇淋。

不過，這些冰淇淋桶當然事先被仔細秤重，受試者試吃後，研究人員會再秤重一次。研究人員發現，這些女性的心情和進食狀況沒有任何關係：看完電影後較傷心的人，並沒有多吃冰淇淋來撫慰哀傷。關鍵不在於她們的心情，而是她們的意志。那些看電影時壓抑心情的節食者比較不容易壓抑食慾。他們的意志力被耗損後，多吃了很多冰淇淋——比那些看電影時能自由流淚的女性受試者還多吃了一半。這當然只不過是另一個意志力耗損的證明。不過，這也再度顯示，飲食和節食會受到表面上毫不相關的事情所影響。**看電影時努力壓抑情感會耗損你的意志力，致使你在稍後不相干的事情上過度反應。**⓮

在另一項針對年輕女性節食者的測試中，每人獨處於一間觀察室，觀看大自然紀錄片（不催淚的大角羊的生活紀錄），旁邊還放了滿滿一碗、難以抗拒的M&M巧克力。有些人的巧克力放在隨手可及的地方，因此她們必須不斷抗拒誘惑。而有些人的巧克力放在房裏另一邊的椅子上，因此要抗拒比較容易。之後，她們被帶到一個沒有點心的房間，進行標準的自我控制測試：嘗試解開無解的難題。之前坐在離巧克力較近的節食者最快放棄解題，顯示她們的意志力已經因為努力抗拒誘惑而耗損。顯然的，如果你在節食，不想失去自制力，你就不應該一直坐在一碗M&M巧克力旁邊。即使你拒絕了那些明顯的誘惑，也會消耗意志力，之後對於其他食物更容易過度反應。

不過，要避免這個問題，也不是不可行，第三項針對年輕女性和食物的實驗就透露端倪。這一次，佛斯和海塞頓不但測試了節食者、還測試了非節食者，因而發現了非常顯著的差異。結果發現，非節食者坐在一堆零食旁——多力多滋玉米片、彩虹果汁糖、M&M巧克力、鹹味花生——可以完全不耗損意志力。有些人吃了這些零食、有些人沒吃，但他們都沒有努力壓抑自己，因此進行其他測試時依舊精神奕奕。另一方面，節食者努力抗拒打破節食的衝動，意志力逐漸耗損。我們常在社交場合看到節食者面對高熱量食物的反應，他們經歷的也是這樣的掙扎。節食者可以抗拒一陣子，但每一次抗拒，意志力就會再降低。

隨著意志力越來越弱，他們又面臨控制飲食的另一項瘋狂大挑戰。為繼續抗拒誘惑，他們必須補充失去的意志力。可是要補充這份力量，就得讓身體獲得葡萄糖。因此，他們陷入營養的兩難：

一、要讓自己不吃，節食者需要意志力。

二、要有意志力，節食者必須吃。

在吃與不吃之間，節食者可能會告訴自己，最佳的選擇就是先放鬆節食限制。她可能會說服自己最好先吃點東西，並且找理由讓自己安心：你看，我得先打斷節食，才能繼續節食。可是，她一旦打破計畫，我們都知道她很可能會告訴自己：管他的。接著就是：開始狂吃吧！

甜食特別難以抗拒，我們已經知道這是因為自我控制耗損了血液中的葡萄糖。如果你有節食的經驗，發現自己無法甩掉對於巧克力或冰淇淋的渴望，這不僅是壓抑慾望反助長慾望的問題，這當中還有非常穩固的心理學基礎。身體「知道」它發揮自制力已經用掉了血液中的葡萄糖，它似乎也知道甜食一般是補充葡萄糖、恢復精力的最快方式。最近有一項實驗室研究，參與的大學生進行了和食物或節食無關的自我控制測試後，發現他們對甜食的食慾提高。在下一個可以吃零食的測試中，之前發揮自我控制力的人吃了較多的甜食，而非其他（鹹味）零食。

如果這些渴望讓你招架不住，我們可以建議幾個防守策略。第一項是**利用延遲享樂的計謀**：告訴你自己，如果等一下你還是想吃甜食，就可以吃一小塊。（我們稍後也會詳述這項計謀。）在此同時，先吃點不是甜食的其他東西。要記得，你的身體渴望能量是因為它發揮自我控制時用掉了不少能量。身體渴望甜食，但這只是因為它是補充能量最熟悉又最快的方式。健康的食物也能提供身體所需的能量。這雖然不是你心裏想吃的東西，但應該也能發揮作用。

另外還要記得，**耗損的狀態讓你對於每件事的感受都更為強烈**。對於能量耗損殆盡的人來說，慾望和渴望都會變得特別強烈。節食這件事一直在消耗你的意志力，因此，節食者常常處於耗損狀態。實際上，這會讓生活中的每一件好事和壞事程度加劇。它還會讓各種渴望——是的，很不幸，也包括食慾——變得特別強烈。這也許能說明為什麼許多節食者最後似乎對身體的慾望和食慾變得麻木不仁。

節食者的兩難並沒有解決辦法。不管你原本的意志力有多強，如果你節食時一直坐在甜點吧旁邊，不斷對自己說「不要」，到最後，「不要」可能就會變成「要」。你需要避開甜點推車，或者，更好的是，一開始就不要節食。與其用嚴格的節食耗盡你的意志力，不如吃下足夠的葡萄糖以保留意志力，把自我控制應用在更有效的長期減重策略上。

作戰計畫

當你不餓的時候，體內有足夠葡萄糖，你可以用典型的自我控制策略來準備對抗肥胖，那就是**事先承諾**。事先承諾的必勝方法——就像奧德修斯把自己綁在船桅上一樣——是去做胃繞道手術，讓你減少食量。不過也有其他比較溫和的方法。你可以從遠離高熱量食物做起，這樣你在避免卡路里的同時，又能保留意志力（就像在實驗中，坐在離M&M巧克力較遠的那些受試女性一樣）。有項實驗發現，上班族若把桌上的糖果改放在抽屜裏，就能少吃三分之一。⓯避免吃消夜也有個簡單的承諾方式，那就是趁剛吃完晚飯還不想吃消夜時，早早刷牙。雖然這不能實際阻止你吃東西，但刷牙是根深柢固的睡前習慣，無意中告訴你不要再進食。而且，在意識上，它也會削弱零食的吸引力：你對甜食的貪婪衝動會和你不想再刷一次牙的懶惰展開一場苦鬥。

你也可以考慮更複雜的承諾方式，像是到賭博業者處下注，或上fatbet.net或stickK.com等網站簽訂減重合約等等，把你自己的目標和懲罰綁在一起。嚴重的懲罰，像是捐一筆錢給你不屑的機構，會是很大的助力，但如果你的目標很不切實際，也別指望金錢誘因會創造奇蹟。減掉百分之五或十的體重還算合理，如果再多，就難以克服身體的原本習性。威廉希爾

（William Hill）賭博公司常見的賭注是一週減三磅，總共要減掉八十磅——難怪有那麼多人會失敗。至於上stickK.com下注的減重者，情況能在掌控之中，也是因為該網站禁止用戶訂下每週減重兩磅以上、或減重超過體重的百分之十八點五的目標。透過大幅改變飲食而迅速甩掉肥肉並非不可能，但如果飲食太過嚴格，無法長期遵守，那又有什麼好處？最好做出能持之以恆的小改變。慢慢達成你的目標，然後不要鬆懈，因為最困難的部分就是維持減重成果。如果你利用某個獎懲系統達到了減重的目的，也要繼續利用相同的誘因來維持體重。

你還可以試試心理學家所謂的「實踐意圖」（implementation intetnion），來減少你花在控制思想上的時間和精力。[16]與其訂個減少熱量攝取的籠統計畫，不如鉅細靡遺地列出在各種情況下應該做出哪些自動行為，像是在派對中受到高熱量食物誘惑時該怎麼辦等等。**「實踐意圖」的做法之一，是「如果—就—」的形式：如果X發生，那麼我就做Y。**多加利用這種技巧，把控制行為變成一種自動化過程，你就會越輕鬆。第一章提過的史楚普叫色測驗中，有不少實驗案例顯示類似的結果。如果你看到「綠色」二字印成綠色，你便能很快說出字的顏色，可是如果用綠色墨水印出「藍色」二字，你便得多花一點時間才能辨認出顏色。而且，如果你的意志力處於耗損的狀態，就像英國研究人員所做的研究一樣，則會花更長的時間。可是，他們發現，可以訓練人們放鬆心中壓力，來彌補較弱的意志力。在進行叫色測驗之前，人們可以先訂好一個執行計畫：「如果我看到一個詞，我要忽略它的意思，只看第二個字母和墨水的顏色」。這項具體的「如果—就—」計畫能讓測驗過程更加自動化、少花點精力，因此在意志力已經薄弱時依舊可行。

所以，前往派對、受到食物誘惑之前，你可以準備一份類似這樣的計畫：「如果他們請吃洋芋片，那麼我一概拒絕」，或者「如果有自助餐，那麼我只拿蔬菜和瘦肉」。這是個簡單但效果很好的自我控制方式。你決定把拒絕洋芋片變成自動化過程，即便到了晚上意志力薄弱時，還是可以輕鬆做到。因為它變得如此輕鬆，你不但能成功拒絕洋芋片，而且還有足夠的意志力來應付派對裏的下一個誘惑。

有一個比較激烈的事先承諾方式，你可以乾脆不去參加派對，找提供低卡食物的聚會來參加——和苗條的人一起。我們並不是要你甩掉你那些身材豐腴的朋友，不過，你的體重和你所交往的人似乎有所關聯。研究人員分析一般人際關係後發現，肥胖者往往會聚在一起，苗條的人也是物以類聚。⑰社交差距似乎比物理差距更加重要：你最要好的朋友發胖讓你跟著變胖的機率，遠大於鄰居發胖對你的影響。這當中很難釐清因果關係，但人們顯然喜歡和習慣跟品味相同的人在一起。不過，不可否認的，人們也會互相鞏固彼此的行為和標準。「體重管理者」（Weight Watchers）的會員之所以會減肥成功（至少一度成功），原因之一，就是他們常常和關心減重的人在一起。⑱我們之前在吸菸者身上觀察到的現象也很類似，如果他們的親友都戒菸，則他們也很可能會戒菸。

同儕壓力可以說明歐洲人為什麼比美國人苗條：他們遵循不同的社會規範，像是只在三餐進食，而不是隨時都吃零食。歐洲的社會科學家來到美國，到校園實驗室裏研究飲食習慣時，他們驚覺他們竟然隨時都可以做實驗，因為美國大學生無論早晚，高興什麼時候吃東西就什麼時候吃。在法國或義大利，除了三餐時間之外，很難找到還營業的餐廳。歐洲的社會規範創造出透過自動化心理流程來保留意志力的習慣。歐洲人不會隨時為要吃什麼而傷腦筋，也不用苦於抗拒誘惑，他們完全依賴既定的執行計畫：如果現在是下午四點，那麼我就什麼都不吃。

讓我秤秤體重（和卡路里）

如果你想減重，該多久量一次體重呢？以前標準的建議是不要每天量，因為你的體重本來就會波動，體重無故增加會讓你感到沮喪。減重專家說，如果你想維持減肥動力，一週量一次體重即可。這項建議讓鮑梅斯特等自我控制研究者非常不解，因為他們研究其他問題時，一再顯示常常監督能提高自我控制。最後，他們審慎地長期追蹤那些減重後力求維持的人。有些人每天量體重，有些人則否。結果發現，傳統之見是錯誤的。

每天量體重的人，在維持體重上十分成功。[19]他們比較不會偶爾狂吃，每天看到體重計上的數字時，也不會出現幻滅或沮喪的情緒。在減重的種種挑戰中，有個常見的策略還是有效：你越仔細、越頻繁地監督自己，就越能控制自己。每天記錄體重也許太麻煩，你可以讓有記錄功能的電子體重計為你代勞。有些機型還能將每天的數字傳到你的電腦或智慧型手機，並製作成圖表滿足你的監督之樂（或之惡）。[20]

即便是非常簡單的監督方式都能有很大幫助，研究人員曾研究過一個奇怪的現象：為什麼囚犯會變胖？這顯然不是因為牢飯太美味。監獄不可能請名廚來執掌獄中伙食。可是，囚犯出獄時變胖的情事屢見不鮮。[21]康乃爾大學的布萊恩·溫辛克（Brian Wansink）指出，這是因為囚犯不繫腰帶，也不穿較緊身的衣服。他們穿寬鬆的連身囚衣，無法像其他人感覺褲子變緊、或皮帶放鬆一格這類變胖的訊號。

除了監督自己的身體外，你還可以監督你吃進了哪些食物。如果你認真留意所有吃進的食物，則攝取的熱量可能會降低。有項研究顯示，記錄飲食日誌的人減掉的體重是使用其他技巧的一倍。[22]你也可以記錄食物的卡路里，不過要正確估算卡路里一向都不容易。連專業營養師都往往會低估盤中食物的熱量，份量大的時候更是如此。營養學家的警告和食品公司的詭計更讓我們困惑不已，他們使用「低脂」或「有機」等字眼，創造出研究人員所謂的「健康光環」（health halo）。[23]提爾尼曾在布魯克林區公園坡（Park Slope）這個重視飲食健康的社區研究這個現象，並由皮耶·夏敦（Pierre Chandon）和亞力山大·薛爾尼夫（Alexander

Chernev）兩位研究人員策畫實驗。他們讓其中一群居民看「艾坡比」（Applebee）餐廳的餐點照片：雞肉沙拉和百事可樂。其他人除了看同樣的餐點照片，還多加了標榜「無反式脂肪」的餅乾照片。那些人深受餅乾的健康標示所吸引，居然認為多加了餅乾的餐點熱量會比沒有餅乾來得低。這種予人健康意象的餅乾竟然被認為具有「負熱量」，不但在公園坡非正式的實驗如此，在薛爾尼夫後來發表的一份正式的同儕審查研究中也出現一樣的結果。[24]其他研究也都顯示，外行人和營養專家一直低估了標榜「低脂」的食物的熱量，因而吃進了過多份量。

若想克服這些問題，你可以多留意食品包裝或菜單上標示的熱量，或者利用智慧型手機上的軟體來監控卡路里。如果實在不知道熱量多少，你至少可以多留意眼前的食物，這一點很少人做到。**最常和進食結合的兩大活動是社交和看電視**——兩者都會增加熱量的攝取。研究人員一再發現，看電視吃東西會增加吃零食的機會，而且吃下的份量要比專心進食還要多，而有吃東西藉口的喜劇或恐怖片又比其他無聊的節目讓人吃下更多。[25]有項研究顯示，女性節食者看電影吃東西會吃進三倍的份量。

與親朋好友吃飯時，注意力會從食物轉到人身上，因此往往會吃得比較多。[26]如果再加上葡萄酒或啤酒，就更不會留意食物了，因為酒精會降低自我意識，因而阻礙監督能力。就算不碰酒精，人們吃飯時若心不在焉，也會有一直喝湯的情形，布萊恩．溫辛克在康乃爾做過一個知名實驗，他將湯碗接上隱藏的管子，讓湯一直（暗中）自動加滿，這些人就不斷地喝著眼前喝不完的湯，因為他們早已習慣飯來張口。如果你聽從外在的線索、而非自己的胃口，則食物份量大時，你就很容易變胖。當食物被裝在大盤裏、飲料倒入寬杯中，你很容易低估多出的熱量，因為我們對於三度空間體積的感覺比較不靈敏。如果電影院只改變爆米花包裝的長寬高其中一項，例如，把高度加為三倍，則你馬上就可以看出它可以裝三倍份量的爆米花。可是，當包裝同時變寬、變深、變高，它的容量其實也變成三倍，但從外表很難看出三倍。所以，你點了大份量——你就會全部吃完。電影院和餐廳所使用的包裝和盤子不是我們所能控制，但你在家裏可以使用小盤和瘦杯來減少份量。[27]

吃完飯不要立刻收桌子，這也是便於監督的做法。有一項在運動酒吧進行的實驗顯示，若侍者任憑雞骨頭散落在桌上而不收掉，則人們吃進的雞翅會少很多。另外幾桌的侍者勤勞地收掉骨頭，則顧客會假裝忘記他們已經吃了多少雞翅。如果桌子上留有證據，顧客就不會那樣想——骨頭幫他們執行了監督的工作。[28]

面對食物，絕不說不

節食研究的結果多半令人沮喪，可是，不時也會有例外，而我們把最令人興奮的發現留在壓軸，這是行銷研究人員進行的點心推車實驗，目的在於了解自我控制的核心問題：為什麼自制那麼難？就像馬克．吐溫（Mark Twain）在《湯姆歷險記》（*The Adventures of Tom Sawyer*）裏所寫的：「答應不做某事，絕對會讓此人想要、並實際去做那件事。」這是人心比較令人失望的一面，可是妮可．蜜德（Nicole Mead）和凡妮莎．派翠克（Vanessa Patrick）兩位研究人員卻從不同的自制方向思考，企圖為這種現象解套。

他們先使用美味可口的食物照片做了幾項心理實驗。受試者要想像這些美食都放在餐廳的點心推車上任君選擇。有些人想像自己選了最喜歡的點心，並且將它吃掉。其他人則要想像自己用兩種方式之一拒絕了這些點心。在隨機分配下，有些人想像自己決定完全不碰這些點心，其他人則想像自己告訴自己現在先不吃，晚一點再享用。[29]差別在於**拒絕享樂和延遲享樂**。

然後，實驗人員測量這些人受點心渴望所擾的情形。研究人員知道，心有懸念往往會打亂心思（這是由於第三章提過的蔡格尼效應），因此，他們認為那些延遲享樂的人尤其會被美味的點心所分心。不過，結果出乎意料，和其他人相比——包括想像正在吃、以及拒絕享樂的兩組人——那些告訴自己「現在不吃，待會兒再吃」的人比較不被點心所困擾。研究人員原本以為直接拒絕者對點心的渴望程度會比較低，因為大腦會認為此事已定案，不用再討論！沒想到結果正好相反。延遲享樂者並不像拒絕享樂者那麼受到困擾。面對誘人的甜點時，大腦並不接受「不」的答案，至少在這項心理實驗當中是如此。

但如果換成真正的食物，結果又會如何呢？為了解這一點，研究人員一次請一位受試者進入房間，觀看一段短片，座位旁還放了一碗M&M巧克力（這一直是研究人員的最愛，因為它方便處理——只溶你口，不溶你手）。有些人要想像他們早已決定在看電影時大吃特吃。有些人則要想像告訴自己不碰任何糖果。第三組則是想像他們決定現在先不吃巧克力，等一下再吃。大致來說，研究人員的指示都順利執行：想像自己大吃特吃的那一組，實際吃掉的巧克力，比拒絕或延遲享樂者還要多很多。接下來，受試者填寫了幾份問卷後，實驗人員表示（謊稱）實驗已經結束。每個人只要再完成一份問卷即可，這份問卷的內容表面上是關於實驗室的設備。

接著，實驗人員裝作臨時想到，拿出一碗M&M巧克力，說，「你是今天最後一位受試者，其他人都已經離開，這些是剩下的巧克力。請盡量吃。」實驗人員離開，留受試者一人在房裏填寫問卷、吃巧克力，似乎無人監督，也無人在乎他的表現。可是，一如往常，研究人員非常在乎。他們早已秤過巧克力的重量，等受試者離開後，又再秤過一次。

這些人單獨留在房間面對M&M巧克力，對於那些之前告訴自己要延遲享樂的人來說，這正是好好享受的大好機會，按常理來說，他們會掃光碗裏的巧克力，而那些拒絕糖果的人則應該繼續堅持、或頂多吃個幾顆。可是，結果卻完全相反。延遲享樂的人居然比拒絕享樂的人少吃很多。就算這兩組人最後吃掉的巧克力差不多，也夠令人訝異的了。畢竟，延遲享樂的人本來就預備稍後要享用巧克力。

事實是，他們居然吃得比別人少，這實在令人難以置信。這結果顯示，**告訴自己「我待會兒再吃」對大腦的作用等同於「現在就吃」**。它多少滿足了一點食慾——而且要比實際去吃更能壓抑食慾。在這項實驗的最後階段，人們獨自在房間面對一碗M&M巧克力，延遲享樂的人吃的巧克力比之前已經大吃特吃的人還少。而且，這種壓抑效果似乎一直延續到實驗室以外。實驗隔天，所有受試者都接到一封電子郵件，問他們：「如果這個時候有人給你吃M&M巧克力，你有多想吃？」無論和實驗中直接拒絕享樂者、或大吃特吃者相比，延遲享樂者想吃的慾望都要低很多。

拒絕甜點需要意志力，可是，對於大腦來說，**等一下顯然要比永遠不來得輕鬆一點**。時間拉長，你的慾望降低，吃進的食物也變少。更好的是，你還可能從中獲得更多快樂。有另一個實驗詢問人們願意付多少錢立刻親吻最喜愛的電影明星，又願意付多少錢在三天後親吻最喜愛的電影明星？理論上來說，人們會願意多付點錢立刻享受樂趣，然而，這項實驗卻顯示人們願意多付錢延後這一吻，因為他們會有三天的時間好好幻想一番。同樣的，延後享用焦糖布丁或岩漿巧克力蛋糕讓人有時間享受這當中的期望。由於事前在期待中已得到快樂，當你真正享用時，你也許會發現自己不需要狂吃，適量就好。反之，若當下立刻拒絕，等你最後棄守，告訴自己管他的時，就很可能狼吞虎嚥。

因此，面對食物絕不說不。點心推車來到你眼前時，不要直盯著那些不宜多吃的甜點。告訴自己，你遲早會吃到它們，只不過不是現在。展現亂世佳人郝思嘉的精神，告訴自己：明天又是新的味道（Tomorrow is another taste）。

註釋

❶ **歐普拉困境**：關於歐普拉．溫弗瑞的資料來自於她自己的文章“How Did I Let This Happen Again?” *O, The Oprah Magazine,* January 2009, 以及她的私人教練鮑伯．葛林(Bob Greene)的著作 *The Best Life Diet* (New York: Simon & Schuster, 2009).

❷ **亨利八世國王和歐普拉效應**：John Tierney, “Fat and Happy,” *New York Times,* April 23, 2005.

❸ **自我控制研究的綜合分析**：D. De Ridder, G. Lensvelt-Mulders, C. Finkenauer, F. M. Stok, and R. F. Baumeister, “Taking Stock of Self-Control: A Meta-Analysis of How Self-Control Affects a Wide Range of Behaviors” (submitted for publication in 2011).

❹ **針對過胖大學生的研究**：A. W. Crescioni, J. Ehrlinger, J. L. Alquist, K. E. Conlon, R. F. Baumeister, C.

Schatschneider, and G. R. Dutton, "High Trait Self-Control Predicts Positive Health Behaviors and Success in Weight Loss," *Journal of Health Psychology* (in press).

❺ 運動並不保證體重會下降：見 G. Taubes, *Good Calories, Bad Calories: Challenging the Conventional Wisdom on Diet, Weight Control, and Disease* (New York: Alfred A. Knopf, 2007), 298-99; and G. Kolata, "For the Overweight, Bad Advice by the Spoonful," *New York Times,* August 30, 2007.

❻ 靠節食長期減重的成功率都很低：T. Mann, A. J. Tomiyama, E. Westling, A.-M. Lew, B. Samuels, and J. Chatman, "Medicare's Search for Effective Obesity Treatments: Diets Are Not the Answer," *American Psychologist* 62 (2007): 220–33; and G. Kolata, *Rethinking Thin: The New Science of Weight Loss—and the Myths and Realities of Dieting* (New York: Picador, 2007).

❼ 賭博業者投注減重：N. Burger and J. Lynham, "Betting on Weight Loss . . . and Losing: Personal Gambles as Commitment Mechanisms," *Applied Economics Letters* 17 (2010): 12, 1161–66, http://dx.doi.org/10.1080/21836840902845442.

❽「曲線苗條的身材」是不可能的夢想：K. Harrison, "Television Viewers' Ideal Body Proportions: The Case of the Curvaceously Thin Woman," *Sex Roles* 48, no. 5–6 (2003): 255–64.

❾ 節食長期的成效慘不忍睹：C. Ayyad and T. Andersen, "Long-Term Efficacy of Dietary Treatment of Obesity: A Systematic Review of Studies Published Between 1931 and 1999," *Obesity Reviews* 1 (2000): 113–19.

❿「管他的」效應：C. P. Herman and D. Mack, "Restrained and Unrestrained Eating," *Journal of Personality* 43

(1975): 647–60.

⓫ 一旦破戒，就不再監督：J. Polivy, "Perception of Calories and Regulation of Intake in Restrained and Unrestrained Subjects," *Addictive Behaviors* 1 (1976): 237–43.

⓬ 調快的時鐘與去殼花生研究：見S. Schachter, "Some Extraordinary Facts about Obese Humans and Rats," *American Psychologist* 26 (1971): 129–44. 另見S. Schachter and J. Rodin, *Obese Humans and Rats* (Hillsdale, NJ: Erlbaum, 1974). Schachter另一本同期著作*Emotion, Obesity, and Crime*，也同樣提及許多這方面的論述。

⓭ 節食者耗損：K. D. Vohs and T. F. Heatherton, "Self-Regulatory Failure: A Resource-Depletion Approach," *Psychological Science* 11 (2000): 249–54.

⓮ 耗損時的衝動和感受：K. D. Vohs, R. F. Baumeister, N. L. Mead, S. Ramanathan, and B. J. Schmeichel, "Engaging in Self-Control Heightens Urges and Feelings" (manuscript submitted for publication, University of Minnesota, 2010).

⓯ 糖果改放在抽屜裏的研究：J. E. Painter, B. Wansink, and J. B. Hieggelke, "How Visibility and Convenience Influence Candy Consumption," *Appetite* 38, no. 3 (June 2002): 237–38.

⓰ 「實踐意圖」：P. M. Gollwitzer, "Implementation intentions: Strong effects of simple plans," *American Psychologist* 54 (1999): 493-503.

⓱ 肥胖者往往會聚在一起：N. Christakis and J. Fowler, "The spread of obesity in a large social network over 32 years," *New England Journal of Medicine* 357 (2007): 370-79.

⑱「體重管理者」會員減重：S. Heshka, J. W. Anderson, R. L. Atkinson, et al., "Weight Loss with Self-Help Compared with a Structured Commercial Program: A Randomized Trial," *Journal of the American Medical Association* 289, no. 14 (2003):1792–98, http://jama.ama-assn.org/cgi/content/full/289/14/1792.

⑲最好每天量體重：R. R. Wing, D. F. Tate, A. A. Gorin, H. A. Raynor, J. L. Fava, and J. Machan, "'STOP Regain': Are There Negative Effects of Daily Weighing?" *Journal of Consulting and Clinical Psychology* 75 (2007): 652–56.

⑳有些電子體重計能將數字傳上網：最有名的兩大品牌是Withings和LifeSource。

㉑囚犯變胖：見B. Wansink, *Mindless Eating: Why We Eat More Than We Think* (New York: Bantam, 2006).

㉒記錄飲食日誌的人減掉更多體重：J. F. Hollis, C. M. Gullion, V. J. Stevens, et al., "Weight Loss during the Intensive Intervention Phase of the Weight-Loss Maintenance Trial," *American Journal of Preventive Medicine* 35, no. 2 (2008): 118–26.

㉓「健康光環」效應：見P. Chandon and B. Wansink, "The Biasing Health Halos of Fast Food Restaurant Health Claims: Lower Calorie Estimates and Higher Side-Dish Consumption Intentions," *Journal of Consumer Research* 34, no. 3 (October 2007): 301–14; and B. Wansink and P. Chandon, "Can 'Low-Fat' Nutrition Labels Lead to Obesity?" *Journal of Marketing Research,* 43, no. 4 (November 2006): 605–17.

㉔健康標示創造「負熱量」：A. Chernev, "The Dieter's Paradox," *Journal of Consumer Psychology* (scheduled for April 2011 issue; published online in September 2010). 對公園坡居民的非正式研究：Tierney, Chandon, and Chernev於John Tierney的專欄「Findings」所做的描述, “Health Halo Can Hide the Calories,” *New York Times,* December 1, 2008.

㉕ 看電視吃東西會增加食量：見B. Wansink, *Mindless Eating.*

㉖ 與他人一同進食的影響：見C. P. Herman, D. A. Roth, and J. Polivy, “Effects of the Presence of Others on Food Intake: A Normative Interpretation,” *Psychological Bulletin* 129 (2003): 873–86.

㉗ 低估食物份量：P. Chandon and N. Ordabayeva, “Supersize in 1D, Downsize in 3D: Effects of Spatial Dimensionality on Size Perceptions and Preferences,” *Journal of Marketing Research* (in press). 關於該效應的網路實驗，請見J. Tierney, “How Supersizing Seduces,” TierneyLab, *New York Times,* December 5, 2008.

㉘ 喝不完的湯和不收雞骨頭的研究：見B. Wansink, *Mindless Eating.*

㉙ 告訴自己晚一點再吃：N. L. Mead and V. M. Patrick, “In Praise of Putting Things Off: How Postponing Consumption Pleasures Facilitates Self-Control (manuscript submitted for publication).

結語

你可以更有意志力——只要你不拖延

請賜予我貞節和克己——但不是現在。❶

——聖奧古斯丁（St. Augustine）年輕尚未成聖之前的禱告詞

就像聖奧古斯丁年輕時一樣，每個人都了解自我控制的好處——總有一天，我們會需要它。可是，對於我們這些凡夫俗子，這一天何時才會降臨呢？如果意志力有用完的一天，而誘惑又不斷滋生，這項德行如何能恆久不滅？

我們不會低估這中間的阻礙，但無論是在個人或社會層面，我們對於自我控制的未來依舊看好。的確，在今天的社會，誘惑變得越來越複雜，但抗拒誘惑的工具也一直在發展中。意志力的好處受到史無前例的重視，你可以從大量的新興文獻中歸結出一個簡單法則：**減輕生活壓力的最佳方式就是停止搞砸生活**。這意味著，你得好好規畫人生，才會有真正成功的機會。成功人士不會把意志力當作救急的最後一搏，至少不會當成一個經常性的策略，這是鮑梅斯特等人最近觀察歐美各國所得到的結論。他們全天候觀察德國人（前言當中提過的呼叫器研究）❷，驚訝地發現**自制力強的人花在拒絕慾望的時間少於其他人**。

起初，鮑梅斯特和他的德國夥伴們對此感到不解。自制力本來就是用來對抗慾望的，為什麼那些自制力較強的人不多加利用呢？後來出現了另一種解釋：這些人比較不需要使用意志力，因為困擾他們的誘惑和內心掙扎遠比其他人少。他們妥善安排生活，因此能避免麻煩。這種解釋和另一項研究結果不謀而合。一群荷蘭研究人員和鮑梅斯特合作，發現自制力良好的人主要把自制力用在學校和職場上，以發展良好的習慣與常規，而不是去應急。❸這種習慣與常規的效果也出現在美國最近一系列的研究當中，該研究顯示，自制力高的人持續表示他們生活中的壓力不大。❹他們的自制力不是用來度過危機，而是用來避免危機。他們留有足夠的時間來完成計畫；早在汽車故障前，就送車去保養；並且遠離吃到飽的自助餐。他們進攻，而不是防守。

在本書即將進入尾聲時，我們要複習這項進攻策略，並從常常被忽略、但最明顯的規則開始：**不要拖延**。拖延是普世的壞習慣。西賽羅（Cicero）稱拖延者「令人討厭」❺；強納森・愛德華茲（Jonathan Edwards）曾花整整一段佈道來斥責「一味指望將來，既罪惡又愚蠢」。❻當代問卷調查顯示，百分之九十五的人承認至少有時候會拖延（我們不知道剩下的百分之五是什麼樣的人，或他們打算要騙誰），而且，隨著社會現代化、誘惑滋生，問題似乎變得更嚴重。心理學家皮爾斯・史提爾（Piers Steel）分析四十年來的全球數據後，表示所謂的「龜毛者」急遽增加——這些人認為拖延是個人特色。❼全球性的問卷調查顯示這種人占了百分之二十。美國某些問卷調查更顯示，有一半的人認為自己是經常性的拖延者，員工還估計自己白白浪費了四分之一的上班時間，也就是說，老闆每年付了約一萬美元讓他們打混。

心理學家和龜毛者都把這個壞習慣歸咎於他們要求完美。大概是這些完美主義者每次要進行新計畫時發現理想難以實現，因而太緊張、太焦慮，最後變得動彈不得，甚至乾脆放棄。這在理論上還說得過去，有時也的確如此，但研究人員一直無法找到拖延和完美主義之間的關聯。心理學家之所以一開始誤以為兩者有關聯，可能是犯了選擇性偏誤（selection bias）：秉持高標準的拖延者在遇到問題時，會比野心小的龜毛者更可能去尋求協助，因此，這些完美主義者較常去心理醫生的辦公室報到，企圖治療拖延的毛病，因此樣本數較多。可是，高標準的非拖延者也大有人在，他們用不著熬夜就可以把事情做得很好。

真正與拖延有關的特性似乎是衝動，這在許多研究當中不斷地出現。[8]此一關聯能夠解釋男性的拖延問題比女性還要嚴重的現象，特別是年輕男性——男性擁有較難控制的衝動。當拖延者對某一困難工作感到焦慮、或因日常瑣事而感到厭煩，他們會為了改善心情（也就是屈服於衝動），乾脆去做別的事。他們選擇立即報酬，寧願玩電動也不清理廚房或寫期末報告，而且他們會盡量忽略長期後果。當腦中浮現未來的期限，他們甚至會試著告訴自己臨時抱佛腳比較明智：「在期限壓力下我會有最佳表現！」不過，鮑梅斯特和黛安・提斯發現，他們多半都是自己騙自己。

期限測試

拖延實驗在充滿目標對象的環境進行：那就是大學校園。大學生通常都承認自己醒著的時候有三分之一的時間都在拖延，其實搞不好更多呢！在凱斯西儲大學任教的堤斯透過幾種方式，找出了她班上的拖延者。首先，學期一開始，她讓學生填寫關於念書習慣的問卷，並規定接近學期末的某個禮拜五要交一份報告。堤斯還在班上宣布，未在期限內交報告的人可以在隔週二補交，若第二次仍缺交，可以在該週的星期五交——也就是原本的期限過後整整一個禮拜。後來她發現，幾個在拖延問卷上得分很高的學生根本不把第一個和第二個期限記下來。對他們來說，只有「最後期限」才是期限。❾

學生的報告是交由不知學生在何時交報告的講師來評分，不過，堤斯和鮑梅斯特持續追蹤，以便比較學生的表現。拖延者——依問卷得分和報告多晚交來判定——在學業各方面的表現都最差：報告的分數低，期中期末考的分數也低。可是，他們有沒有可能從其他方面受惠呢？另外一項在健康心理學班上進行的研究計畫中，學生持續記錄他們自己的健康狀況，包括曾出現過的症狀和疾病、多久向校醫或其他醫療機構報到一次。堤斯閱讀第一學期的研究內容，發現了一個意外結果：拖延者比較健康！根據他們的報告，他們較少生病，也較少看醫生。看起來有弊就有利：當然，勤勞的人準時完成工作，成績也比拖延者好，可是，後者卻比較健康。運用自制力在期限前早早完成似乎要付出代價，也許這是因為免疫系統的葡萄糖也被搶走了。可是，鮑梅斯特和堤斯仔細思考了一下，發現到學生記錄健康的作業在學期最後一週前就已停止——剛好在拖延者開始臨時抱佛腳趕報告之前。他們沒有寫作業時也許比較健康，但學期末了、期限逼近時，又是如何呢？

因此，相同的實驗在下一學期又在別班進行了一次，這一次，學生必須持續記錄他們的疾病、症狀、和看醫生次數，一直到期末考結束為止。一樣的，拖延者的成績較差、學期剛開始時健康狀況較好，而同時期勤勞的學生努力寫報告時，難免感冒流鼻水。拖延者可能在戶外玩飛盤、參加派對放鬆心情，並且睡眠充足。對拖延者來說，當期限還很遙遠時，生活過得非常愜意，可是，作業終究還是得交。到了學期末，拖延者遭受的壓力遠遠多於別人。此時他們得打起精神趕作業，他們所記錄的疾病和症狀也大幅增加。事實上，拖延者在學期末所承受的壓力遠遠大於其他學生，之前健康較佳的情況也都一筆勾銷。他們得為開夜車付出代價，整體來看，健康問題也比較多。

最糟糕的拖延者連最後一次繳交期限也趕不上。他們最後只好求助於許多大學對拖延學生訂出的寬延政策，在成績單上註明「未完成」，但同時大學有嚴格規定，這些拖延者必須補繳所有的作業，成績才能在下學期的某個禮拜五下午五點的註冊期限之前出爐。對於堤斯班上「未完成」的學生來說——其中包括那位學期初在拖延問卷上得分最高的女學生——這個禮拜五又是一個不容改變的期限，而且毫無轉圜空間。根據學校政策，她必須主動和老師約時間繳交作業，並且讓老師有時間評分，並把分數交出去。幾個禮拜過去，這位女學生沒有任何消息。最後，就在那致命的星期五的下午，距離註冊組接獲成績期限不到兩個小時，這名學生終於來電。

「嗨，堤斯博士，」她用漠不關心的語氣說。「妳能不能再告訴我一次，上學期的期末報告題目是什麼？」

你也許已經猜到，她最後沒有及時繳交報告。有些時候，再多的意志力也救不了你。不過，包括常愛拖延的人在內，所有人都可以透過學會進攻，避免這樣的命運。本書至此已經討論過上百種自我控制的實驗和策略。現在我們再複習一遍，並且加以應用。

意志力第一課：了解你的極限

不管你的目標是什麼，進攻的第一步，都是要先了解第一章提到的兩個基本觀念：你的意志力供給有限，以及你做各種事情用的是同樣的資源。如果你一夜好眠，又吃了健康的早餐，則每天一開始的意志力新鮮又飽滿。但一天下來，各種事情逐漸將它蠶食殆盡。複雜的現代生活，讓大腦更難同時兼顧這些耗用內心相同資源，但又似乎彼此不相干的瑣事。

想想你一天的生活。一大早，你的身體還想多睡，你就勉強自己起床。勉強自己熬過塞車。面對老闆或另一半碎碎念，或者店員明明說「稍等一秒鐘」，最後卻讓你等了六分鐘，你都得忍住不惡言相向。同事在沉悶的會議上廢話連篇，你得維持有興趣、警覺的表情。你憋著不上廁所。你強迫自己著手去做困難的計畫。午餐時，你明明就想吃掉盤裏全部的薯條，但最後卻留下一半，或（跟自己討價還價後）幾乎一半。你強迫自己去慢跑，而慢跑時又強迫自己持續下去。這些不相干的事情耗損了你的意志力，讓你無力應付他人。

意志力耗損並不容易查覺，它會默默地影響你做決定。幾乎沒有人能「感覺到」做決定有多累人。選擇晚餐要吃什麼、放假去哪裏玩、要雇用誰、要花多少錢——都需要意志力。就連假設性的決定也會耗損精力。每次做完困難決定後，別忘了你的自制力已經很薄弱。

另外也要記得，意志力的運用過程比結果重要。如果你企圖抗拒誘惑、最後屈服，因為你曾經掙扎過，還是會耗損意志力。屈服並不會補充用掉的意志力，它只會阻止你用掉更多意志力。你也許一整天屈服於許多誘惑和衝動，但先抗拒、再屈服，最後還是會用掉許多意志力。即使參加一些你不怎麼有興趣的活動，也會消耗意志力。強迫自己去做當下不想做的事情——猛灌龍舌蘭酒、做愛、抽雪茄——都會削弱你的意志力。同樣的，只要是你自己覺得困難的決策，就算別人都覺得簡單，也會使你感到疲累。你的理性自我也許很清楚你應該租一個空間足夠、價錢負擔得起的房子，但要放棄另一間景觀絕佳的房子，還是會耗損你的意志力。

尋找徵兆

意志力耗損不容易「感覺」到。因此，你要留意自己身上出現的細微、不容易辨認的訊號。事情是否比原來更困擾你？你心底的聲音是否被放大，對任何事的感受都比平常強烈？簡單的事情是否突然變得很難決定？你是否比平常還不願意做決定或勞心勞力？如果你注意到這類感覺，不妨回想過去幾個小時你是否耗損了意志力。如果有，盡量保留剩下的精力，同時也要對你的行為做好心理準備。

處於耗損狀態時，挫折會讓你更難以忍受。你比平常更可能說出你會後悔的話。狂吃、喝酒、花錢或做其他事情的衝動也會變得更難以抗拒。我們說過，減輕生活壓力的最佳方式就是停止搞砸生活，可是，當你處於耗損狀態時，你很可能會犯錯、花了不該花的錢、更多人際關係需要修補、更多肥肉需要甩掉。缺乏精力時，不要做出重要決定，因為此時你會選擇短利，延遲成本。你可以調高決策的長期後果的重要性，以做為平衡。為避免自己屈服於不理性的偏見或懶惰的捷徑，你要想清楚你的決定理由，並思考它們是否有道理。

公平和平衡判斷的能力也會受到影響。你會偏向維持現狀，不願妥協，需要深思的取捨更是如此。就像我們在第四章提到精力耗損的假釋法官一樣，你會偏向選擇較安全、較簡單的選項，無視於別人可能因此受到傷害。留意這些影響，可以幫助你避免耗損狀態時的某些危險。

你可能也會像第二章提到的演員吉姆．透納一樣，就算有人從旁協助，還是連最簡單的選擇都做不了。透納在以他患糖尿病為主題的脫口秀節目中，提到他有天在海邊突然覺得自己血糖驟降。他驚覺他和四歲的兒子得馬上離開，於是開始收拾兒子的玩具，放到他們帶來的兩個箱子裏。這不過是例行工作，但由於他血糖太低，完全無法做決定：哪一個玩具要放在哪一個箱子裏呢？他的血糖不斷降低，他卻不顧一切地堅持著他第一個想到的原則——每一個玩具都必須收在它們原來被存放的箱子裏——並且浪費時間重新整理玩具。後來，當他們終於離開，走向鄰近設施——點心吧和公共廁所時，他又被另一個決定所困擾。

「我在原地站了十五分鐘，內心交戰：先上廁所，還是先吃東西？」透納回憶道。「這實在很累人，最後我只好坐下。我兒子嚇死了。我就這樣坐了近半個小時，最後才站起來去買東西吃。」

下次你也被例行的決定所困擾時，不妨想想透納在那個時候的畫面——一個男人因為無法決定是否上廁所，而累癱在地上。這就是葡萄糖過低對你的影響。「這種感覺就像你的大腦少了一部分一樣，」透納說。「你無法專心。你就一直坐在那裏，你知道你該做些什麼，只是不懂自己為什麼做不到。」這種情況會一直僵持不下，除非你也做出最後拯救透納的相同決定：先吃東西。實驗室人員用含糖飲料來補充這個基本燃料，因為它效果最快，可是，最佳的能量來源還是蛋白質。吃點健康的食物，等個半小時，眼前的抉擇就不會顯得那麼困難。

慎選戰場

生活中會遇到哪些壓力不是你可以控制或預測的，但你可以利用平日相安無事的時候，或冷靜的片刻，來規畫你的進攻策略。訂定運動計畫、學習新技能、戒菸、降低酒量、為健康飲食做出一、兩個持久改變。最好趁意志力需求低的時候，全力進行規畫。你要慎選你的目標——知道哪些領域會帶來大麻煩。就連大衛．布蘭恩這種擁有鋼鐵意志和超凡耐力的人都很清楚自己的極限。我們告訴他史丹利跋涉叢林的艱苦，他聽到揮之不去的可怕蚊蟲時，反應很激烈。

「這一點我做不到，」布蘭恩說。「蚊子亂飛，我就逃之夭夭。這是我無法忍受的事情。」

挑選戰場時，要跳脫眼前的挑戰，從整個人生的角度來思考。你已經達到你想要的境界了嗎？還能不能更好？你能怎麼做？當然，你不能每天思考這些事，而且忙碌、壓力大時更不要去想，但至少一年要撥出一天——也許在你生日那天——好好反省，寫下該如何利用這寶貴的一年。如果一年一次，則你可以檢視去年寫的反省內容，看看你有哪些進步：哪些目標已經達成、哪些目標還須努力、哪些目標已經毫無希望。你必須隨時維持至少五年的籠統願景，然後訂出較具體的立即目標，像是第三章提到的每月計畫等等。要知道你在當月要完成什麼，以及如何做到。預留一些彈性，也要做好失敗的心理準備。月底檢討時，要記得你不需要每一次都達成目標——重要的是，你的人生逐月進步。

一味鎖定不大可能發生的巨大、快速的轉變，則注定會失敗。如果你無法讓自己立刻戒菸，可以試著每天少抽兩、三支。如果你喝酒過量，又不想戒酒，也許可以訂個週計畫，限制自己只在週末喝酒，或者詳訂哪幾天晚上可以喝，哪幾天晚上完全不喝。你能不能做到某個晚上撥出一小時完全不碰酒精，檢討你的進度，好好決定是否要繼續喝酒？如果可以，這就是縮小傷害的有效辦法。可是，如果你做不到，就不要欺騙自己。有效的計畫甚至能把意志力的運用規畫在內。今天、今晚、下個月要如何運用你的意志力？如果眼前有特別的挑戰，像是報稅或旅遊等，你得設法消滅其他需求，找出額外的意志力。

規畫時間時，不要多撥時間給那些單調的工作。謹記帕金森定律（Parkinson's Law）：工作會自動膨脹，占滿一個人所有可用的時間。[10]所以，要嚴格限制乏味工作的時間。如果你一直拖延，則「清理地下室」或「整理衣櫃」可能會花上一整天，可是你不會想這麼做，因為你不想把一整天的時間都浪費在這麼煩俗的事情上。如果你訂出一、兩個小時的清楚時限，你這個星期六就可以完成某件事情（然後，如果有需要，為下一個週末再安排一個短時間的工作）。就連效率大師大衛．艾倫也會考量帕金森定律。他為《搞定》這本書做巡迴演講時，出發前三十五分鐘才開始收行李。「我知道我可以在三十五分鐘內收拾完畢，」他說，「可是我如果早點開始，我會拖拖拉拉，花上六個小時。為自己訂定期限，會強迫我決定那些不用再事先考慮的事——我不在乎我這一點小缺陷。我有更大的戰役要打。」

擬定「待辦事項清單」——或至少要有「不做事項清單」

我們在第三章詳細說明了待辦事項清單，可是，我們知道有些讀者可能還是不想列清單。它聽起來無趣又令人厭煩。如果你也覺得這樣，不妨把它想成「不做事項清單」：一旦寫下來，就不需要再擔心的事情。我們探討過蔡格尼效應，當你企圖忽略未完成的工作，你的無意識會一直煩惱，就像耳朵有蟲一直唱著一首未完的歌曲。無論透過拖延、或刻意要忘記，都無法把它們從你大腦裏趕跑。

可是，一旦訂下具體計畫，你的無意識就不會再吵鬧。你至少需要詳細規畫下一步：要做什麼、聯絡誰、怎麼做？（親自見面？打電話？寄電子郵件？）你還可以詳細規畫到什麼時間、在哪裏聯絡對方，越詳細越好，但那是次要的事了。只要你決定要做什麼，並把它寫在清單上，你的無意識就可以安心了。

當心規畫謬誤

每次訂定目標時，都要留意心理學家所謂的規畫謬誤（planning fallacy）。[11]無論年輕學子還是資深主管，人人都會被它影響。你有聽過公路或大樓提早六個月完工的嗎？延後完成，超出預算是常態。

有項實驗研究大四生撰寫畢業論文的情況，以量化規畫謬誤。心理學家羅傑・布勒（Roger Buehler）等人請這些大四生估計自己何時會寫完論文，並做出最好和最壞的預測。平均來說，學生預測自己會花三十四天完成論文，結果，事實上卻花了近乎兩倍的時間。只有少數人在最佳預測前完成。至於最壞的預測，是根據每一件事都出問題的最壞情況估計而來，應該是很容易勝過它（畢竟，每件事都出錯的機率太低了），但事實不然。在最壞預測日期之前完成論文的人，甚至還不到一半。規畫謬誤的影響，每個人都難以倖免，不過，對於那些喜歡臨時抱佛腳的拖延者影響最大。拖延者的抱佛腳策略要能夠成功，他們必須在期限前預留很多時間，但他們當然不會這麼做。他們會低估完成工作所需的時間，並發現他們沒有足夠時間把工作做好。

要避免規畫謬誤，方法之一，是強迫自己想想過去。如果堤斯班上那位拖延冠軍曾認真思考過她以前寫報告花了多少時間，則她下一次預留的時間，就不會只有幾個小時。在這個畢業論文實驗中，實驗人員要學生根據過去的經驗來做未來規畫，因此他們的預測比較切合實際。另一發現則是，學生同時也更為實際，對於論文完成日期的預測，也比其他學生預測作業時準確。無論我們是不是拖延者，對於自己的工作往往會太過樂觀，因此有必要請別人審視一下我們的計畫。你可以用電子郵件寫下計畫大綱寄給別人看，也可以口頭描述給別人聽。或者，你還可以更有系統（但又不要太複雜），看看艾倫．帕澤創辦了Mint.com後，將這家小公司發展成為百萬客戶理財的大公司，使用的是什麼管理技巧。

「在管理上，我們只是要求公司主管和其他員工訂出每週的優先目標，」帕澤說。「目標不能超過三個，少於三個也沒關係。我們每週逐一檢討上週的成果，了解我們是否達成那些目標，然後，每個人再為本週訂定三個新目標。如果三個目標中，你只完成一個或兩個，無妨，但在前三個目標未完成之前，你不能轉而進行其他目標，就這樣——這就是我們的管理方式。它很簡單，但能強迫你先處理最優先的事情，而且嚴格執行。」

別忘了小事情（例如換洗襪子）

開始朝目標努力後，大腦會以其他方式自動節省意志力的使用。還記得我們在第一章提到的大學生在考試期間的情況——懶得換洗襪子、洗頭、洗碗、健康飲食？對他們來說，為了全力準備考試，這些懶散似乎是合理的代價。可是，這對他們的室友並不公平，因為可憐的室友得忍受臭襪子、髒亂的房間，而且引發的爭端可能讓大家都精疲力盡。長期來看，懶散反而削弱你的精力——並傷害你的人際關係。

忘掉飢餓的藝術家在骯髒閣樓日以繼夜創作的畫面。要讓自我控制發揮最大效率，就得好好照顧身體，並先從飲食和睡眠著手。你可以偶爾放縱自己吃高熱量甜食，但平日一定要常吃健康的食物，讓大腦獲得足夠能量。**睡眠可能比食物還要重要**。研究人員對睡眠不足的研究，持續發現許多不良的後果。除非身體獲得足夠休息、自然醒來，否則早上來杯特大號咖啡也無法取代睡眠。常言道，早晨萬事皆美好，這和日光無關，而是因為精力還沒有耗損。休息夠的意志才是強大的意志。

要增加意志力，還有一個簡單的老辦法，那就是花點意志力維持整潔乾淨。我們在第七章提過，面對雜亂桌面後的自制力遠不如面對整齊的桌面，瀏覽亂七八糟的網頁後，自制力也不如瀏覽整齊有條理的網頁。你也許不在乎床鋪是否整理好、書桌桌面是否整潔，但這些環境因素會巧妙地影響你的大腦和行為，最後讓你失去維持自律的應有壓力。秩序似乎會傳染。

還要留意其他會影響行為的因素。壞習慣會因為慣例而日益惡化：你每天上班必經的甜甜圈店，下午休息時抽菸或猛嗑巧克力，下班後喝一杯，每天深夜坐在同一張舒服的椅子上、看著同一個節目、配一碗冰淇淋。改變慣例有助於破除這些習慣。改變上班路線。下午外出散步。下班後上健身房。只在餐桌上吃冰淇淋，並且趁著看節目時改做仰臥起坐。改用你工作以外的電腦來上網。若想破除像抽菸這種根深柢固的壞習慣，可以利用度假期間，當你遠離所有能讓你聯想到香菸的人、事、物時，再努力戒菸。

正向拖延的力量

拖延通常是壞習慣，但偶爾——非常偶爾——會出現所謂的正向拖延。前一章提過的實驗中，想吃巧克力的人因為告訴自己稍後再吃，因而抗拒了誘惑——延遲策略比當下拒絕更有效。這種「等一下再享受」的技巧也可以用來對付其他誘惑。若某個電視節目讓你無法專心工作，不妨把它錄下來，告訴自己稍後再來看。你可能會發現，等你工作做完時，根本就不想看那個節目了。把惡習延後，最後就可能不會去做。

羅伯特・班曲利（Robert Benchley）發現了另一種模糊的正向拖延。班曲利是阿岡昆圓桌（Algonquin Round Table）期限挑戰的成員之一。（他的同事桃樂絲・帕克〔Dorothy Parker〕曾對她在《紐約客》的編輯說了一個經典的遲交藉口：「有人在用我的鉛筆。」）⑫班曲利在一篇諷刺性的文章中，說明他如何能約束自己做完以下這些事：閱讀關於熱帶魚的科學文獻、製作一個書架、把書放到這個書架上、以及回覆已躺在他桌上二十年的朋友寄來的信。他需要做的只是擬定當週的待辦事項，並讓這些事情緊跟在他的最優先事項（寫論文）之後。「在做事情方面，我有無窮的精力和效率，祕訣很簡單，」班曲利寫道。「這當中的心理學原則是：**只要不是做當下應該做的事情，則任何份量的工作，人人都可做完。**」[13]

班曲利發現的現象，和鮑梅斯特與堤斯在學期論文實驗中的發現不謀而合：拖延者很少什麼都不做，他們往往透過做其他事來避免做眼前該做的事。不過，小說家雷蒙·錢德勒（Raymond Chandler）發現，人們可以好好利用這個傾向。

禁做他事法（以及其他進攻技巧）

一如第五章提過，安東尼·特羅洛普的寫作方式是自律的方法之一。但如果你無法像他一樣身邊擺支手表，就能在十五分鐘寫出兩百五十個字呢？還好，有其他普通人適用的策略，這都要感謝雷蒙·錢德勒，他也曾對於一些作家每天都可以寫出大量文字十分不解。

錢德勒寫過《大眠》（*The Big Sleep*）等許多膾炙人口的偵探小說，有他自己的一套。「我嗎，我等待靈感，」他說，但他每天早上都很有條理地去做這件事。他堅信專業作家每天至少需要撥出四個小時來工作：「他不一定要寫，如果他不想寫，就不用硬寫。他可以看看窗外、倒立、或在地上翻滾，但不能去做其他確切的事情，不能閱讀、寫信、看雜誌或寫支票。」

這種禁做他事法（Nothing Alternative）⓮非常簡單，但卻是防止拖延事情的有效工具。雖然你的工作也許不像錢德勒那樣明確又只靠自己，但撥出時間只做一件事的方法還是很有幫助。例如，你可以在每天早晨撥出九十分鐘專心去做最重要的事情，不受電子郵件或電話的打擾，也不能上網。不妨遵照錢德勒的做法：

「只能寫作，或什麼都不做。這也是學校用來維持秩序的原則。如果你讓學生遵守這一點，他們自然會去學一些東西，以避免自己無聊。我發現這很有用。兩個簡單原則：一、你不一定要寫；二、你不能做其他事情。其他的，就讓它自己發生吧。」

其他的，就讓它自己發生。這讓進攻策略顯得毫不費力。錢德勒綜合了我們討論過的幾個技巧。禁做他事就是一道明確界線：一個清楚、不會弄錯的界線，這就像艾瑞克．克萊普頓和瑪莉．卡爾發誓不喝酒是一樣的。錢德勒的規定——**如果我寫不出來，我也不會去做其他事情**——也是一項執行計畫，也就是我們在講到減少意志力需求時所提出的「如果—就—」策略。當你節食時，若想在商店裏避免血拼，則最好擁有堅定的執行計畫，像是，「如果我要買衣服，我就只能買皮包裏的現金能負擔的衣服」。每次都遵守這個規定，它就會越來越成慣例，到最後，它似乎會自動發生，此時，它變成了保存意志力的持久技巧：習慣。

當然，如果去服飾店不帶信用卡，就更容易避免花更多。事先承諾是個終極防禦武器。垃圾食物只買小包裝，或者乾脆不讓它有機會出現在廚房。規畫一週飲食，不要等到過了晚餐時間，你已經餓得受不了，才一時衝動狂吃。計畫生小孩的時候，就可以開始進行自動扣款計畫，累積幾萬美元的基金，等你當了睡眠不足的新手父母時，才不會有金錢壓力。如果你賭博成性，這會兒又要去有賭場的地方度假，可以事先簽訂「不兌現賭資令」（不得贏走任何賭金）。若想事先承諾禁做他事，也可以利用軟體（例如有一種叫做Freedom的軟體），把你的網路鎖住一段時間。[15]

事先承諾能幫助你避免我們之前討論過的「冷熱情緒差距」：在冷靜時刻往往難以理解激動時刻的感受。這種自我控制問題最常見的原因是對自己的意志力過度自信。最近有項研究要抽菸者含著香菸看電影，並要他們打賭自己能維持多久忍住不點菸。很多人接受打賭，並且都輸了。還是事先承諾，把香菸留在他處會比較好。

持續追蹤

訂定任何計畫後，監督都是最重要的——甚至沒有計畫，也可以監督。每天量體重或記飲食日誌能協助你減重，記錄你的花費能讓你花得更少。當作家的，就算沒有特羅洛普那種每天寫一定字數的能力，只要記錄每天開始和結束的字數，也會有所幫助：光是知道自己會記錄字數，就能防止拖延（這或許和計算字數無關，額外的統計工夫就有激勵作用）。追蹤記錄時，越仔細越好。每天量體重很好，量完後記錄下來則更好。

自我監督也許很無聊，但現在有許多新工具代勞，讓它變得更簡單。我們在第五章提過，你可以利用Mint等程式監督你的信用卡使用和銀行轉帳、訂定預算，並一路追蹤你達成目標的進度。你也可以讓個人帳本（Xpenser）和昭告支出（Tweetwhatyouspend）等程式寄電子郵件或推文給你自己，以隨時了解你的現金支出。[16]現在有一堆公司搶著要監督你生活的每一個層面（健康、心情、睡眠）[17]；搜尋量化自我（Quantified Self）和生活駭客（Lifehacker）等網站，你便可以找到幾十種產品。[18]

監督除了能提供立即鼓勵，還能幫助你改善長期規畫。若你持續追蹤，就可以定期了解自己的進步狀況，未來訂定目標時會更切合實際。當你突然有一天偷懶、未遵守規定，當你很想對自己放棄時，你就可以回頭看看自己的進步。如果你手上有過去六個月體重穩定下降的圖表，則這個禮拜重了幾磅就不是什麼大不了的事。

多獎勵自己

訂定目標時，要伴隨著達成目標的獎勵——然後，不要對自己太苛刻。如果你只用意志力來拒絕某事物，它會成為一種殘忍、吃力不討好的防守形式。可是，如果你利用它來獲得某事物，即便最沉悶的工作你也能從中榨出樂趣。我們批評過自尊運動當中，人人有獎的哲學，但真正的成就是應該獲得獎勵的。我們在談到父母教養時看到，無論是英國保姆、亞裔美籍母親、或電玩設計者，提高自我控制最成功的策略都包括獎勵。那些在學校或在職場上似乎完全不受教的年輕人，玩起電動玩具，可以專心坐在電腦前好幾個小時，一遍又一遍磨練相同技巧以求破關：查看螢幕上的資訊、兼顧長短期目標、做出選擇、然後按下滑鼠。電腦遊戲產業之所以出現驚人的成長——在二十一歲以前，平均每個美國人已花了一萬個小時玩電腦遊戲——是因為遊戲設計者擁有以前沒有的機會，能觀察人們對於誘因的反應。

線上遊戲可以說是動機策略的最大規模實驗。遊戲設計者可以獲得上百萬線上玩家的立即反饋，精確了解哪些誘因有效：幾個容易贏得的小獎項，再加上偶爾獲得的大獎項。如此一來，玩家不覺得他們已經失敗，只是還沒有成功而已。[19]

這也是我們應該在現實世界中創造的感受，做法就是，一路上持續獎勵成功。類似一年都不抽菸的這種大目標，值得提供大獎——至少，你可以用原本會去買菸的錢好好犒賞自己一番，例如上館子大吃一頓。不過，用小獎來獎勵小成功也一樣重要。不要小看了小獎勵的激勵作用。想想廠商是如何讓人們花整整兩分鐘的時間來清潔牙齒和牙齦？百靈有一款電動牙刷，當使用者刷牙兩分鐘後，牙刷上會出現一個笑臉圖案。傻氣的圖案也許對你沒有用，但可以試試其他事物。艾絲特．戴森很喜歡講她使用牙線的故事，她一直未能固定使用牙線，經過兩年後，終於找到了每天使用它的動機。我們之前介紹過，她在生活上頗為自律，還會強迫自己每天游泳一個小時。有一天她靈光乍現，告訴自己：「如果我今天晚上使用牙線，明天我可以少游泳五分鐘。那是四年以前的事情，從那時起，我幾乎每晚使用牙線。這聽來無聊，但是卻很有用。每個人都需要找個屬於他們自己的小事情。大事小事都要獎勵自己。」

自我控制的未來

遲至近日，人們大多仰仗傳統方法來維持自制力——那就是，把這份工作交給上帝。或者，至少交給其他教友們。神聖的誡律和來自其他教友的社會壓力，讓宗教一直是自我控制的最強約束力。如今，即使宗教的影響力在某些地方已逐漸式微，人們卻學會其他方式把自我控制交託出去——交給朋友、智慧型手機、監督行為和執行賭注的網站、教堂地下室舉行的社區聚會、以及線上社群網站等等。我們有新工具來量化我們所做的每一件事，並和新社群團體分享。同時，越來越多人了解到，薄弱的自制力是個人和社會問題的核心。當社會現代化之後，新富族往往會先飽食之前被禁的（或買不起的）果實，但最終他們得要尋找更好的生活方式。

自我控制的重點不僅是「更有效率」。今日人們不需要像富蘭克林或維多利亞時代的人那麼辛勞工作。在十九世紀的時候，一般勞工每天擁有的自由時間不到一個小時，而且根本不會想到退休。如今，若不計睡覺的時候，則成人一生大約只有五分之一的時間在工作。[20]剩下的時間則是上天賜予的禮物——是人類史上前所未有的福氣——但我們也需要具備前所未有的自制力，才能夠享受它。許多人喜愛拖延（包括享樂在內），因為我們預估行為經濟學家所謂的「寬鬆資源」（resource slack）[21]時，容易犯了規畫的謬誤。我們以為我們將來會奇蹟般地比今天更有空。因此，相同一份工作，若完成期限是下個禮拜，我們就會拒絕，若三個月後才需完成，我們就會答應——但到最後關頭才發現我們還是沒空完成。研究人員把它稱做「好……該死！」（Yes...Damn!）效應。

我們也會不斷延遲享樂，[22]像是去動物園、或週末外出度假等等。這種拖延情況太常發生，使得里程累積和禮券到期末兌換，讓航空公司和旅行業者每年省下幾十億美元。病態吝嗇鬼省錢之後會自責不已，同樣的，拖延享樂者最後也會因為沒有去的旅行或沒有享受到的樂趣而捶胸頓足。無論工作還是玩樂，採取進攻做法都能讓你更快樂無虞。你夢想中的樂園也許是到熱帶島嶼待上三個禮拜、什麼事也不做，但不事先規畫是絕對不可能成行的。也許，如果你是工作狂，還需訂定明確界線來禁止自己把工作帶到夢想樂園裏。

自我控制終究要比自助（self-help）的概念更廣大深遠。它的基本主旨是好好品嘗你在世的寶貴時間，並和你所愛的人分享快樂。在鮑梅斯特的各項實驗所顯示的種種好處當中，最令人振奮的是：意志力較強的人比較大愛無私。[23]他們較常慈善捐款、擔任志工、並接納無家可歸的人同住。意志力之所以不斷進化是因為，對於我們的祖先來說，和族人好好相處是件非常重要的事，而這個理由至今依然存在。內在紀律依舊左右外在善行。

正因如此，儘管本書描述了許多缺點和失敗，但增進自我控制仍有必要。意志力還是會持續進化。現今我們往往屈服於新誘惑，而未來還有更多不可知的挑戰。但無論有什麼樣的新科技出現，無論這些新威脅看起來有多可怕，人類都有應付的能力。我們的意志力已經讓我們成為地球上最能適應環境的生物，如今我們再度將它發揚光大，幫助彼此妥善利用。我們再次了解意志力是成良逐莠，讓我們堅強的美德之最。

註釋

❶ 聖奧古斯丁：*Confessions,* trans. R. S. Pine-Coffin (New York: Penguin Books, 1961), 169.

❷ 德國呼叫器研究：見前言註3。

❸ 荷蘭研究：D. De Ridder, G. Lensvelt-Mulders, C. Finkenauer, F. M. Stok, and R. F. Baumeister, "Taking Stock of Self-Control: A Meta-Analysis of How Self-Control Affects a Wide Range of Behaviors" (submitted for publication in 2011).

❹ 美國研究顯示自制力高者壓力較小：A. W. Crescioni, J. Ehrlinger, J. L. Alquist, K. E. Conlon, R. F. Baumeister, C. Schatschneider, and G. R. Dutton, "High Trait Self-Control Predicts Positive Health Behaviors and Success in Weight Loss," *Journal of Health Psychology* (in press). 本研究涵蓋龐大數據，論文中並未全部加以分析，但其關係非常顯著。

❺ 西賽羅："The Sixth Phillipic," *The Orations of Marcus Tullius Cicero,* trans. C. D. Yonge (London: George Bell & Sons, 1879), 119.

❻ 強納森．愛德華茲曾花整整一段佈道："Procrastination; or, The Sin and Folly of Depending on Future Time," *The Works of President Edwards,* vol. 5 (London: James Black & Son, 1817), 511.

❼ 拖延者增加：P. Steel, *The Procrastination Equation* (New York: Harper, 2011), 11, 67, 101.

❽ 完美主義和衝動：P. Steel, "The Nature of Procrastination: A Meta-Analytic and Theoretical Review of

Quintessential Self-Regulatory Failure," *Psychological Bulletin* 133, no. 1 (January 2007): 67.

9 期限測試：D. M. Tice and R. F. Baumeister, "Longitudinal Study of Procrastination, Performance, Stress, and Health: The Costs and Benefits of Dawdling," *Psychological Science* 8 (1997): 454–58.

10 帕金森定律：C. N. Parkinson, *Parkinson's Law, or the Pursuit of Progress* (London: John Murray, 1958), 4.

11 規畫謬誤：R. Buehler, D. Griffin, and M. Ross, "Exploring the "Planning Fallacy": Why People Underestimate Their Task Completion Times," *Journal of Personality and Social Psychology* 67 (1994): 366–81.

12 桃樂絲・帕克的藉口：James Thurber, *The Years with Ross* (New York: Harper-Collins, 2000), 19.

13 羅伯特・班曲利的心理學原則：Robert Benchley, "How to Get Things Done," *The Benchley Roundup* (Chicago: University of Chicago Press, 1954), 5.

14 禁做他事法：T. Hiney and F. MacShane, eds., *The Raymond Chandler Papers: Selected Letters and Nonfiction, 1909–1959* (New York: Atlantic Monthly Press, 2002), 104.

15 軟體鎖住網路：http://macfreedom.com/.

16 監督花費：Mint, http://www.mint.com/; Xpenser, http://xpenser.com/; TweetWhatYouSpend, http://www.tweetwhatyouspend.com/.

17 監督電腦使用：RescueTime, https://www.rescuetime.com/; Slife, http://www.slifeweb.com/; ManicTime, http://www.manictime.com/.

18 量化自我和生活駭客：http://quantifiedself.com/; http://lifehacker.com/.

⑲ 電玩獎勵：T. Chatfield, "7 Ways Games Reward the Brain," TED Talk, TedGlobal 2010. 也可參考他的書 *Fun Inc.: Why Games Are the 21st Century's Most Serious Business* (London: Virgin Books, 2011).

⑳ 越來越多自由時間：J. H. Ausubel and A. Grubler, "Working Less and Living Longer: Long-Term Trends in Working Times and Time Budgets," *Technological Forecasting and Social Change* 50 (1995): 113–31.

㉑「寬鬆資源」：G. Zauberman and J. G. Lynch Jr., "Resource Slack and Propensity to Discount Delayed Investments of Time Versus Money," *Journal of Experimental Psychology* 134, no. 1 (2005): 23–37.

㉒ 延遲享樂：S. B. Shu and A. Gneezy, "Procrastination of Enjoyable Experiences," *Journal of Marketing Research* (2010).

㉓ 意志力與大愛無私：M. Gailliot, R. Baumeister, C. N. DeWall, J. Maner, E. Plant, D. Tice, L. Brewer, and B. Schmeichel, "Self-Control Relies on Glucose as a Limited Energy Source: Willpower Is More Than a Metaphor," *Journal of Personality and Social Psychology* 92 (2007), 325–36. 另見 C. N. DeWall, R. Baumeister, M. Gailliot, and J. Maner, "Depletion Makes the Heart Grow Less Helpful: Helping As a Function of Self-Regulatory Energy and Genetic Relatedness," *Personality and Social Psychology Bulletin* 34 (2008): 1663–76.

致謝

在此感謝讓這本書順利完成，協助它盡善盡美的諸位人士。首先要感謝我們偉大的經紀人Kris Dahl協助我們發展本書的構想，並牽線給專業的編輯Ann Godoff。對於Ann一路耐心相隨，我們致上最深謝意。同時要感謝企鵝出版集團（The Penguin Press）團隊，尤其是Lindsay Whalen和Yamil Anglada，以及ICM的Laura Neeley，對於他們似乎用之不盡的意志力，我們無比佩服。

特別感謝不吝分享研究結果，並且為本書提供建言的多位同事們：丹・艾瑞利（Dan Ariely）是本計畫的催生者，凱薩琳・佛斯（Kathleen Vohs）在發展快速的自我規範領域為我們指出最新的發現和發展。另外還要感謝喬治・安斯利（George Ainslie）、伊恩・艾爾斯（Ian Ayres）、Jack Begg、華倫・畢可（Warren Bickel）、Benedict Carey、Christopher Buckley、路絲・趙（Ruth Chao）、皮耶・夏敦（Pierre Chandon）、亞力山大・薛爾尼夫（Alexander Chernev）、史蒂芬・杜伯納（Stephen Dubner）、艾絲特・戴森（Esther Dyson）、

Stuart Elliott、艾莉・芬柯（Eli Finkel）、卡特琳・芬肯納爾（Catrin Finkenauer）、Winifred Gallagher、丹尼爾・吉伯特（Daniel Gilbert）、James Gorman、陶德・海塞頓（Todd Heatherton）、威廉・霍夫曼（Wilhelm Hoffman）、Walter Isaacson、狄恩・卡爾蘭（Dean Karlan）、Ran Kivetz、Gina Kolata、強納森・勒法夫（Jonathan Levav）、喬治・魯文斯坦（George Loewenstein）、迪娜・龐莫倫茲（Dina Pomeranz）、邁可・麥克庫羅（Michael McCullough）、William Rashbaum、馬丁・賽利格曼（Martin Seligman）、皮爾斯・史提爾（Piers Steel）、瓊・譚尼（June Tangney）、Gary Taubes、戴安・堤斯（Dianne Tice）、金・敦吉（Jean Twenge）、Christine Whelan，以及Jim Wharton與Phil Wharton。

感激本書的多位故事主角，包括亞曼達・帕默（Amanda Palmer）、吉姆・透納（Jim Turner）、大衛・艾倫（David Allen，堤爾尼至今還使用他的GTD系統）、杜魯・凱瑞（Drew Carey）、大衛・布蘭恩（David Blaine）、艾瑞克・克萊普頓（Eric Clapton）、瑪莉・卡爾（Mary Karr）、黛博拉・卡蘿（Deborah Carroll）、辛蒂・保羅（Cyndi Paul）和她的家人、以及歐普拉・溫弗瑞（Oprah Winfrey）。我們尤其要感謝傑出的自傳作者堤姆・吉爾（Tim Jeal）慷慨提供史丹利的資訊，還協助審閱相關章節，以確定符合歷史。艾倫・帕澤（Aaron Patzer）、Martha Shaughnessy和其他Mint.com團隊成員——包括Chris Lesner、Jacques Belissent、T. J. Sanghvi、David Michaels和Todd Manzer——熱心地提供他們辛苦分析二十多億筆交易的結果，銘感五內。

鮑梅斯特的研究是自佛羅里達州立大學請休，至加州大學聖塔芭芭拉分校研究期間進行，他在佛州大學Francis Eppes Eminent Scholar的殊榮更讓他有絕佳的研究契機。他的部分研究來自於國立衛生研究院（National Institute of Health）所贊助的「自我控制與壓力」（Self-Control and Stress）計畫1RL1AA017541。本書提及的許多文獻還來自於他之前受衛生研究院贊助所進行的「自我耗損模式與自我控制失敗」（Ego Depletion Patterns and Self-Control Failure）計畫MH-57039。

提爾尼的研究則要特別感謝Nicole Vincent-Roller鼎力相助，她是哥倫比亞大學創意寫作計畫的研究生，與提爾尼一同參與該校的ＭＦＡ研究實習計畫。除了她以外，計畫主任Patricia O'Toole也要一併致謝。

最後，我們要感謝我們的家人——尤其是黛安、雅典娜、黛娜和路克——在我們撰寫本書期間，他們溫柔地忍受我們長期處於意志力耗損狀態。他們的力量給予我們源源不斷的靈感。

國家圖書館出版品預行編目（CIP）資料

增強你的意志力：教你實現目標、抗拒誘惑的成功心理學／羅伊・鮑梅斯特（Roy F. Baumeister）、約翰・堤爾尼（John Tierney）著；劉復苓譯. -- 二版. -- 臺北市：經濟新潮社出版：家庭傳媒城邦分公司發行, 2020.01

面；　公分. --（經營管理；108）

譯自：Willpower : rediscovering the greatest human strength

ISBN 978-986-98680-0-6（平裝）

1.意志　2.自我實現

173.764　　108023011